JN273132

日本国憲法入門

小林幸夫・吉田直正 編著

玉川大学出版部

はじめに

　日本国憲法は，施行（1947年［昭和22年］5月3日）後すでに65年を超えた。しかも憲法改正は一度もなく，日本国憲法の改正手続に関する法律も用意されなかった。その法律が施行（2010年［平成22年］5月18日）されたのは，憲法施行後63年目であった。これでようやく憲法改正をするかしないかを直接決めるのは国民であるという憲法改正規定が実質化し，憲法の基本原則とされる国民主権の趣旨が徹底されることになった。
　現在，世界の成文憲法のなかで，日本国憲法より以前にできた憲法はすべて，何らかの改正がなされている。もっとも，改正の頻度は，どのレベルの事項まで憲法に規定するか，また国民の憲法観（たとえば，憲法は時代の変化に対応すべきか，あるいはできるだけ憲法は改正すべきものではないか）などに影響されるが，一字一句の改正もない日本国憲法は，世界で最も古い憲法になってしまったともいえる。
　近年，いろいろな分野で改革の必要性がいわれている。以前は，こうした制度改革をしても現行憲法に矛盾・抵触しないように対処して，できるだけ憲法レベルの問題に発展することを避ける向きがあった。しかし，社会状況の変化が大きく，時代の変わり目が認識されるようになって，現行憲法の思考枠組みでの対処が難しくなった。すなわち，憲法の規定やさらには理念まで検討し，必要ならば憲法改正を視野に入れての対応でないと，有意味・有効な制度改革は無理という現実が，われわれの前に現れている。
　そこで，戦後の日本で日本国憲法が果たした役割，そしてこれからの日本を考えるために，日本国憲法とは何であるか，何であったかを問い，さらにそもそもがアメリカ民主主義的である日本国憲法

を通して近代憲法の理念・原則・特徴は何なのかを学ぶことは，必要かつ意義がある。その際，憲法の規定の解釈をするだけでなく西洋近代憲法を必要とし，また支えた西洋事情や，近代憲法を輸入したわが国における憲法運用の規定，いいかえれば憲法の生かし方をも考慮に入れた憲法政治学的な憲法接近法（本書の執筆者に共通の方法論）が試みられている。そのようにして，近代憲法における日本国憲法の位置が明らかになる。

　本書は，大学で初めて日本国憲法を体系的に学ぶ学生諸君が，日本国憲法の基本的な事柄および日本国憲法の条件に関する基礎的な諸事項を理解できるような教科書を目指して執筆された。憲法に関する好奇心ないし関心をもち深める学生諸君が増えれば幸いである。

　2012年11月

執筆者を代表して　小林幸夫

目　次

はじめに　ⅲ

第1章　憲法の意義……………………………………………………1
　　1　国家と憲法　1
　　2　憲法の意味　1
　　3　近代的意味の憲法の特徴　2
　　4　憲法の分類　3
　　5　憲法規範の特質　5
　　6　憲法の基本原理　6

第2章　日本憲法制定史………………………………………………9
　　1　1年でできた憲法と15年かかった憲法　9
　　2　明治憲法制定史　10
　　3　ポツダム宣言受諾にともなう日本国憲法制定史　19

第3章　日本国憲法の基本原則……………………………………29
　　1　前文の内容と法的性質　29
　　2　国民主権の原理　32

第4章　天　皇………………………………………………………37
　　1　国民主権に基づく天皇制　37
　　2　天皇の地位　38
　　3　天皇の権能と行為　41
　　4　皇室の経済および財政　44

第5章　戦争の放棄　………………………………………47

1. 戦後連合国の協力関係継続への期待可能性が条件だった9条　47
2. 戦争放棄の条件を崩した朝鮮戦争　49
3. 不戦条約調になった自衛権論議　50
4. 自衛戦争の放棄も含める9条解釈と含めない解釈　52
5. 講和条約による独立と日米安保条約　53
6. 「自衛のための必要最小限度の実力」である自衛隊　55
7. もっているが行使できない集団的自衛権　55
8. 冷戦の終焉とPKO法と社会党の自衛隊合憲説と　56
9. 戦争放棄と裁判所　57

第6章　人権の歴史　………………………………………61

1. 近代人権宣言の淵源　61
2. 近代憲法における人権　62
3. 現代憲法における人権　65
4. 人権の国際化　67

第7章　総則規定　…………………………………………69

1. 人権保障の意義　69
2. 人権の類型　70
3. 人権の享有主体　72
4. 人権の制約　77
5. 憲法の私人間効力　78

第8章　平等原則　…………………………………………80

1. 法の下の平等の意味　80
2. 平等原則をめぐる判例　81
3. 貴族制度の禁止　84
4. 栄典授与に関する規定　84

5　家族生活における平等　85

第9章　自由権……………………………………………………87
　　　1　総説　87
　　　2　精神的自由権　87
　　　3　経済的自由権　100
　　　4　人身の自由　103

第10章　受益権……………………………………………………109
　　　1　受益権の性格　109
　　　2　請願権　109
　　　3　裁判を受ける権利　110
　　　4　国家賠償請求権　112
　　　5　刑事補償請求権　113

第11章　参政権……………………………………………………115
　　　1　参政権の法的性質　115
　　　2　参政権の内容　116
　　　3　参政権に対する各種の制限　118

第12章　社会権……………………………………………………122
　　　1　社会権の登場　122
　　　2　生存権　124
　　　3　教育を受ける権利　127
　　　4　勤労の権利と義務　128
　　　5　勤労者の権利（労働基本権）　128

第13章　新しい人権………………………………………………133
　　　1　「新しい人権」の概念　133
　　　2　プライバシー権　134

3　自己決定権　136
　　　4　環境権　137

第14章　国民の義務……………………………………………………………139
　　　1　国民の義務　139
　　　2　教育を受けさせる義務　140
　　　3　勤労の義務　141
　　　4　納税の義務　142

第15章　国　会…………………………………………………………………144
　　　1　国会の地位　144
　　　2　選挙制度　146
　　　3　国会の構成　148
　　　4　国会の活動　150
　　　5　国会と議院の権能　153
　　　6　国会議員の特権　159

第16章　内　閣…………………………………………………………………162
　　　1　国政における内閣　162
　　　2　内閣の組織と運営　163
　　　3　内閣の権能――行政権　168
　　　4　議院内閣制　171

第17章　司　法…………………………………………………………………175
　　　1　司法権の範囲　175
　　　2　特別裁判所　176
　　　3　裁判官の独立　176
　　　4　規則制定権　177
　　　5　裁判官の身分保障　177
　　　6　裁判官　178

7　違憲審査制度　179
　　　8　裁判の公開　187

第18章　財　政……………………………………………………188
　　　1　会計から財政へ　188
　　　2　財政民主主義　189
　　　3　予　算　189
　　　4　皇室財産および皇室費用の国会議決　193
　　　5　公の財産の支出利用制限　194
　　　6　決算および会計検査院　194
　　　7　財政状況の報告　195
　　　8　財政民主主義の課題　195

第19章　地方自治……………………………………………………197
　　　1　地方自治の本旨　197
　　　2　地方自治の根拠　198
　　　3　地方公共団体の種類　199
　　　4　都道府県と市町村の関係　200
　　　5　地方自治体の組織　202
　　　6　条例制定権　203

第20章　憲法改正……………………………………………………206
　　　1　憲法改正の手続　206
　　　2　憲法改正の限界　209

第21章　最高法規……………………………………………………212
　　　1　最高法規の概念　212
　　　2　憲法と条約の関係　214
　　　3　憲法尊重擁護義務　215

資料1　日本国憲法　　219

資料2　大日本帝国憲法　　231

索引　240

第 1 章 憲法の意義

1　国家と憲法

　国家は，一定の限定された地域（領土）を基礎として，その地域に定住する人間が，強制力をもつ統治権の下に法的に組織されるようになった社会を意味し，領土・人（国民）・権力（主権）が国家の三要素と解されている。憲法学では，たとえば人権を「国家からの自由」という場合のように，国家権力ないし権力の組織体を国家と呼ぶことも多い。この国家という統治団体の存在を基礎づける基本法，それが通常，憲法と呼ばれてきた法である。

2　憲法の意味

　憲法の概念は多義的である。重要な憲法概念として，（1）形式的意味の憲法，（2）実質的意味の憲法——①固有の意味の憲法，②立憲的意味の憲法——を挙げることができる。
　（1）形式的意味の憲法は，「憲法」という名で呼ばれる成文の法典（憲法典）を意味する。たとえば，「日本国憲法」がそれにあたる。この意味の憲法は，その内容がどのようなものであるかを問わない。形式的意味の憲法が存在しない国の例として挙げられるのがイギリスである。イギリスでは，「憲法」は，マグナ・カルタ，権利章典，人身保護法，王位継承法，国会法等の国会制定法（Act）や「憲法習律」（Convention of the Constitution）——国王

大権による首相の任命，内閣の連帯責任等，裁判所によって強行されないが，憲法の運用に携わる人たちによって義務的なものとして受け入れられている行為規範——の形式で存在する。

　(2) 実質的意味の憲法は，ある特定の内容をもった法を憲法と呼ぶ場合の概念で，成文であると不文であるとを問わない。実質的意味の憲法には，①固有の意味の憲法と，②立憲的意味の憲法がある。①固有の意味の憲法とは，国家の統治の基本を定めた法の総体のことをいう。およそ国家は，いかなる社会・経済構造をとる場合でも，その組織や構造の基本に関する法の存在を前提とするが，これが固有の意味の憲法である。この意味の憲法はいかなる時代のいかなる国家にも存在する。また，②立憲的意味の憲法は，一般に「近代的意味の憲法」または「近代立憲主義憲法」といわれるもので，憲法学が対象とするものである。立憲的意味の憲法は，固有の意味の憲法より限定された意味をもち，それゆえ，立憲的意味の憲法は固有の意味の憲法の特殊なあり方を示す概念ということになる。立憲的意味の憲法は，18世紀末の近代市民革命期に主張された，専断的な権力を制限して広く国民の権利を保障するという立憲主義の思想に基づく憲法である。その趣旨は，「権利の保障が確保されず，権力の分立が定められていない社会は，すべて憲法をもつものではない」と規定する有名な1789年フランス人権宣言16条に示されている。この意味の憲法は，固有の意味の憲法とは異なり，歴史的な観念である。立憲的意味の憲法の最重要の狙いは，政治権力の組織化というよりも権力を制限して人権を保障することにある。

3　近代的意味の憲法の特徴

　近代的意味の憲法の淵源は，思想史的には，中世にさかのぼる。中世においては国王が絶対的な権力を保持して臣民を支配したが，そのような国王といえども従わなければならない高次の法があると考えられた。それが根本法（fundamental law）と呼ばれる法である。根本法の観念は，貴族の特権の擁護を内容とする封建的性格の強いものであったが，それはやがてロック（John

Locke,1632-1704)やルソー（Jean-Jacques Rousseau,1712-78）などの説いた近代自然法ないし自然権（natural rights）の思想によって新たに基礎づけられ，近代的な憲法へと発展していった。中世の根本法を近代的な憲法へと変質させた自然権思想とは，次のような考えを内容とするものである。①人間は生まれながらにして自由かつ平等であり，生来の権利（自然権）をもっている，②その自然権を確実なものとするために社会契約を結び，政府に権力の行使を委任する，③政府が権力を恣意的に行使して人民の権利を不当に制限する場合には，人民は政府に抵抗する権利を有する，という考えである。このような考えを根幹とする自然法思想に支えられて，アメリカ諸州の憲法（1776-89年），アメリカ合衆国憲法（1788年），フランス人権宣言（1789年），フランス第一共和制憲法（1791年）などが制定されたのである。

　近代的意味の憲法は，その形式の面では成文法であり，その性質においては硬性（通常の法律よりも難しい手続によらなければ改正できないこと）であるのが普通である。近代的意味の憲法が成文の形式をとるについて，最も大きな影響を与えたのは社会契約説である。それによれば，国家は自由な国民の社会契約によって組織され，その社会契約を具体化したものが根本契約たる憲法である。契約である以上，それは文書の形にすることが必要で，望ましいとされたのである。また，近代的意味の憲法が硬性であるのも，自然権および社会契約説の影響によるところが大きい。すなわち，憲法は社会契約を具体化する根本契約であり，国民の不可侵の自然権を保障するものであるから，憲法によってつくられた権力である立法権は，根本法たる憲法を改正する資格をもつことはできず（それは国民のみに許される），立法権は憲法に拘束される。したがって，憲法の改正は特別の手続によって行われなければならないということになる。

4　憲法の分類

伝統的な分類

　憲法の意味を理解するために，憲法はいろいろの観点から分類されている。

第一に、形式の点から、成典か不成典か、つまり成文の法典が存在するかどうか、第二に、性質の点から、硬性か軟性か、つまり改正が単純多数決で成立する通常の立法の場合と同じか、それよりも難しいかどうか、第三に、憲法を制定する主体の点から、君主によって制定される欽定憲法か、国民によって制定される民定憲法か、君主と国民との合意よって制定される協約憲法か、に分類されている。これらのうち、硬性憲法と軟性憲法の区別は、イギリスの憲法学者 J. ブライス（James Bryce,1838-1922）が行った「rigid（厳格な）憲法」と「flexible（柔軟な）憲法」の区別に由来する。ブライスの区別は、憲法が通常の立法機関をどの程度厳しく規制するのかを基準とするものであった。わが国では、これを修正し、改正手続の難易を基準とする分類を用いている。すなわち、硬性憲法は憲法改正に通常の立法手続より厳格な手続が要請されている憲法、軟性憲法は通常の立法手続と同等の条件の下で憲法改正が可能な憲法を意味することになる。このような伝統的な分類は、必ずしも現実の憲法のあり方を実際に反映するものではない。たとえば、硬性の程度が強い憲法でも、実際にはしばしば改正される場合があるからである。

また、憲法の定める国家形態ないし統治形態に関する分類もある。すなわち、君主が存在するかどうかによる君主制か共和制か、議会（立法権）と政府（行政権）との関係に関して、大統領制か議院内閣制か、国家内に支邦（州）が存在するか否かによる連邦国家か単一国家か、という分類である。これらも、憲法の分類自体としてはそれほど大きな意味をもつものではない。たとえば、君主制でもイギリスのように民主政治が確立している国もあり、共和制でも政治が非民主的な国は少なくないからである。また、大統領制や議院内閣制にもいろいろの形態がある（両者の混合形態もある）。

「存在論的分類」

上記のような形式的な分類に対して、憲法が現実の政治過程において実際に有する機能に着目した分類が戦後主張された。すなわち、K. レーヴェンシュタイン（Karl Lovewenstein,1891-1973）は、①規範的憲法、②名目的憲法、③意味論的憲法という三類型の分類法を提唱した。①規範的憲法とは、政治権力が憲法規範に適応し、服従しており、憲法がそれに関係する者すべてに

よって遵守されている場合で，例えていえば，憲法は，体にぴったりと合った洋服のようなものである。②名目的憲法とは，成文憲法典は存在するが，それが現実に規範性を発揮しないで名目的にすぎない場合で，憲法は，大きすぎるために，体がそれに合うよう成長するまでハンガーに吊るしてある洋服のようなものである。③意味論的（semantic）憲法とは，独裁国家や開発途上国によく見られるが，憲法そのものは完全に適用されていても，実際には現実の権力保持者が自己の利益のためだけに既存の政治権力の配分を定式化したにすぎない場合で，憲法は，本当のものではなく，隠れ蓑にすぎない洋服のようなものである。このような存在論的（ontological）分類は，憲法が，どの程度現実の国家生活において実際に妥当しているかを測るうえで有用とされている。

5　憲法規範の特質

基本価値秩序としての特質

　憲法というのは，価値中立的に統治の機構を定めるものではない。統治が実現すべき基本価値，あるいは，統治が拠るべき基本価値が，そこに示されているのである。近代的意味の憲法の基本価値は，人間の尊厳に由来する「個人の尊厳」である。そこでの統治機構は，「個人の尊厳」を中核とする人権を最もよく保障しうる構造となるように組み立てられる。憲法の目的は，人権保障であり，統治機構はそれを実現するための手段なのである。

制限規範・授権規範としての特質

　憲法は，国法秩序のなかで最終的な授権規範（法規範の制定等，有効な法的行為を行う権能を一定の機関に与える規範）としての性格をもち，同時に制限規範（他の国家行為の内容を規律し制限する規範，つまり，権力を制限する基礎法）としての性格も有する。近代的意味の憲法では，人権保障目的に照らして，権力を制限し，人権侵害を制限することに主眼があった。また，国家の組織や作用の基本を定める憲法は立法者等に授権を行うことができるが，そ

の場合にも，人権保障目的に照らして，一定の枠付をすることが必要となる。「権力からの自由」が問題とされた近代憲法から「権力による自由」の実現をも課題とする現代憲法への展開につれて，制限規範としての性格よりも授権規範としての性格が重視されることになっている。そこでは，制限と授権の調和をどのように図るかという問題が生じている。

最高規範としての特質
　憲法は，国法秩序の段階構造のなかで最も強い形式的効力をもち，最高規範性という特性を帯びている。日本国憲法98条が憲法の最高法規性を定めているのは，この趣旨を明らかにしたものである。憲法が形式的効力の点で国法秩序において最上位であることを「形式的最高法規性」と呼ぶならば，それは，憲法の改正に法律の改正の場合よりも困難な手続が要求されている硬性憲法であることから派生するものである。そこで，最高法規としての憲法の本質は，むしろ，憲法が実質的に法律と異なるという点に求められる。つまり，憲法が最高法規であるのは，その内容が，人間の権利・自由をあらゆる国家権力から不可侵のものとして保障する規範を中心として構成されているからである。この「実質的最高法規性」は，形式的最高法規性の基礎をなし，憲法の最高法規性を真に支えるものであることを意味する。日本国憲法第10章「最高法規」の冒頭にあって，基本的人権が永久不可侵であることを宣言する97条は，硬性憲法の建前（96条），およびそこから当然に派生する憲法の形式的最高法規性（98条）の実質的な根拠を明らかにした規定である。

6　憲法の基本原理

権力からの自由
　すでに述べてきたように，近代的意味の憲法においては，絶対君主の権力を制限して国民（個人）の自由を守ろうという考えがその出発点にある。近代憲法の基本原理の一つとして，「権力からの自由」（自由権）を挙げることができる。

法の支配

　法の支配（rule of law）は，人の支配（rule of men）に対立する原理であり，権力が治者の恣意的な意思によってではなく，あらかじめ存在する法に従って行使されることを要求する。法の支配は，恣意的な国家権力の支配（人の支配）を排斥し，権力を法で拘束することによって個人の権利・自由を擁護することを目的とする原理であるから，個人の権利・自由を確保するために国家権力を制限することを目的とする近代立憲主義思想と密接に関連する。法の支配の原理は，中世の法優位の思想から生まれ，近代に継承された。近代イギリスの代表的憲法学者A. V. ダイシー（Albert Venn Dicey, 1835-1922）は，その著書『憲法序説』（*Introduction to the Study of the Law of the Constitution*）のなかで，法の支配について，その内容として，「正規の法（regular law）」（通常裁判所が通常の手続で確立した法）の優位による政府の恣意的権力（広範な裁量権）の否定や，すべての人（官吏を含む）の「正規の法」への服従と通常裁判所による管轄──行政に関する特別裁判所（行政裁判所）と行政に関する特別法（行政法）の存在の否定──などを挙げている。しかしながら，今日，行政部の強化とそのイニシアティブの確立によって，そのような古典的な法の支配が動揺している。今日では，法の支配の重要な要素として，①憲法の最高法規性の観念，②権力によって侵されない個人の人権，③法の内容・手続の公正を要求する適正手続（due process of law），④権力の恣意的行使をコントロールする裁判所の役割に対する尊重などが考えられている。

権力分立

　近代的意味の憲法は権利宣言と統治機構の二つの部分からなるが，統治機構の基本原理は権力分立と国民主権である。権力分立は，国家権力が単一の国家機関に集中すると，権力が濫用され，国民の権利・自由が侵されるおそれがあるので，国家の諸作用を性質に応じて立法・行政・司法というように「区別」し，それを異なる機関に担当させるよう「分離」し，相互に「抑制と均衡」を保たせる制度である。その狙いは，国民の権利・自由を守ることにある。権力分立がすぐれて「自由主義的な政治組織の原理」であるといわれるのは，そのためである。ちなみに，民主主義ないし国民主権は，人権の

保障を終局の目的とする原理ないし制度と解すべきである。それゆえ、権力分立と国民主権とは矛盾せず、融合して統治機構の基本を構成するもの（「立憲民主主義」と呼ばれる）である。

国民主権

　国民主権の概念には、①国の統治（政治）のあり方を最終的に決定する権力を国民自身が行使するという権力的契機と、②国家の権力行使を正当づける究極的な権威は国民に存するという正当性の契機が含まれている。国民主権の原理は、国民の憲法制定権力（制憲権）の思想に由来し、国民の制憲権は、国民が直接に権力を行使する（具体的には、憲法を制定し国の統治のあり方を決定する）、という点にその本質的な特徴がある。国民の制憲権は、自らを近代憲法典のなかに制度化し、①法的拘束に服しつつ憲法（国の統治のあり方）を改める憲法改正権に転化（改正権は「制度化された制憲権」とも呼ばれる）し、および、②国家権力の正当性の究極の根拠は国民に存するという建前ないし理念としての性格をもつ国民主権の原理となったのである。国民主権の原理は、国民が自ら国の統治のあり方を最終的に決定するという要素が重視される「権力性の側面」においては、主権の主体としての「国民」は、実際に政治的意思表示を行うことのできる有権者（選挙人団）を意味する。一方、国家権力を正当化し権威づける根拠は究極において国民であるという要素が重視される「正当性の側面」においては、主権の保持者としての「国民」は、有権者に限定されるべきではなく、全国民であるとされる。そのような国民主権の原理は代表民主制、とくに議会制と結びつくことになる。

学習課題　(1) 憲法とは何かを考えよう。
　　　　　(2) 憲法の意味の理解を助けるために憲法を分類してみよう。
　　　　　(3) 憲法規範がもつ特質を考えよう。
　　　　　(4) 憲法の基本原理とされる諸原理の定義を考えよう。

第 2 章　日本憲法制定史

1　1年でできた憲法と15年かかった憲法

　日本国憲法は，太平洋戦争敗戦後，米軍を主体にした連合国軍の占領下で，1946年（昭和21年）に，大日本帝国憲法（一般に明治憲法と呼ばれる）の改正手続にのっとって「確定」（つまり，制定）された。このとき「全面的に改正」された明治憲法は，徳川第15代将軍慶喜の大政奉還にともなう王政復古の大号令（1867年［慶応 3 年］12月 9 日）に始まる明治維新の，いわば革命政権による近代国家体制の整備・定着を目指して，1889年（明治22年）に欽定（天皇の名で制定）された，わが国初めての近代憲法であった。

　しかし，これら二つの憲法は，憲法制定（あるいは大幅改正）の必要を認識し，草案準備開始から制定・公布までの期間において，大きな差があった。明治憲法の場合は，明治新政府が憲法制定の意思表示である「立憲政体ノ詔書」を発した1875年（明治 8 年） 4 月から，憲法発布の1889年（明治22年） 2 月まで15年近い年月が経過している。これに対して，日本国憲法の場合は，敗戦にともなう連合国軍の占領開始から 2 か月で設置された政府の憲法改正に関する機関が発足した1945年（昭和20年）10月27日から，1946年（昭和21年）11月 3 日の憲法公布まで約 1 年である。

　憲法制定（または全面的改正）の準備を始めてから15年と 1 年という違いは，初の憲法制定の明治前半期に対し，半世紀を越える憲法生活経験を積み，憲法に関する議論も重ねてきた1945年だったから早くすませたのではなかった。日本政府は，「国体ヲ護持シ得テ」という終戦の詔書に応じて，憲法改正も

微調整ですませることにしていた。しかし，戦争終結にあたって日本が受諾したポツダム宣言実施のため，新しい憲法の制定作業は，憲法草案の原案を作成・手交するなど占領軍が主導して進められた。その結果が約1年での新憲法公布であったのである。

　降伏して連合軍の占領下に置かれた日本の，占領改革といわれた戦後日本の改革は，第二次大戦敗北によって挫折・失敗した日本近代化のやり直しの始まりとされた。半世紀の憲法生活経験，憲法情報や憲法研究は，新しい憲法草案の理解に役立ちもした。だが，この草案に関する対占領軍折衝が進められるうちに，新しい憲法（草案）を前提ないし基準にした占領軍の旧憲法理解が明らかになった。それは，明治憲法は近代憲法ではなかったとするもので，その影響が日本国憲法施行後のわが国の憲法学界を制するようになった。しかし，そうした見方の偏向がいわれるようになり，明治憲法の歴史的意味が認識されるようになってきている。

2　明治憲法制定史

　明治維新を推進した薩長土肥の西南雄藩主導の新政府は，「未曾有の国難」の現状認識に基づき「王政復古」による「国威挽回」を目指す旨を明らかにした王政復古の大号令を施政の基調にした。すなわち，何よりも後進国日本の認識に基づき，旧幕藩体制との決別と，先進西洋風近代的統一国家づくりが，施政の理念であり，それが王政復古により正当化され，権威づけられていた。

　それに合わせて，そうした政治的要請を映し出した新時代のキャッチ・フレーズ（文明開化，脱亜入欧，富国強兵，一君万民，和魂洋才など）が生まれ，時代を特徴づける用語として広がった。一言でいえば西洋化である。しかし，西洋諸国にもいろいろあり，ふさわしいモデルが，求められもした。

　発足3年半の明治政府は，旧体制廃絶について一応の区切りをつけえた時期であったので，欧米近代文明諸国の富強についての実態を見聞調査する視察団を構想し，政府首脳をメンバーとする米欧回覧使節団の派遣となった。

岩倉具視を全権大使，木戸孝允・大久保利通・伊藤博文・山口尚芳を副使とする50名近くの使節団で，そのほか，随従者と留学生合わせて50名あまりを同行し，1871年（明治4年）11月に横浜港を出港し，12か国をめぐり，1873年（明治6年）9月に帰国した。

近代国家日本のモデル探しになった岩倉使節団

　岩倉使節団に参加した政府首脳たちは，欧米先進諸国の見聞を広めるうちに，米英仏などの先進大国に羨望の気持ちをもちながら，圧倒されもした。その反面，1871年に統一したドイツ帝国については，幕藩体制の基本枠組みを打破した（明治2年の版籍奉還，明治4年の廃藩置県により新体制の基盤固めをした）わが国を連想もした。また，宰相ビスマルクから，大国英仏に圧倒されてきたプロイセン＝ドイツの苦闘の半生を聞かされ，小国が先進化し，大国になるための参考意見も得て，親近感を覚えた。

　使節団のドイツ体験は，先進化・西洋化を目指す後進国日本にとっての格好のモデルとしての「西洋」（プロイセン＝ドイツ）の発見になった。加えて，ドイツ駐在の外交官の青木周蔵の提言「ドイツ流の憲法政治を見本にした日本の憲法を」という意見も，木戸，大久保の対ドイツ・イメージづくりと憲法観に大きく影響していた。

　1872年（明治5年）4月，左院議官の宮島誠一郎（元米沢藩士）は，「立国憲議」を左院議長に提出した。明治維新による新政府体制は天皇中心の近代国家形成を目指していたはずであり，その旨を明示した国家の基本法である国憲つまり憲法の制定に早く目を向けよ，ということであった。さしあたっては「我が国に伝統的な君主独裁に，君民同治の要素を考慮に入れた国家」づくりをして国家人民の望ましいあり方を知らせるべき，との提言をした。

　しかしそこには，正院（大臣・参議の参画による天皇統治の最高機関）の下で右院（行政事務担当の機関）と並立する左院（立法準備事務担当の機関）の存在確認の趣きがあり，また正院メンバーの征韓論についての対立が重なり，この建議は問題提起にとどまった。使節団帰国後，征韓論どころではないという洋行派の主張が通り，1873年（明治6年）10月，征韓論派は閣内を去った。

　政変後の政府は，洋行経験を生かした新政府体制の再建に苦闘した。とく

に，下野した征韓論派の反政府運動が激しく，政府を民衆の敵と訴え，それに合わせて「民選議院論」を利用した。1874年（明治7年）1月17日，それが左院への「民選議院設立の建白」となった。しかし，この建白は，民選議院よりも，制憲作業のほうが先だとする，伊知地左院副議長の判断のきっかけとなり，その旨が正院に上申された。正院も，憲法制定の緊要を認識し，国憲編纂作業係3人の任命となった。

元老院への「国憲編纂」指示

　1875年（明治8年）4月，左院が廃止され，「漸次ニ国家立憲ノ政体ヲ立テル」旨の詔書が発せられた。大審院・地方官会議とともに元老院が設置された。翌1876年（明治9年）9月，「国憲編纂ノ勅令」が元老院に下された。「我ガ建国ノ体ニ基キ広ク海外各国ノ成法ヲ斟酌シ」た国憲の制定について，その草案が求められた。

　元老院は，国憲編纂関連の左院の作業過程を明らかにし，それの整理といえる国憲案（第1次案）資料をつくり，本格的作業の出発点とした。2年後の1878年（明治11年）に第2次案を脱稿し，1880年（明治13年）に第3次案をまとめ，復命した。復命書は，国憲案作成にあたり，西洋先進国の成文憲法だけでなく，それらに素材を提供したイギリスの不文の憲法慣行なども考慮に入れ，いわば比較憲法的検討も加えた旨を述べていた。

　ただし，そうした検討作業では，欧米先進諸国の憲法の一般的傾向を探り，しかも立憲君主制の憲法として最良のものを提言しようとした向きがある。そのため，良い憲法をつくろうとするあまり，理念が先行し，政府権力の基盤が整っていないのに大丈夫か，という懸念が，「欧米回覧」して現地視察してきた岩倉，伊藤といった政府首脳の間に見られた。西南戦争は政府側が勝利したが，反政府の動きはなくなったわけではなく，形を変えて現れていた。政府の中心人物であった木戸孝允は1877年（明治10年）に没し，大久保利通は1878年（明治11年）に暴漢に襲われ不慮の死を遂げていたからである。

元老院の「国憲案」に批判的な岩倉，伊藤

　元老院の作業に対する懸念については，すでに国憲案（第2次草案）を批

判した伊藤の岩倉宛ての手紙（1879年12月21日付け）に述べられていた。そこでは，問題の国憲案は，「各国の憲法を取り集め焼き直し」ただけのもので，「我が国体人情等にはいささかも注意していない」と酷評されていた。後進国日本の現実を踏まえ，先進化の手法も学びうる点で，身近な西洋先進国としてドイツを参考にしようと考えていた伊藤の言葉は，「欧米回覧」派政府首脳の共感を得た。

　政府の再編と意思統一の必要に迫られていた岩倉は，すでに各参議に憲法意見の提示を求めていた。結局，元老院の国憲案復命の報告は受理しておくだけということになった。その頃，政府批判の民間の運動が，国会開設・憲法制定を主張していたことの影響もあった。民間の憲法草案（私擬憲法草案と呼ばれていた）が発表されていた。そうした動きが，政府の憲法問題に関する態度決定を刺激し，岩倉の先の要請になったのである。

　参議の憲法意見書の提出は，1879年（明治12年）末の山県有朋に始まった。翌年12月には伊藤の憲法意見書が提出された。参議たちの憲法意見は，亡き木戸・大久保の路線にのっとった伊藤の憲法意見と基本的には類同していた。ところが，1881年（明治14年）3月に提出された大隈の憲法意見書は，民選議員による多数派政党を基礎にした議院内閣制を盛り込んだ憲法草案であった。それは，在野の国会開設論者の憲法案と受け取られ，政府内非主流の大隈自身の立場を在野の勢力で補おうとしているのではないか，と政府内外で取りざたされた。

　大隈の憲法意見やそれと同系統の在野の憲法案について，それの非現実性と不適切性を説き，望ましい憲法の要領を示した岩倉の憲法意見が，1881年7月6日に提出された。この憲法意見をまとめたのは，井上毅（太政官大書記官）であった。井上は，伊藤の憲法意見書もまとめていた。岩倉の憲法意見書は，約半年前の伊藤の意見書と発想は同じであったが，より詳細で具体的になっていた。

明治14年の政変にともなうドイツ風憲法路線選択

　岩倉の憲法意見書では，欽定憲法のことが強調され，わが国の「国体民俗ニ適スベキ」であるという留意が述べられた。そうした点で，議会と国王と

の関係を考慮に入れながら，イギリス型の"君臨するが統治しない"君主像ではなく，プロイセン型の"君臨し統治する"君主像が参考になる旨が言及された。また「開化ノ度」がイギリスに及んでいないことを示唆して，「漸進ノ主義」によるべきことが説かれ，伊藤の意見に同調した。大隈意見書を意識しての反論であることが明らかであった。

　諸参議の憲法意見書が出そろって，政府の憲法意見をまとめる段階になった。そこでは，大隈の憲法意見の扱い方が，一番の問題となる。しかし，岩倉の意見書提出から1か月もたたないうちに思わぬ事件が起き，政府の存立が危ぶまれることになり，そのときとられた窮余の策が結果的に功を奏した。当面の事件の解決だけでなく，憲法問題をめぐる政府内対立も解決したのである。

　事件というのは，7月末に北海道開拓使官有物払い下げの政府決定をめぐって起きた騒ぎである。この案件は，大隈参議の強硬な反対を押し切り，黒田参議の提案と強引な主張によりなされた決定であった。そのことが，世間に漏れて新聞や在野勢力による政府攻撃の材料にされた。黒田参議の提案内容の不当とともに黒い噂も流れて，国会早期開設論者が騒ぎ立て，大隈参議応援の様相も見せた。

　9月下旬に政府は，問題の発端になった黒田提案の政府決定の取り消しと，大隈参議の罷免，という喧嘩両成敗を思わせる決着をつけることになった。この措置は，10月12日に発表された。明治14年の政変といわれることになった事件処理である。これにともない，岩倉＝伊藤の欽定憲法路線によるプロイセン＝ドイツ型の憲法制定の政府方針が決まり，そのための状況整備を含めての準備作業ということになった。同日に，1890年（明治23年）を期して「国会開設」をする旨の勅諭が発せられたことなどは，在野の勢力の動きを牽制する狙いもあってのことで，そうした準備作業の一つであった。

伊藤の渡欧＝憲法実地研修

　憲法は国会開設に先立ってできていなければならない。機構改革により（法令の草案作成や解釈を主要任務とする）参事院が新設され，伊藤が議長になった（1881年10月21日発令）。その伊藤に対し，翌1882年3月3日「欧州立憲

ノ各国ニ至リ其政府又ハ碩学ノ士ト相接シ其組織及実際ノ情形ニ至ルマデ観察シテ」の憲法調査が発令された。併せて「憲法取調事項」31項目も示された。10年前の岩倉使節団の欧米回覧が思い合わされ，洋行経験により得られるであろう憲法制定・運用の責任者としての自信と使命感を確実にして帰国する伊藤が，期待されていた。

　伊藤の調査団は，10日後の3月14日に横浜を出港し，ドイツ，オーストリアを目指し，5月16日にベルリンに到着した。ベルリンではグナイストやその弟子モッセに会い，8月上旬ウィーンに赴きシュタインに会って適切な助言・指導を得て3か月間を有意義に過ごして自信をもち，11月初めベルリンに戻った。再びモッセの講義を聴き，グナイストに学び，渡欧して8か月後の1883年（明治16年）2月に一段落となった。伊藤はドイツ風憲法理論・制度の調査を振り返りながら充実感をもち，同時にウィーン大学のシュタインの存在意味の大きさを改めて確認していた。

　シュタインから"モナルキャル・プリンシプル"（伊藤のメモ），つまり君主制原理という19世紀半ばのドイツ立憲主義君主制を正当づけた理論を教えられた意味は大きかった。君主制原理とは，国家権力一切は君主に帰一し，行政・立法・司法・軍事などの国家権力の行使にあたり他の国家機関がかかわり協力するという考え方である。君主は，君主より次元の低い他の国家機関に優越し，別格なのである。議会の意思に拘束されないで国家公共の意思を体現し統治する君主の立憲化論であった。

　伊藤らの遣欧調査団は，イギリスでの見聞も含め他の国々も回り，帰国後の憲法構想について明るい見通しを得て，構想実現に対する自信を深めた。1883年6月26日にナポリを出港し，8月3日に帰国した。在欧調査報告は，9月19日に参内して天皇に，翌1884年（明治17年）3月17日に設置された制度取調局において，憲法草案起草作業で伊藤とコンビを組む金子堅太郎，井上毅，伊東巳代治ら3人を中心とした関係者を前にしてなされた。

伊藤が中心の4人による憲法草案起草

　制度取調局は，帰国した伊藤が憲法制定作業の準備と，つくられた憲法が適切に運用されるための政府体制の整備を目指して，宮中に設けた機関で，

伊藤が長官になった。この機関の主な仕事は，太政官制の下で，時代の趨勢から浮き上がり，政府の施政の足を引っ張っている宮中勢力の再編と宮中・府中（つまり政府）の別の明確化とであった。それは華族令の公布（1884年［明治17年］7月）と，太政官制に代えて内閣職権の制定（1885年［明治18年］12月）で具体化された。それにともない，参事院と制度取調局は廃止された。そして伊藤博文が初代内閣総理大臣になった。

伊藤は，新制度が軌道に乗るまで政務に忙殺された。憲法原案作成作業についてのかねてからの協力者に対して，伊藤から連絡があったのは，1886年（明治19年）秋であった。彼らは制度取調局の場を利用してなされた伊藤の帰朝報告を聴き，それぞれに憲法草案起草の検討・模索をしていた。その共通了解事項は，先に触れた国憲編纂の勅令（1876年［明治9年］9月）に述べられた二つの要件であった。すなわち，①国憲案作成のために「海外各国ノ成法ヲ斟酌」することと，②ただし，その作業を進めるにあたって「我ガ建国ノ体ニ基」くこと，という要件であった。

このような二つの要件は，憲法の比較検討にあたり，まず後進国日本の先進化努力に最も参考になる国の憲法のあり方を選ぶこと，そのうえで欧米先進国の近代憲法の思考法の基調にあるものと，日本に伝統的な君民関係の基調にあるものとの違いを明確にして，わが国の憲法制定を構想することであった。

伊藤は，欧州での憲法研修において欧州諸国の「政府又ハ碩学ノ士ト相接シテ」認識を新たにし，まさに和魂洋才の憲法づくりに使命感をもっていた。近代憲法は，権力制限を本質的契機としており，そうなるのは強権的支配，そして階級対立・抗争の関係が基調になっているからである。これに対して，わが国では「和を以て貴しとなす」という言葉に象徴される君民関係がいわれてきた。

井上毅は，このような対照が「ウシハク」と「シラス」との違いであることを明らかにして，憲法草案の試案への条文化を試みたことがあった。1条に「日本帝国ハ万世一系ノ天皇ノ治(シラ)ストコロナリ」として，天皇は強権支配する君主ではない旨宣言しようとしたのである。しかし，この大和言葉はまずいとされ，「統治ス」となった。それに合わせるかのように，天皇が元首

として総攬する権能を表す用語として「統治権」が決まった。それまで，国権や政権という言葉が使われていたが，しっくりしなかったようで，統治権に思い至って，適切ということになった。日本的発想と思わせたのであろう。

　元来，元首として統治権を総攬し，憲法の条規により行う，という憲法規定は，シュタインに学んだ君主制原理や社会的君主制の理論の日本版である。南ドイツのバイエルン憲法などの同種の規定が参照された。社会的君主制の理論は，資本主義の発達が無産・有産という労使の対立抗争になっている現実に直面して発生した社会問題の解決について，「上からの解決」を説き，それを君主の調整権に期待するものであった。資本主義未発達の明治日本では，こうした理論は，「シラス」的発想による日本的受け取り方をされたのである。

　伊藤を中心とし，井上・伊東・金子を協力者とする4人の憲法草案作成作業は，ヘルマン・ロエスラーとアルベルト・モッセの2人のドイツ人顧問による助言を得て進められた。検討・修正を繰り返して，憲法草案ができあがったのは，1888年（明治21年）4月半ば過ぎであった。「大日本帝国憲法」という表題を付して天皇に奏上された。そのとき，憲法草案を審議・検討して「欽定」のための最終整理にあたる機関とされた枢密院官制も添えられていた。

枢密院への「大日本帝国憲法」案諮詢と議決

　枢密院は4月30日の勅令で設置され，同日伊藤の首相辞任（後任の首相に黒田清隆が就任），枢密院議長就任が決まった。憲法草案作成作業の協力者3人も，枢密院書記官長兼任（井上毅），枢密院書記官兼任枢密院議長秘書官（伊東巳代治と金子堅太郎）という形でかかわることになった。枢密院顧問官も決まり，1888年5月8日に枢密院は開院式が行われ，天皇の勅語が下賜され，活動開始となった。

　会議はまず皇室典範の審議，次いで憲法草案の審議に移り，7月末から議院法など憲法関連法令の審議と続いた。そうした作業の経過も考慮に入れ，翌1889年1月31日に憲法草案の整理・再確認をし，大日本帝国憲法の審議を終えた。枢密院の会議には，天皇はほとんど親臨され，「欽定」する憲法の

理解を深められた。

　枢密院での憲法草案審議の冒頭，伊藤は近代国家として発展するについて憲法制定は必然であること，しかし憲法をつくりさえすれば万事うまく運ぶものでもないことを述べた。そのうえで先進化を目指す明治日本の現在に見合う立憲制方式を模索しての草案が目の前に提示されている旨を述べ，熟慮・吟味を求めた。

　加えて，伊藤は西洋先進諸国を往来して，シュタインやグナイストの助言に示唆されてもつに至った認識に触れた。それは，人々の国家的共属意識がまだ十分に整っていない明治日本にとって，日本人的アイデンティティを確認できる基本的な指標が不可欠だという趣旨の認識であった。そうした認識に基づいて伊藤は，「深ク人心ニ浸潤シテ人心ヲ……帰一サセル基軸」を確立しなければならないと説き，「君権ヲ基軸」とした憲法草案を作成した旨を述べた。前述のドイツ初期立憲主義に見られる君主制原理を日本的に受容した憲法制度——天皇は統治権を総攬し，統治権の作用を天皇を輔翼する他の国家機関に分立・分掌させる仕組み——がそれである。

　この「基軸」発言は，枢密院において共通了解事項になり，肯定的な議論が続いた。こうした議論が高じて，天皇に対し権利を主張するような態度は不穏当だとして，「臣民権利義務」規定に反対し，"臣民ノ分際"に代えようといった森有礼（文部大臣として職権上の顧問官）発言が現れたりした。これに対して，臣民としての本分を守るようにしての権利行使であれば問題ないし，そうなるようにするために「法律ノ範囲内ニ於テ」という条件づけが行われているとの反論がなされた。

　そこには，西洋の権利宣言の前提にあるような君主対人民の対立抗争の関係は，わが国の天皇と臣民との間にはなく，互いの信頼関係が基調をなしているという発想があった。"ウシハク"ではなく"シラス"天皇の国ということなのである。そのことに念を押すように，憲法発布の勅語には"相与ニ和衷協同"する伝統的な日本的君民関係が述べられている。

　2月5日，枢密院での審議が終わって，議決された大日本帝国憲法は，皇室典範，議院法，衆議院議員選挙法，貴族院令とともに天皇に上奏された。1889年（明治22年）2月11日，憲法発布の式典が皇居で行われた。そして翌

1890年（明治23年）11月29日（第1回帝国議会開会の日）に施行された。

　明治憲法体制は天皇の統治権総攬によって統合される縦割りの政治機構になっていた。すなわち，帝国議会，国務各大臣，枢密顧問，裁判所，陸海軍は，それぞれに天皇に直結し，上下の関係が憲法に明示されているだけで，これら国家諸機関相互の横のつながりについては言及がない。それだけ天皇の統治権総攬，いわば調整権能への期待が高かったのである。そうなったのは，苦楽を共にした天皇と明治維新以来の元勲（元老）など有力政治家との緊密な関係による政治的指導力を当てにできたからである。

　したがって，このコンビが崩れると，とくに天皇の崩御などが起きると，政治的統合力の政治家勢力再編成が必要になる。大正期には政党勢力への期待が高まり，男子普通選挙制の実施にともない，政党主導の政治が謳歌された。しかし，政策の失敗，政党政治家の腐敗により，昭和初期に政党政治は自壊した。それに代わって統合の中心に登場したのが軍であったが，統帥権独立偏重が仇になり，対米英宣戦布告による戦争の終末にあたって総合的な政治指導力の形成を求められているときに，明治憲法体制の機能不全をもたらしかねない事態を引き起こした。

　戦火が日本列島に及び，追い詰められた日本は，このまま戦争が続けば日本民族の滅亡を招くおそれもある状況にもかかわらず，軍部の議論がまとまらず，結局天皇親臨の最高戦争指導会議は天皇の"聖断"を仰ぐことになった。ポツダム宣言受諾は，天皇主導の統治権総攬（明治憲法第4条）であった。

3　ポツダム宣言受諾にともなう日本国憲法制定史

　1945年（昭和20年）8月15日，「終戦の詔書」がラジオを通じて玉音放送された。全国の主要都市は空襲で焦土と化し，深刻な食糧難で日本国民は敗戦の厳しい現実にさらされた。だがその反面，戦争が終わり，それまでの軍事一色からの解放感が，明るい，また自由奔放な風俗をつくり出しもした。占領軍将兵のアメリカ風の明るさの影響もあった。

　「降伏文書」調印（1945年9月2日）後早速，占領軍総司令部は，戦前・戦

中の日本の旧統治体制改革の占領政策を実行に移し，連合国最高司令官の指令として次々に日本政府に発した。日本の占領統治は，原則として日本政府を通じて行う間接統治方式となっていた。ただし，必要な場合（総司令部の都合次第で）最高司令官の直接統治が可能とされていた。

総司令部による憲法改正の示唆

　連合国最高司令官あるいは最高司令部が発する指令や覚書に接しながら，日本側の関係者は被占領の現実を思い知らされていた。占領軍総司令部による憲法改正の示唆も，こうした占領政策に沿ったものの一つで最重要のものであった。それは，終戦にともない成立した東久邇宮稔彦内閣の国務大臣近衛文麿が10月4日にマッカーサーに会い，示唆され，現実性をもつに至った。

　同日，連合国最高司令部は，日本政府に対して，「政治的・公民的・宗教的自由に対する制限撤廃の覚書」を発し，天皇・皇室・政府に関する討議の自由，政治犯の即時釈放，特高警察の廃止，治安維持法をはじめ弾圧法令の廃棄などを求めてきた。東久邇宮内閣は敗戦の厳しい現実への対応にとまどい，翌5日総辞職した。

　近衛は国務大臣ではなくなったが，憲法改正の任務遂行に意欲的であった。8日，改憲情報を確かめるために，連合国最高司令部政治顧問アチソンを訪ね，憲法改正での問題点12項目を聞き出した。明治憲法の改正であり，したがって明治憲法の改正手続にのっとることが常識で，「勅命ヲ以テ議案ヲ帝国議会ノ議ニ付ス」（73条）こと，つまり天皇に憲法改正の「発議ノ権」がある（上論）点に注目した。そうなると，発議される憲法改正案の作成は，天皇の下で行われるべきだとする理解が成り立ち，正論になる。近衛はこのような理解に基づいて行動していたともいえる。

　10月9日，幣原喜重郎内閣が成立した。11日，幣原首相は，就任のあいさつに総司令部にマッカーサーを訪ねた。幣原首相に対してマッカーサーは，「憲法の自由主義化」という憲法改正を前提とした発言と，それの内容にあたる「人権確保の5大改革」に言及した。すなわち，「女性解放，労働組合結成奨励，学校教育民主化，秘密審問司法制度撤廃，経済機構民主化」が語られたのである。

憲法改正案づくりで宮中と政府の機関が競合

　幣原首相がマッカーサーと会った同じ日（11日），近衛は宮中の機関である内大臣府御用掛に任命された。2日後の13日には，京都帝大に学んだ近衛が聴講した憲法講座担当の佐々木惣一も，内大臣府御用掛に任命された。内大臣府の動きに対応するかのように政府も，憲法改正の問題検討に関して国務大臣松本烝治を主任とする機関の設置を決めた（13日）。この機関は，憲法問題調査委員会として10月25日に発足した。この委員会は，委員長の松本国務大臣の下に，憲法学者から宮沢俊義（東京帝大教授），清宮四郎（東北帝大教授），河村又介（九州帝大教授），法制局から楢橋渡（法制局長），入江俊郎（第一部長），佐藤達夫（第二部長），枢密院から石黒武重（書記官長）が委員となった。そして，清水澄，美濃部達吉，野村淳治が顧問として加わった。

　憲法問題調査委員会はその名称からもうかがえるように，直ちに憲法改正案の作成作業に入るというのではなかった。まず，憲法改正が必要かどうかを決めるための憲法全般の調査検討を行う，ということで設けられていた。明治憲法の改正に消極的な空気が政府およびその関係者にあった。明治憲法の解釈次第で民主的運用も可能だとする美濃部達吉のような有力な憲法学者もいた。ポツダム宣言10項には，「日本国国民ノ間ニ於ケル民主主義的傾向ノ復活強化」という文言もあり，これに対する「一切ノ障礙ノ除去」が日本政府に要求されているが，「障礙ノ除去」の要求が満たされれば，憲法改正まですることには及ばない，という理解もあったのである。

　しかし，内大臣府御用掛での憲法改正案づくりが進んでいることもあり，憲法問題調査委員会でも「民主主義的傾向ノ復活強化」を確実にするための憲法改正案づくりに肯定的な空気が広がった。こうなると，憲法改正問題の調査をめぐって二つの国家機関が競合していることに対する疑問が，とくに憲法問題調査委員会を設けた幣原内閣の閣僚や関係者から起こった。また，近衛に対する戦争責任の問題も生じた。

　このような混迷，いわば憲法改正をめぐる日本側の主導権争いの解決は，やはり総司令部の声明によった。11月1日，総司令部は，憲法改正に関する近衛への指示は国務大臣としての近衛に対してのもの，つまり日本政府に対

してのものである。したがって、政府の閣僚でない近衛が行う憲法改正案づくりは指示していない旨の声明を発したのであった。それでも、内大臣府御用掛での作業は続けられ、11月22日「帝国憲法改正要綱」(近衛案)が天皇に奏上され、24日には「帝国憲法改正の必要」(佐々木案)が天皇に進講された。同24日、内大臣府廃止の件が公布された。内大臣府御用掛による憲法改正案は発表されなかった。

憲法問題調査委員会・松本委員長の試案

　こうして、憲法問題調査委員会の作業が活発になった。ただし、この委員会は官制に基づくものでなく非公式の機関として設けられたこともあり、審議の内容は公表されていなかった。11月26日に召集された第89回臨時帝国議会の施政方針演説でも、政府は憲法改正について触れなかった。政府がこの問題に言及したのは、12月8日の衆議院予算委員会においてであった。そのとき、松本国務大臣は憲法改正の4原則を表明した。①天皇が統治権を総攬するという原則は変更しないこと。②議会の承認や議決事項を拡充する。その結果として、天皇の大権事項を削減すること。③国務大臣の責任を国務全般にわたるようにし、国務大臣が議会に対して責任を負う制度にすること。④人民の権利・自由の保障を強化し、議会の関係しない法規による制限はできないようにする。また権利・自由の侵害に対する救済方法を完全なものにすること。この原則に基づいて憲法問題調査委員会における憲法改正の検討が進められていった。

　1946年(昭和21年)1月4日、松本委員長は『憲法改正試案』(松本試案)を脱稿した。そしてその後将来設置されるであろう正式の審議会に備えて、松本試案を要項化した『憲法改正要綱』(甲案)をまとめた。甲案は松本委員長個人の見解が色濃く、また小幅な改正だったため、ほかに、委員会の委員数人によって甲案より改正の幅が大きい『憲法改正案』(乙案)が作成された。ただし、乙案も松本4原則の範囲内での改正案であった。1月末から2月初めにかけての閣議での審議を経たのち、2月8日松本試案に基づく「憲法改正要綱」と、その説明書が総司令部に提出された。

　松本委員会での憲法調査が進むなか、戦後復活した政党、民間の研究者や

法曹関係者などのグループによって，さまざまな憲法改正案や憲法改正要項が発表された。その大半は，明治憲法を手直しするといった小幅な改正であった。大幅な改正を提唱する案としては，天皇制を打倒し人民共和国政府の樹立を目指す日本共産党案と，天皇制は残すが国家的儀礼をつかさどるだけとし，国民主権の原則を徹底し，そのほか社会主義的傾向の内容の規定ももつ憲法研究会（鈴木安蔵，高野岩三郎ら）案などがあった。

松本委員会試案の新聞スクープと総司令部

1946年に入ると，総司令部でも，憲法改正に関する日本側の動向についての分析が進んでいた。総司令部としては，日本の民主化には明治憲法の根本的な改正が不可欠だと考えていた。

2月1日，毎日新聞が「憲法問題調査委員会試案」をスクープし，掲載した。しかし，掲載された試案は，委員会の審議に臨むために作成された宮沢委員の私案であった。いずれにせよ，総司令部は，この記事やそれまでの分析から，日本政府に明治憲法の抜本的改正は期待できないと判断した。そこで，憲法問題についてはできるだけ日本政府の自主性に委ねるという，それまでの方針を転換し，総司令部自ら憲法草案を作成することを決定した。2月3日，マッカーサーは，ホイットニー民政局長に日本国憲法の草案を至急作成するよう命じた。翌4日，ホイットニーの指揮の下，民政局で憲法草案の起草が秘密裏に開始された。

この方針転換の背景にはまた，次のような事情があった。対日占領管理のための連合国の機関とされてきた極東諮問委員会のあり方にあき足りなかったソ連の要求でこの諮問委員会に代えて，対日占領に関する連合国の最高意思決定機関として極東委員会の設置が決まり，2月末に初会合が予定されていた。極東委員会のメンバーでもあるソ連は，天皇の戦争責任を問い，天皇制の廃止，人民民主の共和制を主張してきていた。そこで総司令部は，極東委員会で日本の憲法改正問題が取り上げられる前に，憲法改正について既成事実をつくっておくべきだという判断をした。

実は，極東委員会の発足の情報を得たマッカーサーはじめ総司令部民政局は，占領改革の核ともいえる憲法改正の問題に関する最高司令官の権限に対

する影響について，強い関心をもっていた。日本の占領統治については，降伏文書調印にともなうアメリカ大統領からの通達により連合国最高司令官の権限が最高とされ，マッカーサーもそのように行動してきた。憲法改正に関する日本政府への指示も例外でなかった。ところが，極東委員会の出現は，マッカーサーの権限の最高性を否定するもので，最高司令官の権限は大幅に制限されることになる。ただし，極東委員会発足までは，憲法改正問題について，最高司令官の権限に対する制限はない。このような趣旨のホイットニー民政局長の覚書が，1946年2月1日マッカーサーの下に伝えられた（こうした経緯については，たとえば西修『日本国憲法はこうして生まれた』中公文庫，2000年に詳しい）。

総司令部民政局での憲法草案作成

　マッカーサーは早速行動を開始して，民政局で作成する憲法草案に盛り込むべき原則，いわゆる「マッカーサー・ノート」を作成した。ホイットニーに憲法草案作成を命じた際に，それを手渡した。その原則は，

　　①天皇は，国家元首の地位にある。皇位の継承は，世襲である。天皇の職務および権能は，憲法に基づき行使され，憲法の定めるところにより，人民の基本的意思に対し責任を負う。

　　②国家の主権的権利としての戦争を廃棄する。日本は，紛争解決のための手段としての戦争，および自己の安全を保持するための手段としてのそれをも放棄する。日本はその防衛と保護を，今や世界を動かしつつある崇高な理想に委ねる。いかなる日本陸海空軍も決して許されないし，いかなる交戦者の権利も日本軍には決して与えられない。

　　③日本の封建制度は，廃止される。皇族を除き華族の権利は，現在生存する者一代以上におよばない。華族の授与は，爾後どのような国民的または公民的な政治権力を含むものではない。予算の型は英国制度に倣うこと。

　そのほか，民政局での憲法草案作成に際して，従うべきものとされたものに，「SWNCC第228号」があった。この文書は，アメリカでの対日占領管理政策の実質的決定機関である合衆国国務・陸軍・海軍三省調整委員会

(SWNCC) が1月7日に承認し，11日にマッカーサーに送付されたもので，「日本の統治制度の改革」という表題がついていた。そこでは，日本の統治体制の問題点が考察され，結論部分で日本の統治制度をどのように改革すべきかが示されていた。

こうした文書をはじめ，ポツダム宣言やワシントンからの訓令，図書館などから借り出した資料などをもとにして，民政局での憲法改正案起草作業は進められ，10日に草案は完成した。そして12日に，マッカーサーは民政局作成の憲法草案，いわゆるマッカーサー草案を承認した。

日本政府へのマッカーサー草案の手交

2月13日，ホイットニー民政局長は，松本国務大臣，吉田茂外務大臣を訪ね，8日に日本側が提出した憲法改正案は自由と民主主義の文書としては受け入れることができないと回答し，マッカーサー草案を手渡した。両大臣は，総司令部が憲法草案を秘密裏に作成していた点，またその改正案の内容が日本側の作成したものと大きく異なっていた点で，強い衝撃を受けた。

2月18日，松本国務大臣は，「憲法改正案説明補充」を総司令部に提出したが，ホイットニーらからは総司令部案を原則的に承認するのかどうかについて48時間以内の確答を求められた。21日に幣原首相は総司令部の考えを見極めるため，マッカーサーと会談した。マッカーサーは，国民主権と象徴天皇制と戦争放棄を憲法の基本原則と考えている，と述べた。基本原則とされるこれら3点は，日本政府にとって難題であった。

それは，ポツダム宣言受諾にあたって当時の日本政府が念を押した何よりの条件，すなわち「天皇ノ国家統治ノ大権ヲ変更スベキ要求ヲ包含シ居ラザルコトノ了解」を質したことに対するアメリカ政府の回答（バーンズ回答）の具体的内容ともいえるものであった。バーンズ回答は，「降伏ノ時ヨリ，天皇及ビ日本政府ノ国家統治ノ権限ハ……連合国最高司令官ノ下ニオカルルモノトス」としてあった。この言及は降伏文書にも明示されていた。

日本政府は，降伏・被占領の厳しさに直面させられた。確かに，国民主権と象徴天皇制は明治憲法における統治権総攬の元首天皇制とは異なるけれども，天皇制はどうにか残される。戦争直後の日本を取り巻く国際情勢分析か

らすれば，天皇制を護持できることで満足すべきではないか，という判断が幣原首相に生じた。それに，戦争放棄は，敗戦の現実を再認識させられるものであった。

幣原首相はマッカーサーとの会談後，そのときの模様を松本国務大臣に伝えた。松本国務大臣は翌22日に民政局で意見交換をしたのち，閣議に臨み，マッカーサー草案に沿った憲法改正草案の作成を委嘱された。松本大臣は26日から入江法制局次長，佐藤法制局第一部長とともに日本案作成に着手し，3月2日に（ほぼ総司令部案の翻訳といってよい）改正案を脱稿した。4日に日本側はこの案を総司令部に持参し，佐藤第一部長が居残って徹夜で民政局員との折衝が行われ，確定案作成となった。6日，政府は，これを「憲法改正草案要綱」として発表した。

マッカーサー草案におけるものと違えた規定

「憲法改正草案要綱」の起草にあたり，削除や大幅修正また無視したマッカーサー草案の規定もあった。大幅修正された事項としてよく引用されるのは，国会の1院制を2院制にした点であった。それにともない，両院関係について衆議院優越制が定められた。

削除された規定としては，基本的人権に関する事件を除き，最高裁が下した法令違憲判断に対しては，国会が3分の2の多数決で破棄宣言しうるとされていた規定（マ草案73条）や，土地および天然資源の国有を定めた規定（マ草案28条）などであった。

それと，国民主権の用語に対する拒否反応から，前文と1条にあった同種の用語が「国民至高ノ総意」と書き込まれていた。この表現が「主権在民」の表現に修正されたのは，憲法改正審議の帝国議会においてであった。

なお，帝国議会の審議で加えられた改正項目としてよく引用されるものに，戦争放棄の9条第2項に加えられた芦田修正がある。「前項の目的を達するため」という文言が，極東委員会に注目され，「国務大臣の文民」条項が挿入された。

「改正草案要綱」発表にあたり，ポツダム宣言受諾の事実と明治憲法の根本的改正であることを基調とする勅語が発せられた。すなわち，「ポツダム

宣言ヲ受諾セルニ伴ヒ日本政治ノ最終ノ形態ハ日本国民ノ自由ニ表明シタル意思ニ依リ決定セラルベキモノナルニ顧ミ……憲法ニ根本的改正ヲ加ヘ以テ国家再建ノ礎ヲ定メルコトヲ庶幾フ（コイネガ）……」。

同日，マッカーサー最高司令官による「改正草案要綱」全面的支持の声明が発表された。そこには，「要綱」作成にあたっての総司令部と日本政府との協力が次のように述べられていた。「この憲法は，5か月前に余が内閣に対して発した最初の指令について日本政府閣僚と連合国最高司令部の間における労多き調査と数回にわたる会議の後に書きおろされたものである」。

憲法改正手続による憲法「制定」議会（第90回帝国議会）

4月10日，戦後女性が参政権を得て初めての衆議院議員総選挙が行われ，戦後の民意に基づく明治憲法下最後の衆議院議員が選出された。初の女性議員39名が誕生した。17日，政府は，「憲法改正草案」を発表した。それは，明治憲法下の手続に従って，枢密院に下付された。この草案は条文化にあたり，それまでの法律のようなカタカナ文語体ではなく，ひらがな口語体で書かれていた。それがきっかけでその後，法律や公文書はひらがな口語体で書かれることになった。22日から枢密院に設けられた審査委員会での審議が開始された。6月8日，枢密院本会議で審査委員会での審査報告がなされたのち，改正案は可決された。なお，総選挙で単独過半数を獲得した政党はなく，第一党になった鳩山一郎自由党総裁が公職追放されたこともあり，新首相の選出が難航していたが，5月22日，吉田茂内閣が成立した。金森徳次郎が憲法担当国務大臣に任命された。

6月20日，「朕は……国家再建の礎を固めるために，国民の自由に表明した意思による憲法の全面的改正を意図し，……帝国憲法第73条によって，帝国憲法の改正案を帝国議会の議に付する」（傍点は引用者）とした「勅書」とともに，「帝国憲法改正案」が衆議院に提出された。25日に衆議院本会議に上程され，吉田茂首相による趣旨説明がなされた。28日に特別委員会（芦田均委員長）に付託され，7月1日から23日まで審議がなされた。さらに，審議を詰めるために，小委員会（芦田均委員長）が設置され，7月25日から8月20日まで非公開の会議が13回開催された。21日，特別委員会は小委員会の

修正案を付帯決議を付して可決した。そして24日，改正案は衆議院本会議で賛成421票，反対8票（共産党6，無所属2）で修正可決された。

　8月26日，改正案は貴族院本会議に上程された。そのときの貴族院には，憲法審議のため，学識経験者（公職追放で生じた欠員を補充）が貴族院議員に任命されていた。30日に特別委員会（安倍能成委員長）に付託され，31日から9月26日まで審議がなされた。さらに，26日に設置された小委員会（橋本実斐委員長）が9月28日から10月2日にかけて4回開催された（非公開）。3日，特別委員会は小委員会の修正案を可決した。6日，貴族院本会議において，起立採決により298票対2票で修正可決され，衆議院に回付された。7日，憲法改正案は衆議院本会議で342票対5票で可決され，帝国議会両議院を通過した。

　11日，内閣は，憲法改正案を閣議決定し，枢密院に諮詢を奏請した。29日，枢密院本会議において憲法改正案は全会一致で可決された。天皇の裁可を経て，日本国憲法は1946年（昭和21年）11月3日に公布され，1947年（昭和22年）5月3日に施行された。

学習課題
(1) 明治憲法と日本国憲法の制定経過の違いについて説明しよう。
(2) 日本国憲法の制定にあたって，明治憲法はどのように評価されていたかについて説明しよう。
(3) 明治憲法制定過程と日本国憲法の制定過程で先進国の憲法をどのように参考にしたのかを，比較して説明しよう。

第 3 章　日本国憲法の基本原則

1　前文の内容と法的性質

前文と憲法の基本原則

　前文とは，法令の本文に先立ち置かれる序文のことであり，法令の基本理念，制定理由・目的を明示する。憲法の前文の場合，その成立事情に応じて内容や長短はさまざまであるが，一般に，憲法制定の趣旨や目的，憲法の基本原則や理念を宣言する。日本国憲法の前文では，憲法成立当時の国際状況を前提にして，国民主権，民主主義，平和主義，国際協調主義，基本的人権の尊重といった，この憲法の基本原則と理念を掲げている。

国民主権と民主主義

　前文の1段では，「日本国民は，……主権が国民に存することを宣言し，この憲法を確定する」として，日本国憲法が国民主権に基づく民定憲法であることを明らかにする。さらに，国民主権に基づく政治を「人類普遍の原理」として，「国政は，国民の厳粛な信託によるものであつて，その権威は国民に由来し，その権力は国民の代表者がこれを行使し，その福利は国民がこれを享受する」と謳う。

　この文言は，1863年11月19日，当時のアメリカ合衆国大統領エブラハム・リンカーンが，南北戦争の激戦地ゲティスバーグの地で戦没者追悼のために行った演説の結びの名文句，「国民の，国民による，国民のための政治（Government of the people, by the people, for the people）」を基調としたものである。

この言葉は，政治権力の源泉は国民に由来すること，政治権力は国民あるいはその代表者によって行使されること，国政は国民全体の利益の実現を目的とすること，という三要件を明示して，民主主義の普遍的な性格を明らかにした。日本国憲法自体には，「民主主義」あるいは「民主政治」の語はどこにも見受けられないが，リンカーン演説に象徴される民主主義の原則は，この憲法全体を貫く重要な統治原則でもある。もっとも，民主主義といっても，日本国憲法では，前文が冒頭で「日本国民は，正当に選挙された国会における代表者を通じて行動（する）」旨を定めるように，国民が代表者を通じて国政に参加する代表民主制を基本としている。

　平和主義と国際協調主義
　前文の1段によれば，日本国民は，「諸国民との協和による成果……を確保し，政府の行為によつて再び戦争の惨禍が起ることのないやうにすることを決意し，ここに主権が国民に存することを宣言し，この憲法を確定する」として，「戦争の惨禍」からの脱却（つまり，平和主義）こそが，憲法制定の目的であることを表明する。また，先の大戦の惨禍が「政府の行為」によってもたらされたことへの反省から，「主権が国民に存すること」を宣言し，この憲法の平和主義は国民主権主義と不可分の関係にあることを示している。
　前文の2段は，「日本国民は，恒久の平和を念願」するとし，「平和を愛する諸国民の公正と信義に信頼して，われらの安全と生存を保持しようと決意した。われらは，平和を維持し，専制と隷従，圧迫と偏狭を地上から永遠に除去しようと努めてゐる国際社会において，名誉ある地位を占めたいと思ふ」と述べ，恒久平和への切実な願望と「平和国家」としての国際的な立場を強調する。さらに，平和主義と人権をからめて，「われらは，全世界の国民が，ひとしく恐怖と欠乏から免かれ，平和のうちに生存する権利を有する」として，「平和を享受する権利」である「平和的生存権」を定める。3段では，「いづれの国家も，自国のことのみに専念して他国を無視してはならない」ず，普遍的な「政治道徳の法則」に従うことは，「自国の主権を維持し，他国と対等関係に立たうとする各国の責務である」として，偏狭な国家主義を退けて，国際協調主義に拠って立つことを表明する。

基本的人権の尊重

　日本国憲法は，近代立憲主義の系譜の下，「人間社会における政治的価値の根元が個人にあるとし，なににもまさって個人を尊重しようとする原理」である個人主義（あるいは，『個人の尊厳』）を基本とする（宮澤俊義［芦部信喜補訂］『全訂日本国憲法』，日本評論社，1978年，197頁）。そこから，個々の個人を人間として尊重する基本的人権尊重主義が生まれる。

　憲法の本文では，基本的人権を「侵すことのできない永久の権利」(11条，97条) と性格づけ，また，13条は，「すべて国民は，個人として尊重される」としたうえで，「生命，自由及び幸福追求に対する国民の権利」は，「公共の福祉に反しない限り」，国政上「最大の尊重を必要とする」とする。この点，前文では，1段で，「自由のもたらす恵沢を確保」することを憲法制定の目的とする点や，2段で，憲法が前提とする国際状況を「平和を維持し，専制と隷従，圧迫と偏狭を地上から永遠に除去しようと努めてゐる国際社会」と捉えている点は，基本的人権の尊重を表明するものである。

前文の効力

　日本国憲法の前文は，憲法典の主要な構成部分であり，本文と同じような法的性質をもつ。したがって，前文を改正するためには，96条の改正手続を経なければならないし，また，憲法の基本原則を定める前文は，それに反する「一切の憲法，法令及び詔勅を排除する」ので，憲法改正権を拘束する規範であると解される。

　このような前文の法的性格は広く認められてきたが，それでは，前文が裁判規範としての性格をもつかをめぐっては，学説上の見解は分かれる。ここにいう裁判規範とは，広い意味では，裁判所が判決の際に判断基準として適用できる法規範を意味するが，狭い意味では，当該規定を直接根拠として，裁判所に救済を求めることができる法規範，つまり裁判所の判決によって執行できる法規範のことを意味する。この点，通説である否定説によれば，前文は憲法の基本原則を抽象的に宣言したにとどまるので，本文各条項の解釈基準になりえても，狭い意味での裁判規範性はもたないとする。

　ところが，先に触れたように，前文が「平和的生存権」を定めることと関

連して，前文の裁判規範性を肯定する学説も有力である。この見解は，前文の「平和的生存権」を「新しい人権」の一つとして位置づけ，その具体的な裁判規範性を認めることができるとする。しかし，一般には，「平和的生存権」は，その主体・内容・性質の点でなお不明確であり，裁判で争うことができる具体的な法的権利性を認められない，と解釈されている。

なお，「平和的生存権」に関する判例としては，航空自衛隊のナイキ基地建設のために農林大臣が国有林の指定を解除したことに対して，地域住民が処分取消しを求めた「長沼事件（長沼ナイキ基地訴訟）」がある。同事件の第一審判決では，「平和的生存権」を「訴えの利益」の根拠として認めたものの（札幌地判昭48・9・7），控訴審判決は，「前文中に定める『平和のうちに生存する権利』」は「裁判規範として，なんら現実的，個別的内容をもつものとして具体化されているものではない」として，具体的な裁判規範性を否定している（札幌高判昭51・8・5）。

2　国民主権の原理

近代立憲主義と国民主権の原理

　国民主権の原理は，人権の保障，権力分立制，法の支配などとともに，近代立憲主義の基本要素である。各国の現行憲法の事例を見ても，たとえば，ドイツ連邦共和国基本法（20条2項），フランス第五共和制憲法（3条1項），イタリア共和国憲法（1条2項）などは，いずれも国民主権主義を採用する。また，ベルギー憲法（33条1項），タイ王国憲法（3条），スウェーデン憲法（1条1項），スペイン憲法（1条2項）など，多くの君主制憲法が国民主権を原則としている。

　日本国憲法は，前文において，「日本国民は，……ここに主権が国民に存することを宣言（する）」とし，また，1条では，「天皇は，日本国の象徴であり日本国民統合の象徴であつて，この地位は，主権の存する日本国民の総意に基く」として，国民主権に基づく天皇制を採用する。憲法がこのように定める国民主権主義をどのように理解するかは，学説上，見解が大きく分か

れるところであるが，その問題を検討するに先立ち，まず主権の意味と歴史的起源について考察しておく。

主権の意味

　主権の概念は，わが国の憲法学では，通例，次の三つの意味で用いられている。

　第一の用法は，国家権力そのもの，あるいは立法・行政・司法を包括した国家の統治権を意味する。この例としては，ポツダム宣言の8項が「日本国ノ主権ハ本州，北海道，九州及四国並ニ吾等ノ決定スル諸小島ニ局限セラルベシ」とし，また，憲法が「国権」（9条1項および41条）という場合が，これにあたる。

　第二の用法は，国家権力が国内的には最高であり，対外的には他の権力に従属しない独立性を保持するという，主権の最高独立性を意味する。憲法前文の3段で「自国の主権を維持し」とあるのはその例で，とくに対外的な独立性に重点を置いている。

　第三の用法は，国家における主権，つまり国の政治のあり方を最終的に決定する権力を意味する。憲法前文で「ここに主権が国民に存する」とし，また，1条で「主権の存する日本国民の総意」という場合は，この用法に従っている。

　これら三つの主権の意味は，16世紀後半のフランスで最初に主権概念が登場したときには，絶対君主の権力の下で同一概念として理解されていた。ところが，近代国民国家が形成され，君主主権から国民主権の段階になると，主権という言葉はその本来の概念のどの側面に着目するかによって，局面によって違う意味で使用されるようになる。それでは，主権は，本来どのような意味で使用されていたのだろうか。

主権概念の起源

　主権概念を初めて体系的に論じたことで知られるのが，フランスの政治思想家ジャン・ボダン（Jean Bodin, 1530-1596）である。彼の主著『国家論六編』（1576年）によれば，主権とは「国家の絶対的かつ永久的な権力」，すなわち

「最高・唯一・不可分の権力」のことであり，主権の存在こそが国家存立のための絶対的基準である。具体的には，立法権，宣戦講和権，官吏任命権，最高裁判権，国民に対する忠誠服従請求権，恩赦権，貨幣鋳造権，課税権といった権限が挙げられる。

かくしてボダンは，国家の存立・存亡は主権的権限を保持する統治者，つまり主権者の登場にかかっているとして，当時のブルボン王朝の国王による強力な主権の行使により中世的な多元的秩序を克服して，フランスの国家的統一を実現しようとした。ルイ14世の「朕は国家なり」という言葉どおり，近世の絶対主義国家では，君主の主権は国家権力とまさに一体化していた。もっとも，ボダンにあっては，王権神授説により，君主権力の正当性の根拠は神に求められるので，主権は決して無制約ではなく，「神の法と自然の法」による制約には服するとしていた。

国民主権の主体

日本国憲法は，いくつかの箇所で「国民」あるいは「日本国民」という文言を用いているが，それらは必ずしも同じ意味で用いられているわけではない。たとえば，10条は「日本国民たる要件は，法律でこれを定める」とするが，そこでの「日本国民」とは，国家構成員としての国民，すなわち国籍法による国籍保有者を意味する。一方，15条1項が「公務員を選定し，及びこれを罷免することは，国民固有の権利である」という場合は，「国民」とは憲法上の機関としての国民，直接には有権者を指すことになろう。ところが，前文および1条が「主権が国民に存する」という場合の「国民」の意味については，共通の理解はなく，学説は次の二つに大別できる。

第一は，国民を国家構成員全体からなる統一体と捉える「全国民主体説」である。この学説は，さらに，国民を老若男女の区別や選挙権の有無を問わず現在生存している日本人の全体，すなわち日本国籍保有者の総体と見る「国籍保有者説」と，過去・現在・未来にわたり存続する国民共同体を想定し，そのすべての構成員の総体とみなす「国民共同体説」とに分かれる。

第二は，国民を国家構成員のうち特定な個人の集団と捉える「有権者主体説」である。「有権者主体説」も，さらに根拠を異にするいくつかの立場に

分かれる。①19世紀ドイツの国家法人説を根拠にして，最高意思決定機関としての国民である有権者に主権の主体性を認める立場（狭義の「有権者主体説」），②主権を憲法制定権力と同視し，その憲法制定権力に基づく憲法上の権限を一定の資格を有する国民である有権者に認める立場（「憲法制定権力同視説」），③フランス主権理論の発展史を根拠にして，主権の主体は観念的な国民全体ではなく，政治的意思決定能力を有する市民の総体としての「人民」にあるとする立場（「人民（プープル）主権説」）などである（詳しくは，芦部信喜『憲法学Ⅰ憲法総論』，有斐閣，1992年，235頁以下）。

正当性の契機と権力性の契機

　国民主権にいう「国民」の範囲をめぐる学説を整理してきたが，これらの学説に対してはさまざまな理論的な問題点が指摘されている。まず，「全国民主体説」に対しては，国民主権規定をあまりに内容空疎なものにしてしまうとする批判がある。「全国民主体説」によれば，「国籍保有者説」では，「国民」とは幼児や意思無能力者も含む全国民の統一体であり，また，「国民共同体説」では，死んだ人や将来生まれる人も主権者を構成することからも明らかなように，主権者である国民を実際に自分の意思を表明できる具体的な個人とはみなしていない。このため，結局，国民は抽象的・観念的な存在にとどまらざるをえず，国家権力の正当性を基礎づける根拠になりえても，現実に政治のあり方を決定することはできないというのだ。

　これに対して，国家構成員のうち特定な個人の集団を主体とする「有権者主体説」によれば，どの論拠に拠るにせよ，国民は権力の実体として投票などによって国政のあり方を最終的に決定できる。しかし，同説に対しても，全国家構成員のなかに主権者と主権者でない者が混在するのは不合理であり，また，有権者の資格を国会が法律で定める制度は，国会が主権者の範囲を決定することになり，国民主権の趣旨に反するとの批判が提起されてきた。

　そこで，国民主権論におけるこれらの難点を克服するために主張されたのが，いわゆる「総合説（折衷説）」の立場である。それによれば，憲法前文および１条の国民主権の規定は，二つの規範的意味を含んでいる。すなわち，第一は，「一体的国民（全国民）が国家権力の源泉であり，国家権力を民主

的に基礎づけ正当化する根拠であるという意味」と，第二は，「国民（実際にはそれと同一視される積極的国民＝有権者）が国家権力の究極の行使者だという意味」である。前者は「国民主権の正当性の契機」，また，後者は「国民主権の権力性の契機」と呼ばれる（芦部信喜『前掲書』244頁）。

　国民主権における主体を「全国民」と「有権者」とに一応区別し，さらに両者を融合させる考え方は，諸外国の憲法にも広く見受けられる。たとえば，ドイツ連邦共和国基本法は，「全ての国家権力は，国民に由来する」（20条2項）と定めるが，ここにいう「国民」は国家構成員の全体，すなわち全国民と解することができる。一方，同条がさらに続けて，「国家権力は，国民により，選挙および投票によって，ならびに立法，執行権および裁判の特別の機関によって行使される」とする場合，「国民」とは国家機関としての国民，すなわち有権者の総体（選挙人団）と解することができよう。

学習課題	(1) 憲法前文の法的性格について，本文との違いにおいて説明しよう。 (2) 日本国憲法における「主権」の三つの意味を説明しよう。 (3) 国民主権にいう「国民」の意味を説明しよう。

第4章 天　皇

1　国民主権に基づく天皇制

　日本国憲法の天皇制の成立は，占領下での連合国軍総司令部（GHQ）と日本政府との政治的な妥協の所産であった。この成立事情を反映して，明治憲法から日本国憲法への移行にともない，天皇制の正当性原理は根本的に転換を遂げることになる。

　明治憲法では，「万世一系ノ天皇」（明憲1条）が，統治権の総攬者（明憲4条）として，立法，行政，司法といった国家作用のすべてを統括する権限を保持していた。これに対して，日本国憲法は，前文で「主権が国民に存する」と謳い，1条では，天皇の地位について，「天皇は，日本国の象徴であり日本国民統合の象徴であつて，この地位は，主権の存する日本国民の総意に基く」とし，国民主権に基づく象徴天皇制を定める。立法権は国会に（41条），行政権は内閣に（65条），司法権は裁判所に（76条1項），それぞれ帰属させる一方，天皇が機構上行うことができるのは，形式的・儀礼的な「国事に関する行為」に限定され，「国政に関する権能を有しない」として，政治的権能の保持は名実ともに認められないことになった（4条1項）。

　日本国憲法は，明治憲法と同様に，第1章を「天皇」として，また同じ1条で天皇の地位を定めるとともに，国民主権にも言及するという，いわば折衷的な構成をとっている。このため，これに対しては，国民主権の解釈に不徹底や希薄化を招くという批判は強い。しかし，近代憲法史を振り返れば，1791年のフランス憲法，1831年のベルギー憲法，1974年のスウェーデン憲法，

1978年のスペイン憲法などのように，国民主権を宣言しながら君主制を採用する例が数多く見受けられる。

かつて W. バジョットは，イギリスの国家体制を，国王が君臨する「尊厳的部分」と内閣が首位に立つ「実践的部分」との混合体制であると特徴づけた。日本国憲法の象徴天皇制は，これとは構造を異にするが，国民主権の"権力"と象徴天皇の"権威"とを一応厳格に区分しながら，最終的に両者の共存を予定したものであるといえよう。

2　天皇の地位

象徴の意義

一般に，象徴とは，抽象的な存在を連想させる具体的な事柄あるいは作用をいう。憲法が，天皇を日本国あるいは日本国民統合の象徴と定めるのは，国民の多くが天皇を見たり，考えたりすることによって，日本国あるいは日本国民としての統一性を想起・感得し，日本国民であることを確認するという，社会心理上の効果を期待したものである。

それでは，日本国憲法の場合，象徴としての天皇による国家・国民の統合はどのような特徴をもつのであろうか。この点，しばしば象徴である天皇は国民統合の事実をありのままに映し出す「鏡」に喩えられることがある（消極的象徴説）。この場合，注意すべきことは，天皇が映し出す国民統合としての事実とは，決して無色透明なものではなく，日本国憲法の基本理念を主な内容とすることである。つまり，天皇を「象徴」と定める憲法の規定は，民主主義，平和，人権尊重，福祉など，国民の憲法意識の一般的部分（それは，「国民の総意」といってよいか）に働きかけることを想定した，政治的意図の宣言である。

このため，国旗，国歌，国章などの物的象徴とは違い，人格的象徴である天皇には，当然，日本国憲法の象徴としてふさわしい態度や行動が要請される。たとえば，天皇が，政府や政党を支持あるいは批判したり，選挙の際に投票あるいは立候補したりする行為は，象徴としての政治的中立性を損なう

ことになるために認められない。

　これとは別に，象徴としてふさわしい処遇として，天皇には特別な法的扱いがなされることがある。天皇の地位は世襲であること（2条），成人は18歳とすること（皇室典範22条），陛下という敬称が認められること（皇典23条1項），天皇の誕生日は国民の祝日とされること（国民の祝日に関する法律2条）などが，これにあたる。

　諸外国の事例では，国旗など国の象徴について，特別の法的保護を与えて，刑罰をもって臨むことがある。わが国の刑法でも，外国に対して侮辱を加える目的でその国の国旗その他の国章を損壊などした者を処罰する旨を定める（刑法92条1項）。明治憲法下には，天皇に対する不敬罪規定（刑法73－76条）があったが，これらの規定は，日本国憲法の成立にともない，1947年11月の法改正により削除された。

　天皇の刑事責任について，天皇が象徴の地位にあり，また，皇室典範によれば，摂政はその在任中に訴追されない旨を定める（皇典21条）ことから類推して，刑事上免責されるべきだと解される。学説上の見解が大きく分かれるのは，民事責任が天皇に及ぶか否かという問題である。判例を見ると，昭和天皇の代替わりの際に争われた，いわゆる「記帳所事件」において，最高裁判所は，「天皇は日本国の象徴であり日本国民統合の象徴であることにかんがみ，天皇には民事裁判権が及ばないものと解するのが相当である」と判示した（最判平元・11・20）。

君主，元首をめぐる議論

　日本国憲法の天皇が象徴の地位にあることを考えた場合，天皇は，はたして君主あるいは元首にあたるのかが問題となる。かつては19世紀のドイツ国法学の影響の下，君主制の要件とは，世襲かつ独任制の君主が統治権を総攬するか，少なくとも行政権の行使者である点にあった。ところが，20世紀の憲法政治の展開では，君主制は民主化されて君主の権限が大きく名目化されたため，今日では，19世紀的な基準をそのまま適用して，君主制を共和制から区別する意義はほとんど失われている。

　これに代わり，現代の君主制では，君主制の固有の価値観，すなわち，そ

の伝統性・栄誉性・世襲性から派生する"権威"の意義が見直されている。現代君主の役割も，民主政治の進展に歩調を合わせて，国民的・文化的・慈善的行事の挙行や外国交際に重点が移行してきている。こうした君主制概念の変化を考慮するなら，日本国憲法の象徴天皇はまさに現代君主の典型ということができるだろう。

　一方，元首の問題であるが，明治憲法では，4条で「天皇ハ国ノ元首」と定めていたので，天皇の元首的性格には疑問の余地はなかった。しかし，「元首」という語自体，純粋な法的用語ではなく，国家有機体説に由来する一つの比喩であるため，明治憲法下でも，元首の意味をめぐり学説上の見解はいくつかに分かれていた。日本国憲法下では，学説はさらに多義化・多様化する。とくに元首の所在については，主な傾向としては，内閣元首説と天皇元首説とが対立するが，このほかにも，天皇準元首説，総理大臣元首説，国会議長元首説，二重（複数）元首説，元首不在説，元首不要説などが主張されてきた。

　このような元首論の現状を前にして，重要な示唆を与えてくれるのが，1970年に，W.カルテフライテルが提唱した象徴元首論の見解である。それによると，現代民主国家一般の元首の基本的要件とは，政治的に中立的地位に立ち，国家・国民統合の象徴機能の担い手であることである。すなわち，「対外的に国家の統一を擬人化し，対内的に国民的統合の事実を体現する」という内外二つの機能が，これにあたる（小林昭三『日本国憲法の条件』成文堂，1986年，20頁）。

　この基準によれば，日本国憲法では，当然，象徴である天皇が元首である。天皇は，1条の象徴の地位の明示がきっかけとなり，憲法が定める国事行為や憲法慣行として行われている「公的行為」などを通じて，国内的には国家・国民の統合作用にかかわるとともに，対外的には国家を代表するのである。

皇位継承の原則と順位

　憲法2条は，「皇位は，世襲のものであつて，国会の議決した皇室典範の定めるところにより，これを継承する」として，皇位（天皇の地位）の継承について世襲制を定める。この原則により，皇室典範は皇位継承の資格と順

序を具体的に定める。明治憲法体制では，皇室典範は憲法とならぶ最高法規の地位を有していたが，日本国憲法下では，皇室典範の性格は国会が議決した法律であり，その改正は通常の法律の手続と異なるところはない。

　現行皇室典範によれば，皇位は皇統（天皇家の血統）に属する男系（父方）の男子によって継承される（皇典1条）。近年，女性天皇制の採用の是非をめぐる論議が盛んであるが，この問題に対して学説は二つに分かれる。多数説である法律事項説によれば，日本国憲法の下では，皇位継承資格を男系の男子に限定するのは法律上の要件であるので，皇室典範を改正して，女系主義を採用すれば，女性天皇を認めることは法的には可能である。一方，憲法事項説では，憲法にいう世襲要件のなかには古来の伝統である「皇統に属する男系」による世襲が含まれるので，女性天皇制の実現のためには，憲法改正が必要である。

　皇位継承の順序の決定は，男系主義とならび，直系主義，長系主義および長子主義を基本原則とする。具体的には，①皇長子，②皇長孫，③その他の皇長子の子孫，④皇次子およびその子孫，⑤その他の皇子孫，⑥皇兄弟およびその子孫，⑦皇伯叔父およびその子孫，という順位である（皇典2条1項）。皇嗣（皇位継承権の第一順位者）に，精神もしくは身体の不治の重患または重大な事故があるときは，皇室会議の議により，次の順位の者を皇嗣とすることができる（皇典3条）。なお，皇室会議は，皇族2名，衆参両院議長および副議長，内閣総理大臣，宮内庁長官，最高裁判所長官およびその他の裁判官の1名の計10名で構成される（皇典28条）。

　皇位継承の原因は，天皇の崩御の場合に限られており（皇典4条），生前の退位や譲位は許されないと解される。皇位の継承があったときは，即位の礼を行う（皇典24条）。

3　天皇の権能と行為

国事行為の種類と性質
　憲法4条1項は，天皇は，憲法の定める「国事に関する行為」のみを行い，

「国政に関する権能」を有しないと定める。象徴天皇制の趣旨に照らせば，天皇に認められていない「国政に関する権能」とは，国の政治を決定したり，政治に影響を及ぼしたりする権能であるのに対して，天皇が行いうる「国事に関する行為（国事行為）」とは，政治に関与しない形式的・儀礼的行為をいい，実質的な政治決定権は含まないと区別される。

憲法が認める国事行為は，6条，7条および4条2項に列挙された13の行為に限定される。具体的には，①内閣総理大臣の任命（6条1項），②最高裁判所長官の任命（6条2項），③憲法改正・法律・政令および条約の公布（7条1号），④国会の召集（同2号），⑤衆議院の解散（同3号），⑥国会議員の選挙施行の公示（同4号），⑦国務大臣および法律の定める官吏の任免ならびに全権委任状および大使・公使の信任状の認証（同5号），⑧大赦・特赦・減刑など恩赦の認証（同6号），⑨栄典の授与（同7号），⑩批准書およびその他の外交文書の認証（同8号），⑪外国の大使・公使の接受（同9号），⑫儀式の挙行（同10号），⑬国事行為の委任（4条2項）である。

これら国事行為のなかには，「認証」や「儀式」のように，もともと純然たる形式的・儀礼的行為であるものが含まれているが，一方，行為の内容自体は政治的性格をもつが，実質的決定権の所在が天皇以外の機関にあるので，形式的・儀礼的行為になるものがある。後者について見るなら，たとえば，内閣総理大臣の任命は国会の指名（6条1項，67条1項），最高裁判所長官の任命は内閣の指名（6条2項），法律の公布は両議院の可決（59条1項），外交関係の処理・官吏の任免・政令の制定・恩赦の決定は内閣（73条2号・4号・6号・7号），条約の公布は内閣の締結と国会の承認（73条3号），国務大臣の任免は内閣総理大臣（68条）によって，それぞれ実質的に決定される。ただし，衆議院の解散については，憲法が解散権の所在を明確に規定していないためにかつて論争が生じたことがあったが，天皇にその実質的決定権がないことは明らかである。

内閣の助言と承認

天皇は国事行為を行う際，単独で行動することはできず，すべて内閣の助言と承認という手続きを必要とする（3条前段）。前述のように，天皇は「国

政に関する権能」を保持せず，国事行為の実質的決定はすべて天皇以外の機関によりなされるので，天皇の国事行為は，それらの決定を待って，内閣の助言と承認に従って行われる。

内閣の助言と承認は，内容上，閣議において決定される。これに対して，天皇は国事行為を行うことを自ら発意したり，あるいは拒否・停止したりすることは認められない。国事行為の結果については，助言と承認を行った内閣が自ら国会に対して責任を負い（3条後段），政治的権能を有しない天皇は，本来，政治的に無答責とされる。

言葉のうえでは，「助言」とは事前かつ能動的に意見を申し出ることをいい，「承認」とは事後的かつ受動的に同意することを意味する。そこで，助言と承認の両者が必要であるか否かをめぐり学説上の対立がある。天皇の国事行為の前後にそれぞれ助言と承認を行うことが必要だとする説もあるが，通説は，「助言と承認」という一つの行為と見て，それぞれ別個に閣議を開く必要はなく，天皇の国事行為の際に，一回行われればよいと解する。

天皇の公的行為

天皇は，国事行為以外に，国会開会式への出席と「お言葉」の朗読，国内巡幸，国民体育大会・植樹祭など各種式典への出席，外国親善訪問，外国の元首など国賓・公賓の接遇などの行為を行っている。これらは，憲法が定める国事行為ではないが，そうかといって純然たる私的行為（たとえば，内廷での起居・散歩，スポーツ観戦，学問研究，福祉施設訪問）とはいえない公的な性格をもっている。

通説および実務では，これらの行為は，憲法1条による象徴の地位に基づく公的行為として認めて，国事行為に準じて内閣の補佐と責任の下に置くべきだとする。ただし，公的行為は，国事行為とは異なり，内閣の助言と承認は必要としない。実際には，天皇自身の意思を尊重しつつ，宮内庁の補佐により，内閣の責任の下で執り行われている。

国事行為の委任

天皇が国事行為を行うことができない場合，憲法では，それを代行するた

めに，国事行為の委任と摂政という二つの制度を定めている。

国事行為の委任（臨時代行）

天皇は，国事行為の一つとして，その国事行為を委任することができる（4条2項）。「国事行為の臨時代行に関する法律」（1964年［昭和39年］制定）によれば，天皇は，精神もしくは身体の疾患または事故（たとえば，天皇の海外旅行）があるときには，摂政を置く場合を除き，内閣の助言と承認により，国事行為を摂政となる順位にある皇族（皇典17条）に委任して，臨時的に代行させることができる（国事代行2条）。

摂　政

摂政について，憲法は，「皇室典範の定めるところにより摂政を置くときは，摂政は，天皇の名でその国事に関する行為を行ふ」（5条）とする。皇室典範によれば，天皇が成人（満18歳）に達しないとき，または天皇が精神もしくは身体の重患または重大な事故のために国事行為を自らなすことができないときは，皇室会議の議により，摂政を置く（皇典16条）。

摂政が，天皇に代わり，「天皇の名で」行う国事行為は，天皇が行うのと同じ効果をもつとみなされ，その代行の範囲は天皇の国事行為の全部に及ぶ。ただし，理論的には，象徴の属性は天皇の一身に存するので，摂政には国の象徴としての役割は認められないと考えられる。

4　皇室の経済および財政

皇室財産の国有化と皇室財政民主主義

明治憲法下では，天皇・皇族は莫大な財産を保有し，皇室自律主義に基づき，皇室財政に政府や議会が関与することは許されなかった。日本国憲法では，「すべて皇室財産は，国に属する」（88条前段）として，純然たる私産（三種の神器，宮中三殿など）を除き，皇室の財産は国有財産に編入されることになった。皇室用財産（国有財産法3条2項3号）と称される，皇室が公

の立場で用いる財産（皇居，京都御所，那須・葉山・須崎など御用邸，陵墓など）も，宮内庁によって管理され，原則として，その譲り渡し，譲り受け，もしくは賜与することはできない（8条）

また，皇室財政民主主義に基づき，「すべて皇室の費用は，予算に計上して国会の議決を経なければならない」（88条後段）として，天皇・皇族が公的・私的生活を営むための費用は，国会の議決を経ることによって国会の統制を受ける。「皇室の費用」は，内廷費，宮廷費および皇族費の三種に区分されて，予算に計上される（皇室経済法3条）。

内廷費

天皇ならびに皇后その他の内廷にある皇族の日常の費用，諸費に充てるもので，「御手元金」として自由に使用することが認められ，宮内庁の経理に属する公金としない。皇室経済法施行法で毎年の定額が決められ，国費より支出される（皇経4条）。

宮廷費

内廷費以外の宮廷の諸経費で，行幸啓費，儀式・祭典費，宮殿管理費など宮廷の公務に充てられるもので，公金として，宮内庁の経理に属する（皇経5条）。

皇族費

これには，次の三種類がある。①皇族が，その品位保持のために年額により毎年支出するもの，②皇族が初めて独立の生計を営む際に一時金により支出するもの，③皇族が，皇室典範の定めるところにより，その身分を離れるときに一時金として支出するもの。いずれも，内廷費と同じく「御手元金」として自由に使用することが認められている（皇経6条）。

皇室の財産授受の制限

憲法88条は，「すべて皇室財産は，国に属する」として，「皇室財産の国有化」を定めるが，これは皇室が私有財産を保有すること自体を禁止したわけ

ではない。この点，憲法8条は，「皇室に財産を譲り渡し，又は皇室が，財産を譲り受け，若しくは賜与することは，国会の議決に基かなければならない」として，皇室の財産授与を国会の監視下に置くことによって，皇室が巨額の財産を保有したり，特定な者と特殊な経済関係をもつことがないように配慮している。もっとも，あらゆる場合に国会の議決を行うことは煩雑なので，相当の対価による売買，外国交際のための儀礼上の贈答，公共のためになす遺贈または遺産の賜与，一定価格以下の財産の賜与または譲受といった場合には，その度ごとの国会の議決は不要とされている（皇経2条）。

学習課題 | (1) 天皇が象徴の地位にあることの意義を論じよう。
(2) 天皇の権能と行為にはどのような種類があるか，説明しよう。

第 5 章　戦争の放棄

1　戦後連合国の協力関係継続への期待可能性が条件だった9条

　戦争の放棄について定める憲法9条は，戦争についてだけでなく，武力による威嚇や武力の行使も，国際紛争を解決する手段としては放棄する旨を明示している。これに合わせて，軍備の制限や縮小といった措置にとどまらず，軍備撤廃を決意し，「前項の目的を達するため，陸海空軍その他の戦力は，これを保持しない」と規定した。戦争を放棄したのであるから，「国の交戦権」も必要でなくなるので，交戦権の否認にまで及んでいる。

　こうした戦争放棄の宣言は，「正義と秩序を基調とする国際平和を誠実に希求」するという文脈で述べられたのである。日本国民のこのような「誠実な希求」は，夢想ではなく，こうした「希求」に応えてくれる国際社会ができているという判断に基づくものであった。そのことは，憲法前文に「平和を維持し，専制と隷従，圧迫と偏狭を地上から永遠に除去しようと努めてゐる国際社会」と描き出されていた。

　そこでは，「全世界の国民が，ひとしく恐怖と欠乏から免かれ，平和のうちに生存する権利を有する」とされている。われわれ「日本国民は，恒久の平和を念願し，人間相互の関係を支配する崇高な理想を深く自覚する」（この自覚を前提にして憲法9条の「正義と秩序を基調とする国際平和を誠実に希求し」がいわれたのである）としたうえで，「平和を愛する諸国民の公正と信義に信頼して，われらの安全と生存を保持しようと決意した」と，戦争放棄にともなう不安を打ち消したのである。

日本国民にこのような決意をさせえた国際社会は，日本がポツダム宣言を受諾し降伏文書に調印して，日本を占領下に置いた戦勝連合国の世界であった。第二次大戦は，米英仏ソ連中国などの連合国と日独伊の枢軸国との戦争であった。戦勝を確実にした連合国（The United Nations）は，大戦後の連合国主導の国際組織を構想し，組織の憲章を起草し，1945年6月26日に連合諸国の代表が署名した。ポツダム宣言が発表される1か月前であった。

　国際連合と邦訳されている原語は，戦争中使用されてきた連合国が意味転用されていた。第二次大戦に勝利して，連合国からなる国際社会が世界になったということであった。敗戦国は連合国の占領下に置かれた。そして国連憲章には，第二次大戦で連合国の「敵であった国による新たな侵略を防止する」ことについて特別の留意がされていた（旧敵国条項といわれる53条と107条）。

　8月14日，日本は，ポツダム宣言受諾を決定した。それまでの敵国は降伏して，国際社会の要注意国扱いされた。その反面，侵略戦争を起こした国が降参したのであるから，もう戦争は起こらない，という安堵が，勝利の喜びとともに広がった。そうした安堵は，日本占領の連合国総司令部民政局による日本国憲法の原案作成に際し，総司令官が示した指示（マッカーサー・ノート）3項目の一つにもうかがえた。

　それは，戦争放棄に関するもので「国家の主権的権利としての戦争を廃棄する。日本は，紛争解決のための手段としての戦争，および自己の安全を保持するための手段としてのそれをも放棄する」としたうえで，「日本はその防衛と保護を，今や世界を動かしつつある崇高な理想に委ねる」（傍点は引用者）としていた。なお，そのあとに陸海空軍の不保持と交戦権の否認が書かれていた。

　日本占領が始まって半年ほどの1946年2月初めのマッカーサー・ノートである。敵国を打ち破った戦勝連合国の共闘の成果が誇示されただけでなく，連合国の協力・協調関係の継続への期待可能性が，そこには見込まれていたといってよい。「平和を愛する諸国民」として協調する連合国の世界も，思い描かれていたであろう。

　しかし，ドイツが1945年5月7日に，日本が8月15日に降伏して，それぞ

れ連合国の占領下に置かれて戦後処理が具体化されるにともない，戦勝連合主要国間，とくにソ連陣営と西欧米との間に意見の対立が表面化した。

2　戦争放棄の条件を崩した朝鮮戦争

　もともとソ連と米英仏とでは，反資本主義の社会主義国と競争市場経済に基づく資本主義国といった体制の違いがあった。そうした違いを越えて連合国共同宣言に同調したのは，敵（日独）の敵は味方というような戦略的な意図も働き，互いに利用し合い共闘して戦後処理にあたっての発言権確保を狙ってのことだったのである。

　したがって，戦勝後の対敗戦国処理をめぐって，勝利の成果の配分につき国益の主張し合いが始まったわけである。たとえば，日本より3か月前に降伏したドイツは，主要4連合国の分割統治になり，ソ連占領地区はソ連化を目指して国づくりが進められた（東ドイツ）。さらに，東欧諸国に対するソ連支配の既成事実化（つまり衛星国化）が進んで，ソ連東欧勢力圏として米英仏と戦後世界を分け合い，対抗・対立することになった。冷戦である。

　対日占領についても，ソ連は北海道の北半分の分割統治を要求したが，トルーマン米大統領に拒否された。結局，アメリカを主体とした連合国占領軍による日本統治となった。朝鮮半島が南北に分割されて，アメリカとソ連の影響力の強い二つの独立国になったようにはならなかったのである。

　米ソの間に起こった冷戦という敵対関係は，戦争を連合国として共闘した体制の分裂であり，それをきっかけにソ連とアメリカを軸として，それぞれの連合国を再編することを余儀なくされた。そして冷戦は，連合国のいわば本家争いになった。そのとき，連合国の"旧敵国"は，西ドイツと日本は西欧米自由民主主義群に，東ドイツはソ連社会主義群にといったように，連合国のいずれかの陣営に組み込まれることになった。もっとも，西側に組み込まれた日本では，東西冷戦の日本版といってよい対抗関係（自由民主主義陣営と社会主義への発展法則信奉の進歩的文化人グループの対抗関係）が現れた。

　極東における冷戦の実戦化は，中国の内戦が中華人民共和国の成立（1949

年10月）により終わって9か月もたたない翌1950年6月25日に起こった朝鮮戦争で顕在化した。この戦争は，ソ連の事前の了解と支援を受けた北朝鮮軍が南北朝鮮の境界とされていた北緯38度線を越えて武力侵攻して始まった。3日後にはソウルを制圧し，さらに南進して韓国軍・駐留米軍を朝鮮半島南端に追い詰めた。

　北朝鮮軍の越境南進について，在日占領軍最高司令官の反応は早かった。早速，朝鮮半島で戦況視察した後，在日米軍の朝鮮半島出動を本国政府に要請し，大統領の了承を得た。トルーマン大統領は，同時に国連安全保障理事会で北朝鮮軍の「侵略行為」非難決議を確保した。さらに，半島出動の在日占領軍や，そこに増派された極東米軍からの派遣部隊を「国連軍」（国連軍最高司令官はマッカーサー）とする安保理決議が，7月7日になされた。ちなみに，ソ連代表は，この期間の安保理に出席していなかった。

　翌7月8日，警察予備隊創設に関するマッカーサー書簡が日本政府に渡された。在日占領軍の朝鮮半島出動にともない日本国内の治安維持の肩代わりを思わせる組織（75000人）創設の提言であった。あわせて，「日本列島の長い海岸線の保安確保のため」海上保安庁員の増員（8000人）も，指令されていた。政府は直ちに準備に入り，1か月後の8月10日警察予備隊の発足となった。それは，法律によってではなく，（明治憲法8条の緊急命令として発せられた）いわゆるポツダム勅令に基づく政令「警察予備隊令」で設けられた。

3　不戦条約調になった自衛権論議

　警察予備隊の発足は，アメリカの対日占領政策の変更，そして転機を内外に印象づける出来事になった。マッカーサー書簡は，「公安維持に必要な限度において，警察力を増大強化すべき段階に達した」という判断を示していた。また警察予備隊令も，「わが国の平和と秩序を維持し，公共の福祉を保障するのに必要な限度内で，国家地方警察及び自治体警察の警察力を補うため警察予備隊を設け」（1条）と定めていた。しかし，既存の警察組織とは別の機構の新設だった点，旧陸海軍人多数が採用された点などから，憲法9

条が思い合わされ、戦争放棄規定の難しさに悩まされることになった。

　憲法9条の解釈ないし意味づけについて、憲法制定・施行当初とは違う事態が出現したために、それとの整合性を何とか工夫しなければならなくなったのである。こうした事態を予期していたかのように、1950年の年頭の辞でマッカーサーは、「(憲法9条は) 他国からの攻撃に対する自己防衛の不可侵の権利まで否定したものではない」と、憲法9条の戦争の放棄規定についての誤解を正すともいえる言及をしていた。

　そこには、1928年の不戦条約の締結にあたり、ブリアン仏外相とともに主導的な役割を果たしたケロッグ米国務長官が念を押していたアメリカ政府の主張（政府公文として記録に残された）の再確認の趣があった。アメリカにとって徹底的に打ち倒すべき敵だった日本が味方として利用しなければならない国に変わったことも影響していたのであろう。

　不戦条約は、「締約国は国際紛争解決のため戦争に訴えることを非とし……国家の政策の手段としての戦争を放棄することを……宣言」（1条）している。この規定に対してアメリカ政府は、それが「自衛権を制限しまたは毀損するなにものも含むものではない」と明示したうえで、「各国は……自衛のための戦争に訴える……権限を持つ」ことを特記していた。マッカーサーの1950年元旦の辞は、"戦争放棄"に関するこのような但し書き的理解の系譜に属するものであった。

　マッカーサーの年頭の辞（1950年）は、憲法の戦争放棄規定について政府が展開してきた当初の有権的解釈に対する問題提起になった。早速、国会で自衛権をめぐる論議が繰り広げられた。質疑応答のなかで、吉田茂首相は「独立国家では自衛権の存在は明らかであって、ただし武力によらざる自衛権を日本は持つということである」旨の答弁をしていた（1950年1月28日衆議院本会議）。

　しかし、自衛権論議といっても、憲法制定議会における政府提案趣旨説明とそれにのっとった政府解釈の思考枠を出なかった。たとえば、戦争放棄は自衛戦争の可能性まで否定するもので、それの理由づけが違っていただけであった。

4 自衛戦争の放棄も含める9条解釈と含めない解釈

　憲法9条では，「戦争（国際法により主権国家に認められた武力による国家間の闘争）」だけでなく，「武力による威嚇（武力を背景に自国の要求を他国にのませること）」，「武力の行使（国際法上の戦争に至らない武力闘争）」を「国際紛争を解決する手段としては」放棄したのである。しかし，放棄される戦争について，9条にはマッカーサー・ノートにあったような「自己の安全を保持するための手段として」であっても，つまり自衛のためでも放棄するといった明確な表現がないため，「国際紛争を解決する手段」とは何かで，解釈が分かれる。戦争一切を放棄していると解釈する全面放棄説と，自衛戦争は含まれず，それ以外の侵略戦争だけとする限定放棄を定めていると解釈する説とである。

　全面放棄説は，1項の解釈の違いから理論構成を異にする二つの説に分かれる。すなわち，①侵略戦争と自衛戦争の区別が難しいこと，戦争も武力の行使もすべて「国際紛争解決の手段」として行われるものであり，自衛戦争も国際紛争を前提としていること，もし認められる戦争というのであるのなら，憲法に当然宣戦等の規定があるべきなのにそれがないことなどを理由にして，一切の戦争が否定されていると解すべきと説明する。これに対し，②1項は自衛戦争放棄までは考えられないとしたうえで，しかし2項で，戦力の不保持を定め，交戦権を否定されているので戦力の行使である戦争というものができない。したがって，9条としては一切の戦争の否定（全面放棄）になると説明する。

　①の解釈では，2項の戦力不保持は1項の必然的帰結であり，否認されるべき交戦権は戦争をする権利となる。ちなみに，このような解釈は，憲法制定議会で吉田首相が「近代戦争の多くは自衛権の名で行われた」と答弁していたところであった。また②の解釈は，憲法制定議会で金森国務大臣が答弁していた。

　ところが，金森説のように，戦力不保持・交戦権否認の第2項と組み合わせて，自衛戦争までは放棄していないとする1項解釈に見切りをつけるので

はなく，むしろこのような1項の趣旨にのっとって，2項の戦力不保持・交戦権否認は自衛戦争以外の戦争について述べているという，9条戦争限定放棄説がある。このような9条解釈の拠りどころとして，2項冒頭の「前項の目的を達するため」という字句がとくに注目されるのである。この字句は，政府提出の憲法改正案にはなく，憲法制定議会衆議院の憲法改正小委員会において，芦田均委員長の提案により追加されたもので，芦田修正といわれている。

　この修正に対しては，極東委員会が問題にして，自衛戦争用の戦力保持の可能性までは否定されていないところから，戦前日本に現れた軍部大臣武官制が思い合わされ，懸念された。そこで，それを防ぐために，国務大臣の文民制を憲法に明示する必要を，アメリカ政府を通じてマッカーサー最高司令官に示唆した。憲法議会で追加修正（66条2項）された。それとともに，交戦権の解釈も，戦争をする権利というのではなく，交戦国に認められる国際法上の権利ということになり，これとても侵略戦争国には認められないというわけで，自衛戦争の場合の交戦国の権利は否定されていないとされる。しかし，このような解釈は長い間，学界の少数説であった。警察予備隊の発足によっても，この少数説は多数説になることはなかった。

5　講和条約による独立と日米安保条約

　警察予備隊は発足時の特殊事情から，再軍備への第一歩というようにみなされて，憲法の平和主義原則に反すると批判されもした。そうした動きはまた，冷戦の日本国内版を呈し，ソ連・中国共産党系に同調的な勢力による反米闘争の趣を見せもした。これに対し，政府は，警察予備隊は警察力補強の域を出ないと説き，装備が戦争用でないこと，つまり憲法9条により禁じられている「戦力」にあたらないことを強調した。そして自衛のための武装力に相当するものであることに説き及びもした。

　朝鮮戦争は，冷戦の極東における熱戦化で，局地戦争であった。戦闘が1年あまり続いて，1951年7月ようやく休戦状態に入った。朝鮮戦争勃発前か

ら，アメリカ政府は対日講和の準備を始めて，朝鮮戦争中も日米外交当局者間での交渉を続けていた。9月に，全面講和ではなく，ソ連などを除いた多数講和という形で，平和条約が締結され，翌1952年4月28日に発効となった。

平和条約と同時に発効した日米安保条約（旧安保条約）により，それまでの米占領軍は在日駐留軍になった。独立を回復した3か月後，保安庁法が制定・公布され，警察予備隊に代わって，保安隊（陸上での行動）・警備隊（海上での行動）が設けられた（10月15日）。保安隊は，「わが国の平和と秩序を維持し，人命及び財産を保護するため，特別の必要がある場合において行動する部隊」（保安庁法4条）とされ，警察予備隊についてとくにいわれていた「警察力を補うため……」は削除された。

そこで保安隊は戦力でないのか，が野党に問題にされ，「保安隊は戦力に至らない軍隊である」といった吉田首相の答弁がなされた。この答弁をきっかけにして，憲法9条2項で禁止する「戦力」に関する政府（内閣法制局）の統一見解が閣議決定された（11月25日）。その見解では，「戦力に至らざる実力」による自衛権行使は憲法違反ではないという考え方を基調にした「戦力」概念の定義があった。つまり「戦力」とは「近代戦争遂行に役立つ程度の装備編成を備えるもの」と定義された。保安隊は，このような戦力をもたないので戦争はできないし，軍隊ではない，というわけである。

だがこうした政府の対応に対し，独立したのであるから国家自衛のための再軍備を，という議論が現れ，憲法改正論となった。そうすることによって，占領下との違いを確認し，さらには敗戦直後とは異なる日本を取り巻く国際情勢に対応しようということだったのである。それはアメリカ側からすれば，「自国の防衛のために漸進的に責任を負うことを期待」する（旧安保条約前文）姿勢に沿うことであった。

アメリカ政府のこの期待は，アメリカとの安保条約関係をもつ国への防衛力補強用援助の制度の活用を日本政府が受け入れて——日米相互防衛援助（MSA）協定が締結されて（1954年3月）——具体化された。それに合わせて，防衛庁設置法と自衛隊法が制定され（1954年6月），とりあえず保安隊で，といった状況は終わった。

6 「自衛のための必要最小限度の実力」である自衛隊

　自衛隊法は，自衛隊の任務規定（3条）のなかに，「直接侵略及び間接侵略に対し我が国を防衛することを主たる任務と」することを特記し，それを自衛権の行使として正当化したのである。このような任務を果たす自衛隊について，憲法9条2項で禁じられている「戦力」ではないかが，問題とされた。議会において政府との間での質疑応答が繰り返された。

　自衛隊発足5か月後の1954年12月，政権交代があり，鳩山一郎内閣が成立した。衆議院予算委員会における法制局長官の答弁（1954年12月21日）と（翌22日の）同委員会での国務大臣の政府見解表明により，この問題の論議に一応の決着がついた。すなわち，自衛隊は「国土を保全するための実力」，それも「国土保全のために必要な限度において持つところの自衛力」であり，国土防衛という「目的のための必要相当な範囲の実力部隊」であって，憲法9条2項の禁じる「戦力」にあたらない，というのである。そこに認められるのは，自衛権は国家固有の権利であり，それにともなう自衛力の保持は事理に適う，という発想である。

　近代戦争遂行能力というそれまでの「戦力」定義の不適切が認識されて，「自衛のために必要相当の実力」は憲法違反ではないという憲法9条解釈にたどり着いたのである。いい換えれば，「自衛のための必要最小限度を超えた実力」が，憲法9条の禁じる戦力というわけである。

7　もっているが行使できない集団的自衛権

　自衛隊発足の翌1955年（昭和30年）秋には，社会党統一と自由・民主の両党合同による自由民主党結成があり，その1年後の1956年12月にわが国の国連加盟が実現した。その頃，冷戦激化の影響もあり，再軍備反対・憲法改正反対の動きが，社会党を中心とした左翼勢力により広がった。それは，1960年1月に日米両政府が調印した新安保条約の国会承認に際しての衆議院本会

議での強行採決（1960年5月20日）に刺激されて，安保条約の自然成立（6月19日）まで国会議事堂周辺は反対デモで埋め尽くされた。反岸信介首相，反安保のデモは，反米闘争の様相を呈した。

　その後折に触れて，集団的自衛権や海外派兵の問題が議論されることになった。集団的自衛権についての政府解釈は，「自国と密接な関係にある外国に対する武力攻撃を，自国が直接攻撃されていないにも関わらず，実力をもって阻止する権利」とされている。このような集団的自衛権を主権国家である日本も個別的自衛権とともにもっているが，憲法9条の下の自衛権は自衛のため必要最小限度のものであるので，集団的自衛権の行使までは及びえない，といった見解が示されている。

　要するに，集団的自衛権は，もっているが行使できない権利ということである。アメリカ側からすれば，日米安保条約の下での日本の防衛への協力は，日本側の要望でもあり，それに応じることになっているから集団的自衛権の行使である。そのため，日本政府の集団的自衛権解釈について批判的な意見が，学界でまた有識者の間でいわれている。

　また海外派兵――「武力行使の目的で，武装した部隊を他国の領土・領海・領空に派遣すること」――についても，自衛のための必要最小限度を超えるものであるので，憲法上認められないという見解が示されている。

　2014年（平成26年）7月1日，安倍晋三内閣は，集団的自衛権行使を限定容認するための憲法解釈変更を閣議決定し，翌2015年5月，集団的自衛権限定行使を可能とする武力攻撃事態法改正案，海外で他国軍を後方支援する国際平和支援法案（新法）など11の安全保障関連法案を国会に提出した（9月19日成立）。

8　冷戦の終焉とPKO法と社会党の自衛隊合憲説と

　冷戦の終焉にともない，事態に変化が現れた。1990年（平成2年）8月の湾岸戦争の勃発は，多国籍軍を組織しての対イラク戦争になった。この多国籍軍に日本政府は，合計130億ドルに上る資金援助をしたが，自衛隊派兵はなかった。カネだけを出して済ましているのか，といった声が多国籍軍に加

わった国々の間にあったことを受け，最低でも武力行使をともなわない自衛隊の海外派遣の問題について，政府・議会で議論がなされた。

紆余曲折を経て，国連軍への戦闘行為への参加ではなく，国連軍の組織の外にあって武力行使ではない国際平和「協力」業務に携わる，ということで「国際連合平和維持活動等に対する協力に関する法律」(PKO協力法) が1992年 (平成4年) に成立した。このときはまだ，社会党の強い反対が目立っていた。

その2年後の1994年6月に，自民・社会・さきがけ3党連立の村山富市 (社会党委員長) 内閣が成立し，憲法9条をめぐる政治について新たな展開が見られた。衆議院本会議での代表質問に対する答弁で，「専守防衛に徹し，自衛のための必要最小限度の実力組織である自衛隊は，憲法の認めるものであると認識する」と述べた。そして，それまで自衛隊違憲論であった社会党の「合憲論」への転向の理由について，10月の衆議院予算委員会で村山首相は，それまで自衛隊違憲を主張してきた効果が上がっての「情勢変化」を挙げた。すなわち「日本国民の間に，文民統制や専守防衛，徴兵制の不採用，自衛隊の海外派兵の禁止，集団的自衛権の不行使，非核3原則の遵守，核・化学・生物兵器など大量破壊兵器の不保持，武器輸出の禁止と，こういった原則がしっかり確立されて，国民的なコンセンサスも大体明らかになっておる」という現状がそれであった。

憲法9条の解釈・運用をめぐるこのような展開・変化は，「憲法の変遷」として理論化されている。それは，憲法の規定はそのままにしておいて，憲法の定める改正手続による憲法改正をしないままの実質的な憲法改正で，しばしば解釈改憲といわれてきた。そのために，憲法規範と（解釈改憲されてしまっている）憲法の現実とのずれが指摘されてきた。また，ずれをなくすための憲法改正が論じられてきている。

9　戦争放棄と裁判所

憲法9条の政府解釈の変更と運用に関して，憲法変遷を余儀なくされた直接の原因は，本来なら9条の改正で対処すべきであったのに，それを可能に

する議会勢力を確保できなかったことにある。そこには，戦争に負けたが，終戦にともなう解放感に見合った平和憲法教育の成功もあり，戦争忌避感の浸透という事情が大きく影響していた。

占領が終結すると，再軍備をし，独立国家にふさわしい憲法を自主的に……という憲法改正論が，保守政党と有識者の間に広がった。占領期の吉田茂首相に代わった鳩山一郎首相は自主憲法制定を訴えて総選挙に臨み，保守勢力の結集を図った。しかし，憲法改正発議に必要な総議員の3分の2の議席確保に至らなかった。再軍備反対，現行憲法擁護を主張した革新勢力が総議員の3分の1を制し，存在意義を確認したのであった。憲法改正の壁の高さを，保守勢力は思い知らされることになった。

その後，国際情勢の変化，日本の国際的地位の向上とともに，国家・国民の安全保障用の防衛力の整備，さらに国際平和・安全への寄与・協力という現実への対応が求められた。そのために政府与党は，法律の制定・改正を主導し責任を果たした。

このような立法による法制度化は，憲法9条の施行法というよりも，9条によっても否定されない自衛権を正当性の根拠にして整えられたものである。したがって，憲法9条とのかかわり方は，その戦争放棄条項の規制枠組みに反するか否かにもっぱら焦点を合わせたものになる。政府が9条の"戦力"概念解釈の精密化を試みて時代の変化に対応したわけである。

保守党政権の現実対応措置は，憲法改正反対の革新勢力により実質的な憲法改正だとされ，憲法変遷という理論をつくり出しての解釈改憲と攻撃された。だが，議会での政府攻撃の限界を感じ取った野党革新勢力は，保守勢力による日米安保条約体制選択とそれを充足する法令を，憲法違反として，裁判所の違憲審査権に頼る闘争方式を採用することになった。

この方式は，解釈改憲だと主張する以前に，占領中の事件について試みられていた。それは，警察予備隊創設に関するもので，憲法9条違反だから当然無効であるとする理解に基づき，それの確認が最高裁に直接提訴されたのである。原告は鈴木茂三郎（社会党）であった。これに対し最高裁は，憲法81条の違憲審査権は司法裁判所の付随的違憲審査権である旨を判示して，原告の訴えを却下した（最大判昭27・10・8）。

このときの警察予備隊違憲訴訟の提起は、最高裁により門前払いされた。この判決はその後、最高裁、ひいては司法裁判所の違憲審査権の性格を明確にしたものとして、憲法判例解説書では司法権に分類紹介されてきた。戦争放棄を定める憲法9条に反するとして提起され、司法審査された憲法判例としては、日米安保条約に基づく駐留米軍に関する砂川事件、自衛隊関係ものではたとえば長沼ナイキ基地事件が挙げられる。

　砂川事件は、1957年7月に立川飛行場を使用していた米軍基地拡張に対し、反対デモを展開していた集団の一部が境界柵を壊して侵入したことで起きた事件である。それは、日米安保条約（3条に基く行政協定に伴う刑事特別法）に反する行為ということで公訴された。

　第一審の東京地裁は、駐留米軍は本来憲法9条の戦力不保持の原則にとらわれない陸海空軍であって、アメリカの判断で日本区域外に出動可能だし、それを承知での安保条約締結は「政府の行為によって再び戦争の惨禍が起こることがないよう決意」した憲法の精神に反する、つまり駐留米軍は憲法9条の禁止する戦力であり、違憲であるとした。当然、被告は無罪である（東京地判昭34・3・30）。検察はすぐに飛躍上告した。

　最高裁はその年のうちに、破棄差戻しの大法廷判決を下した。まずわが国の安全保障については、「われら日本国民は、憲法9条2項により、……戦力は保持しないけれども、これによって生ずるわが国の防衛力の不足は、……憲法前文にいわゆる平和を愛好する諸国民の公正と信義に信頼することによって補い、……われらの安全と生存を保持しようと決意したのである。……憲法9条は、わが国が平和と安全を維持するために他国に安全保障を求めることを、何ら禁ずるものではない」。次に、「憲法9条2項がその保持を禁止した戦力とは、わが国がその主体となってこれに指揮権、管理権を行使し得る戦力をいうものであり、結局わが国自体の戦力を指し、外国の軍隊は、たとえそれがわが国に駐留するとしても、ここにいう戦力に該当しないと解すべきである」。さらに、日米安保条約に言及して、いわゆる統治行為論を展開した。すなわち、「本件安全保障条約は、……わが国の存立の基礎に極めて重大な関係をもつ高度の政治性を有するものというべきであって、……違憲なりや否やの法的判断は、純司法的機能をその使命とする司法裁判所の

審査にはなじまない性質のものであり、……裁判所の司法審査権の範囲外のもの」だとした（最大判昭34・12・16）。このようにして、日米安保条約に基づく駐留米軍の合憲性を判示した。

長沼ナイキ基地事件は、北海道夕張郡長沼町の国有保安林にナイキ基地（航空自衛隊第3高射群施設）を設けるため、防衛庁が申し入れた保安林指定の解除要請に応じた農林大臣の指定解除処分（1969年7月）に対し、地元住民がこの解除処分の停止と取り消しを求めて提訴した事件である。その際、原告である地元住民たちは、自衛隊が憲法9条2項の禁止する戦力であり違憲である、と主張していた。

第一審の札幌地裁は、原告の主張を肯定する視点から、「自衛隊の編成、規模、装備、能力からすると、自衛隊は明らかに『外敵に対する実力的な戦闘行為を目的とする人的、物的手段としての組織体』と認められるので、軍隊であり、それゆえに陸、海、空各自衛隊は、憲法9条2項によってその保持を禁ぜられている『陸海空軍』という『戦力』に該当するものといわなければならない」と述べ、自衛隊法などを違憲とした（札幌地判昭48・9・7）。

この違憲判決は、自衛隊が違憲審査の対象になった最初の裁判の判決であった。自衛隊の憲法裁判は、違憲判決に始まった。しかし、第二審の札幌高裁は、ナイキ基地の完成は同時に灌漑用水源を保全するなどのための代替措置を整えたので、原告らの訴えの利益は消滅したとして、訴えは不適法とし却下した。ただし、第一審の自衛隊違憲論について、傍論という形で反論を展開した。そこでは、統治行為論を頼り、自衛隊に関する憲法判断を裁判所はすべきでない、と述べられた（札幌高判昭51・8・5）。上告審判決は、原告には「訴えの利益」がないとして上告棄却した。そこには自衛隊の合憲性の問題への言及はなかった（最判昭57・9・9）。

学習課題　(1) 憲法第9条の戦争放棄規定の国際社会像について説明しよう。
(2) 日本国憲法のいわゆる平和主義規定の特徴と特異について説明しよう。
(3) 日本国憲法と日米安保条約の相互関係について説明しよう。

第 6 章　人権の歴史

　基本的人権の尊重は，日本国憲法の基本原則の一つである。憲法は，個人主義思想に基づいて，「個人の尊重」を国家・社会生活における究極の価値とする（13条）とともに，憲法が掲げる基本的人権は国家権力をもってしても「侵すことのできない永久の権利」として保障する（11条，97条）。しかし，今日では，普遍的で不可譲とされる人権は，もともと西洋の政治的，社会的，文化的な特殊条件の下で歴史的に形成された概念である。そこで，本章では，マグナ・カルタから人権の国際化に至るまでの人権の歴史を振り返ってみたい。

1　近代人権宣言の淵源

マグナ・カルタ

　マグナ・カルタ（大憲章）は，1215年6月15日，国王ジョン（在位1199–1216）が，貴族・僧侶・大商人らの要求の実現を勅許状の形式で保障したものである。主な内容は，国王の課税に対する議会の同意，同輩による適法な裁判，逮捕・拘留・追放における国王大権の濫用禁止，公正な裁判手続などである。

　従来，マグナ・カルタは「イギリス国民の自由の柱石」として尊重されてきたが，その実態は抽象的な人権理念の表明ではなく，ノルマン・コンクエスト（1066年）以前から，国王が貴族・僧侶らに保障してきた権利・自由を確認したものであった。しかし，この歴史的文書は，17世紀のスチュワート

王朝と議会との抗争時代になると，議会側の指導者エドワード・コーク（Sir Edward Coke, 1552-1634）により，国王の絶対的権力に対して広く国民の権利・自由を要求する有力な根拠として再評価されることになる。

権利請願と権利章典

　イギリスでは，17世紀における二度の市民革命，すなわちピューリタン革命（1642-1660年）と名誉革命（1688年）により，近代立憲主義の礎が形成された。その道標の一つである1628年の権利請願は，コークの発案により，議会が国王チャールズ1世の圧政に対して，古来イギリス人に認められてきた権利・自由の保障を国王に請願した文書である。また，名誉革命の所産である1689年の権利章典は，イギリス議会がオレンジ公ウィリアムを新国王に迎えるに際し，その即位の条件を定めていた。そこでは，イギリス人の「古来の自由と権利」として，議会の同意なくして，法律を停止したり，課税したり，常備軍を設置したりすることの禁止，請願の自由，国会議員の選挙の自由，議会の討論の自由などを要求していた。

　このようにイギリスの古典的文書では，歴史的に保障されてきた具体的な権利・自由の確認という点に特徴があった。そこでの権利・自由は，アメリカ建国に際し，自然権思想による新しい体裁を得て，州憲法や合衆国憲法の人権規定に継承されることになる。

2　近代憲法における人権

「臣民の権利」から「人間の権利」へ

　18世紀後半の北米大陸では，13のイギリス植民地が本国に対して独立のための戦いを展開していた。植民地の人々は，1775年の第2回大陸会議でイギリスに対する武力抗争を決議したのを転機として，自らの権利・自由を，それまでのようにイギリス国王より賦与された特許状の下における「イギリス臣民の権利」ではなく，天賦不可侵の「人間の権利（The Rights of Man）」として主張するようになる。そこには，J．ロック（John Rocke, 1632-1704）が，

『市民政府論』のなかで展開した自然権思想および社会契約説が重要な影響を与えていた。

バージニア権利章典

アメリカ諸邦（州）では，1776年から1789年にかけて相次いで成文憲法が制定される。これらの多くは，統治機構の部分とは別に，「権利宣言」あるいは「権利章典」と題する一連の人権規定（すなわち，人権宣言）を設けていた。

1776年6月12日に採択されたバージニア権利章典は，自然権思想や社会契約説を実定化した世界最初の人権宣言として有名である。冒頭で，「すべて人は生来ひとしく自由かつ独立しており，一定の生まれながらの権利を有する」として，とくに「財産を取得・所有し，幸福と安寧とを追求獲得する手段をともなって，生命と自由を享受する権利」を掲げて，「これらの権利は，人々が社会を組織するにあたり，いかなる契約によっても，人々の子孫から剥奪できない」とした。

アメリカ独立宣言

これに続いて，同年7月4日，大陸会議における独立の決議に基づき，アメリカ独立宣言が採択された。同宣言は，ジェファソン（Thomas Jefferson, 1743-1826）の起草によるが，その前半では，自然権思想あるいは社会契約説により国家統治の目的を明らかにしている。すなわち，すべての人間には「生命，自由および幸福追求（Life, Liberty and Pursuit of Happiness）」という天賦不可譲の権利が賦与されており，「これらの権利を確保するために，人々の間に政府が組織され」るのであり，「その権力の正当性は被治者の同意に由来する」。このため，もし政府の統治が本来の目的から逸脱した場合には，人民はこの政府を改廃し，新たな政府を組織する権利（つまり，抵抗権）を有するとした。

アメリカ合衆国憲法

アメリカ合衆国憲法（1787年採択）には，当初，権利章典は欠如していた。

これに対して各州の強い反対が見られたため、1791年、修正10箇条として、信教の自由、言論・出版の自由、集会の自由、罪刑法定主義、裁判を受ける権利などからなる権利章典が憲法に付加された。しかし、そこで保障された人権は、手続保障に重点があり、自然権の宣言というより、イギリスに伝来的なコモン・ロー上の権利・自由を集成したものであった。

フランス人権宣言

　フランス人権宣言（正式には、「人および市民の権利宣言」）は、1789年8月26日、革命の担い手である市民階級を中心勢力とする制憲国民議会で採択された。同宣言が自然法思想に立脚することは、「人の譲り渡すことができない神聖な自然権を厳粛な宣言において提示することを決意した」（前文）とし、「人は自由かつ権利において平等なものとして出生し、かつ生存する」（1条）と定めることから明らかである。また、「自由・所有・安全および圧政への抵抗」の権利を「人の消滅することがない自然権」として、その保全こそが「すべての政治的結合の目的」であることを表明する（2条）。

　フランス人権宣言は、アメリカ独立戦争に義勇軍を率いて参加したラファイエットにより起草されており、そのことを通じてアメリカ諸州の人権宣言の影響を受けているといわれる。また、自然権の表明（1条、2条）、国民主権主義（3条）、「法律は一般意思の表明である」という規定（6条）には、フランス革命当時、一世を風靡していたルソー（Jean Jacques Rousseau, 1712–1778）の民主主義思想の影響が認められる。

近代人権宣言の定着と自然権思想の後退

　フランス人権宣言の影響は、19世紀に入ると、さらに大陸ヨーロッパ諸国に及び、1814年のフランス憲章、1831年のベルギー憲法、1849年のフランクフルト憲法（実施されず）などでは、自由権、平等権の規定を中心とする権利章典が設けられる。もっとも、そこで保障される人権とは、それまでのような普遍的な「人間としての権利」ではなく、それぞれの国家の存在を前提として、「フランス人の公権」、「ベルギー国民の権利」、「ドイツ国民の基本権」を意味した。

このような自然権の根拠を欠く人権保障に対しては，外見的人権宣言論からの根強い批判がある。しかし，1814年のフランス憲章以降，人権宣言を成文憲法の一部に組み入れる方式が確立され，この方式の普及が近代人権宣言の定着に大きく貢献することになる。

自然権思想の復活
　19世紀に凋落した自然権思想は，第二次大戦後，ファシズムの過酷な経験を経て，「人間の尊厳」を根拠づける理論として復活を遂げる。とくに1949年のドイツ連邦共和国基本法では，「人間の尊厳は不可侵である」「ドイツ国民は，世界のすべての人間共同体，平和および正義の基礎として，不可侵にして譲り渡すことができない人権を認める」（1条1-2項）として，基本権の自然権的な性格を認めている。

3　現代憲法における人権

近代的人権から現代的人権へ
　これまでに見た18-19世紀の人権宣言では，信教の自由，思想・良心の自由，言論・出版の自由，集会・結社の自由，身体の自由，財産権の保障など，自由権を中心としていた。自由権の特徴とは，国家権力による干渉を排除し，国家に対して個人の自由な領域を確保する点にある。
　一方，20世紀の人権宣言は，一般に社会権，すなわち資本主義の発展にともなって生じた労働者の貧困，失業，労働条件の悪化などの弊害から社会的・経済的な弱者を保護するために国家による積極的な施策ないし給付を要求できる権利を含むようになった。具体的には，生存権，労働者の権利，教育を受ける権利が挙げられる。そして，このような18-19世紀型人権宣言から20世紀型人権宣言への変遷は，「夜警国家（自由国家）」から「社会国家（福祉国家）」へ，という国家観の重大な転換をともなうものであった。

ワイマール憲法

20世紀型人権宣言の典型は，1919年のワイマール憲法である。そこでは，「社会国家」の原則として，「経済生活の秩序は，すべての者に人間たるに値する生活を保障することを目的とする正義の原則に適合しなければならない」（151条1項）と宣言したうえで，婚姻・家族・母性および児童の保護，健康な住居の供与，教育の保護，労働力の保護，労働者の団結権，勤労の権利，労働者・母親・老齢者のための包括的な保険制度など，多くの社会権を定める。他方，「所有権は義務をともなう。その行使は，同時に公共の福祉に役立つべきである」（153条3項）とし，私的所有権は一定の社会的拘束に服すべきだとした。

戦後の西洋憲法と社会権の普及

ワイマール憲法の指導原理であった「社会国家」および社会権の理念は，第二次大戦後，フランス第四共制憲法（1946年），イタリア共和国憲法（1947年）をはじめとする西洋諸国の憲法のうちに着実に継承された。日本国憲法でも，生存権（25条），教育を受ける権利（26条），勤労の権利（27条），労働基本権（28条）を導入し，積極的に福祉国家への移行を図ろうとしている。

社会主義憲法の人権宣言

20世紀の西洋憲法が社会権を導入したのは，決して自由権自体を否定しようとしたのではなく，自由権の再生をその実質的基盤の整備により試みたものであった。これに対して，社会主義理論に基づき，西洋近代的な人権宣言に正面から挑戦したのが，旧ソ連邦憲法に代表される社会主義的人権宣言である。

社会主義的人権宣言では，土地や生産手段の私的所有制を排除し，国家（ソビエト）に集中した強力な権力により，抽象的な人間一般ではなく，「勤労者」「被搾取民」の権利を具体的に保障する。たとえば，1936年のソビエト社会主義共和国連邦憲法によれば，言論・出版の自由，集会・示威運動の自由は，「勤労者とその組織」を対象に，印刷所，用紙，公共建造物，街路，

通信手段など「権利を実現するために必要な……物質的条件の提供によって保障される」。その一方,「勤労者の利益に応じて,また社会主義体制を強化する目的」のためには,それらの自由は法律により制限できるとした(125条)。

4 　人権の国際化

国連憲章と世界人権宣言

　第二次大戦後には,人権を国内的にだけではなく,国際法的に保障する動向が顕著となる。大戦直後の1945年6月に採択された国連憲章は,前文で,「基本的人権と人間の尊厳および価値,ならびに男女……の同権とに関する信念を改めて確認」するとし,さらに,国際連合の設立の主要な目的が,「人種,性,言語または宗教による差別なく,すべての者のために人権および基本的自由を尊重するように助長奨励することについて,国際協力を達成すること」(1章1条3項)にあると表明した。

　世界人権宣言は,国連人権委員会で作成した原案をもとに,1948年12月10日,第3回国連総会で採択された。そこでの人権は,近代以来の人権宣言の成果を集大成したものであり,大きくは,自由権(1-20条),社会権(22-27条)および参政権(21条)に区分できる。この宣言は,「すべての人民とすべての国とが達成すべき共通の基準」(前文)として公布されているので,加盟国を法的に拘束することはないが,大きな道義的責務を負わせるものである。

国際人権規約

　国連人権委員会は,条約形式をとる人権規約とその実施措置を検討していたが,そこでの作業が結実した結果,1966年,第21回国連総会で採択されたのが,国際人権規約である(1976年発効。1979年日本加入)。これは,「経済的,社会的および文化的権利に関する国際規約(社会権規約またはA規約)」,「市民的および政治的権利に関する国際規約(自由権規約またはB規約)」および

「(B規約の)選択議定書」という三つの文書からなる。

このうち社会権規約は，とくに生存権，労働基本権を規定しており，締結国にはそれらの人権保障の実現をその国内事情に応じて漸進的に実施することを義務づける。一方，自由権規約は，自由権および参政権を中心に保障しており，各締結国は権利実現を即時実施する義務を負い，そのために必要な立法その他の措置をとる。

個別的および地域的な人権条約

このほか，国連総会は個別分野で人権条約を数多く採択してきた。ジェノサイド条約（1948年採択，日本未加入），難民条約（1951年採択，1981年日本加入），人種差別撤廃条約（1965年採択，1995年日本加入），女子差別撤廃条約（1979年採択，1985年日本加入），児童の権利条約（1989年採択，1994年日本加入），死刑廃止条約（1989年採択，日本未加入）などが重要である。

また，世界の各地域における人権条約の試みも顕著であり，ヨーロッパ人権条約（1950年採択），米州人権条約（1969年採択），アフリカ人権憲章（バンジュール憲章）（1981年採択），アラブ人権憲章（1994年採択）などが挙げられる。20世紀後半のアジア・アフリカ諸国では，「第一世代の人権（自由権）」，「第二世代の人権（社会権）」に続く人権論として，「発展の権利」あるいは「連帯の権利」と称される「第三世代の人権」が主張されている。この点，とくにアフリカ人権憲章では，従来の自由権，社会権とならんで，人民の自決権，天然の富と資源に関する権利，経済的・社会的・文化的に発展する権利，平和と安全に対する権利，健全な環境を求める権利など，幅広く保障している。

学習課題　(1) 近代憲法と現代憲法では，人権保障の点でどのような違いがあるのかを説明しよう。
(2) 第二次大戦後における人権の国際化の動向を説明しよう。

第 7 章 　総則規定

1　人権保障の意義

　「国民は，すべての基本的人権の享有を妨げられない。この憲法が国民に保障する基本的人権は，侵すことのできない永久の権利として，現在及び将来の国民に与へられる」(11条)。基本的人権の永久不可侵性，そしてそれが現在のみならず「将来」の国民にも「与へられる」と説くこの規定には，基本的人権の永久不可侵性を再言し，それを「人類の多年にわたる自由獲得の努力の成果」であるとする憲法97条とともに，近代自然法思想の影響が色濃く感じられる。明治憲法における臣民の権利が，あくまで統治者たる天皇から下賜された欽定憲法によって与えられ，憲法および法律の範囲内（法律によれば権利制限が可能とされる「法律の留保」）で享有が認められるものであったのに対して，日本国憲法における（基本的）人権は，理念的には前国家的な自然権ないし天賦人権として，憲法改正の限界をなし（ただしこれに関しては異論もある），また違憲立法審査制（81条，98条１項参照）の下で法律による侵害からも守られる点で，大きく異なっている。

　人権はかように貴重なものであるから，憲法に「この憲法が国民に保障する自由及び権利は，国民の不断の努力によつて，これを保持しなければならない。又，国民は，これを濫用してはならないのであつて，常に公共の福祉のためにこれを利用する責任を負ふ」(12条)という訓示的な規定が置かれたのは，国民に対して人権の主体たる自覚と責任を促す趣旨と解される。そして国家に対しては，「すべて国民は，個人として尊重される。生命，自由

及び幸福追求に対する国民の権利については，公共の福祉に反しない限り，立法その他の国政の上で，最大の尊重を必要とする」(13条) という義務が憲法によって課されているのである。

2 人権の類型

　人権は，個人と国家との関係のあり方に基づいて，自由権，受益権，参政権，社会権に分類される。

自由権

　自由権とは，国家権力による干渉から保護される個人の自由な活動領域のことであり，「国家からの自由」とも呼ばれる。近代自然法思想において「自然権」「天賦人権」とされ，前国家的な，人が人であるがゆえに当然に有するという（本来の意味での）人権と考えられたのはこの権利である。近代立憲主義の中心的課題は，自由権を国家権力による侵害からいかに擁護するかにあった。思想・良心の自由（19条），信教の自由（20条），表現の自由（21条）および学問の自由（23条）といった「精神的自由権」，職業選択の自由（22条1項），財産権（29条1項）といった「経済的自由権」，そして法定手続の保障（31条）や捜査・押収の令状主義（35条）などを内容とする「人身の自由」がこの人権に属する。

受益権

　個人が自己の利益のために国家機関の具体的な行為を積極的に求めうる権利である。受益権は，国家の存在を前提とする点で，自然権的な意味での人権ではないが，人権の実質的保障を確保するために不可欠の権利として，近代立憲主義成立以来認められてきた伝統的な権利である。裁判を受ける権利（32条），国家賠償請求権（17条），刑事補償請求権（40条）が，この受益権に該当する。

参政権

　参政権は，国民が直接または代表者を通じて国の政治に参加する能動的な権利であり，「国家への自由」とも呼ばれる。本質的に前国家的な権利ではないが，近代立憲主義の下で国民主権・民主主義の原理が普及していくなかで，基本的権利としての位置づけを与えられるようになった。憲法第3章では公務員選定・罷免権として規定されており（15条1項），具体的には，選挙権および被選挙権（44条本文），憲法改正国民投票権（96条1項）や最高裁判所裁判官国民審査での投票権（79条2－3項）などがこれに含まれる。請願権（16条）もこれらの権利を補完する参政権的な権利である。

社会権

　近代初期の自由放任主義国家において深刻な貧富の格差が生じたなかで，社会的・経済的弱者（労働者）が国家に対して，最低限の生活保障を恩恵としてではなく権利として要求するようになり，普通選挙制に基づく大衆民主主義の確立によって，憲法上の権利としての位置を獲得した（弱者救済を任務とする「福祉国家」の成立）。生存権（25条1項），教育を受ける権利（26条1項）および労働基本権（27条-28条）がこうした社会権に該当する。参政権や受益権と同様，国家の存在を前提とし，権利の実現には法律による具体化が必要である点で，自然権的な意味での人権にはあたらない。「国家による自由」とも呼ばれる。

新しい人権

　憲法による基本権の保障は，憲法第3章列挙の個別条項で規定された権利・自由に限られるものではない。それは，憲法制定後の社会の変化によって，新たな個人的利益が憲法上の保護に値する権利となることがあるからで，この「新しい人権」は，憲法典の改正によって明文で保障されることもあるが，そうでない場合でも，包括的基本権規定である憲法13条，とりわけ同条後段の「幸福追求に対する国民の権利（幸福追求権）」を根拠として，裁判所による解釈を通じてこれが創造されうる（ただしこれに対しては，この規定が一般的な原理の宣言にすぎないとしてその実定法的効果を否定し，「幸福追求権」

を根拠とする新しい人権の創造を認めない見解もある）。

3　人権の享有主体

　憲法第3章の標題は「国民の権利及び義務」となっており，また人権に関する総則的規定である憲法11条および12条の文言からも，憲法が保障する人権の享有主体が「（日本）国民」であることは明らかである。とすると，外国人，（日本国内の）法人が人権享有主体かどうかが問題となる。

日本国民
　人がいかなる要件を備えれば人権享有の主体である「（日本）国民」たりうるかについて，憲法は「日本国民たる要件は，法律でこれを定める」（10条）とするのみで，具体的な定めを置いていない。ある国家の構成員たる法的な資格を「国籍」というが，日本国籍の取得・喪失に関しては，国籍法という法律がこれを定めている。
　国籍の取得には，出生による場合（国籍法2条）と外国人が許可を受けて国籍を取得する帰化（同4-10条）とがある。国際法上，国籍の得喪につきいかなる原則を採用するかは各主権国家が自由に決定できると考えられており，出生による場合に関しては，アメリカや中南米諸国などでは自国領域内で出生した子に国籍を付与する「出生地主義」が採られているのに対して，日本では，自国民を親として出生した子に国籍を付与するという（ヨーロッパ大陸型の）「血統主義」が採られている（同2条1号・2号）。従来は出生の際に父が日本国民である場合にのみ子に日本国籍を付与する「父系血統主義」が採られてきたが，日本が「締約国は，子の国籍に関し，女子に対して男子と同等の権利を与える」（9条2項）とする「女子に対するあらゆる形態の差別を禁止する条約」に加入したことにより，同条約の発効（1985年［昭和60年］）に先立って1984年に国籍法が改正され，「出生の時に父又は母が日本国民であるとき」子を日本国民とする現行の規定となった。
　なお，国籍法2条3号は「日本で生まれた場合において，父母がともに知

れないとき，又は国籍を有しないとき」子を日本国民とするとしているが，これは，無国籍者の発生防止という上述の国際的要請に応えるため，例外的に出生地主義が採用されたものである。

外国人

　外国人とは，日本国民でない者のことであり（国籍法4条1項参照），外国の国籍をもつ者だけでなく無国籍者も含まれる。外国人が日本国憲法の保障する人権享有主体であるかに関しては，憲法典の文言を厳密に文理解釈してこれを否定する見解と，積極的に肯定する見解とがあるが，後者が通説・判例となっている。外国人が享有する人権の種類については，かつては個別の人権条項で「何人も」となっていれば外国人もこの権利を認められるが，「すべて国民は」となっていればその権利は国民のみに認められるという「文言説」も主張されたが，現在では，問題となる権利が，国民たる資格に基づき享有を認めるべきものか否かによってこれを決するという「性質説」が通説となっている。最高裁判所も，「憲法第3章の諸規定による基本的人権の保障は，権利の性質上日本国民のみをその対象としているものを除き，わが国に在留する外国人にも等しく及ぶべきものと解すべきであり」と述べて，性質説に立つことを明らかにしている（最大判昭53・10・4マクリーン事件判決）。

　外国人の日本入国の自由？

　そもそも「外国人の人権」が問題となるのは，日本の領土内にありその統治権（領土高権）に服している外国人に関してである。その前提となる外国人の日本への入国に関しては，「国際慣習法上，外国人の入国の許否は当該国家の自由裁量により決定し得るものであって，特別の条約が存しない限り，国家は外国人の入国を許可する義務を負わない」とするのが最高裁の判例である（最大判昭32・6・19）。この理は，日本に入国・滞在している外国人が「在留する権利」，および一時出国後に「再入国する権利」にもあてはまる。前者は厳密に言えば「在留期間の更新を受ける権利」だが，在留期間更新の許否は法務大臣の裁量で決定できるのであり（出入国管理及び難民認定法21条

3項），その判断に対しては，裁判所は，判断の基礎となった事実に関する重大な誤認がある場合や判断が社会通念に照らして著しく妥当性を欠くことが明らかな場合など裁量権の濫用があったときしか違法とすることはできない（前出「マクリーン事件判決」）。後者の再入国の権利についても，かつて外国人登録法で義務づけられていた指紋押捺（2000年［平成12年］年に制度廃止）を拒否した在留外国人が一時海外渡航後の再入国許可の申請をしたところ，法務大臣が不許可としたので不許可処分の取消しと国家賠償を請求した「森川キャサリーン事件」において，最高裁は，外国人の再入国の自由は憲法22条によって保障されず，法務大臣の不許可処分にも裁量権濫用の違法はないと判示している（最一小判平4・11・16）。

社会権

外国人にも認められる人権かどうかは，その人権の性質による。一般的に国民にのみ保障されていると考えられているのは，社会権および参政権である。まず社会権に関しては，これを個人がその所属する国家によって保障される権利だとするのが伝統的な見解である。ただそれは，憲法25条の趣旨に沿う形で外国人に対する社会保障施策の充実を国家が立法政策的に図ってゆくことを否定するものではなかろう。実際，生活保護の行政実務では，生活に困窮している外国人に対しても国民に準じて保護が行われており，厚生年金や雇用保険等の被用者保険でも従来から内外人平等主義がとられている。また国民年金等に関しても，かつては国籍要件が存在したが，日本が社会保障における内外人平等を定める難民条約（9条）に加入したこと（1981年［昭和56年］）をうけて国籍要件は撤廃されており（国民年金法7条参照），外国人に対する社会権の保障は立法的に実現されているといえる。

参政権

参政権は，自然権的な権利ではなく，また国民主権の原理（憲法前文1段，1条）および公務員の選定・罷免権を「国民固有の権利」とする憲法15条1項の規定から，外国人はこれを享有しえないとするのが自然な考え方である。しかし，国政レベルの参政権が外国人に憲法上保障されるべきという見解は

学説上ほとんど見られないものの、地方公共団体レベルの参政権に関しては、日本に定住している外国人に対して選挙権を認めるべきだという主張がなされている（この主張は、歴史的な経緯からわが国に定住するに至った、特別永住許可を受けた在日韓国・朝鮮人（日本国との平和条約に基づき日本の国籍を離脱した者等の出入国管理に関する特例法4-5条参照）を主に念頭に置いて、彼らの生活実態に即してその政治参加を積極的に認めようという政治的意図に基づくものと推察される）。

　学説は、（定住）外国人への（地方）参政権付与は憲法上禁止されているとする「禁止説」、参政権付与の可否は立法政策に委ねられており付与しても違憲ではないとする「許容説」、定住外国人に地方参政権を付与しないのは違憲であるとする「要請説」の3つの説に分かれている（最後の要請説は、憲法93条2項の「住民」には日本国民たる住民だけではなく外国人の住民も含まれるという解釈を根拠としている）。最高裁判所は、裁判の結論（原告敗訴）とは関係のない傍論部分においてではあるが「我が国に在留する外国人のうちでも永住者等であってその居住する区域の地方公共団体と特段に緊密な関係を持つに至ったと認められるものについて、……法律をもって、地方公共団体の長、その議会の議員等に対する選挙権を付与する措置を講ずることは、憲法上禁止されているものではない」と判示して、許容説に立つことを明らかにしている（最三小判平7・2・28）。

自由権・受益権

　前国家的・自然権的性格を有する自由権、そして自由権を実質化するために不可欠の権利として近代立憲主義においても伝統的に認められてきた受益権は、その性質上、外国人にも保障されるべき基本権である。しかし自由権であっても経済的自由は、その制約につき広汎な立法裁量が認められる以上（22条1項、29条2項参照）、日本国民に対する以上の制約が合理的なものとして許容される余地は大きかろう。また精神的自由であっても、政治活動の自由には国民主権の原理からくる制約がある。最高裁判所は、前出マクリーン事件判決のなかで「政治活動の自由についても、わが国の政治的意思決定又はその実施に影響を及ぼす活動等外国人の地位にかんがみこれを認めるこ

とが相当でないと解されるものを除き，その保障が及ぶ」と判示している。受益権に関しても，国家賠償法は，相互の保障がある場合に限り，外国人が国家賠償請求を行うことを認めている（国家賠償法6条）。

法人

　本来（基本的）人権は，自然法思想の下で「人が人であるがゆえに当然に有する権利」と観念されてきたのであり，したがって，享有主体として自然人を前提としていたはずであった。日本国憲法も，個人の尊重を掲げ（13条前段），個々の人権条項において「すべて国民は」あるいは「何人も」という表現で人権享有主体が基本的に自然人であることを示している。また，近代市民革命によって身分や団体からの個人の解放が達成されたという近代立憲主義成立の歴史的経緯に鑑みても，法律の規定に基づき（民法33条1項参照），社会生活の便宜上設立される団体である「法人」を人権の主体とすることには疑問がなくはない。だが，法人に対して憲法上の基本権を保障することは，結局はその法人とかかわりをもつ人々の利益となるという実際的な理由づけによって，法人の人権享有主体性を肯定する主張が有力となった。外国の憲法典には，（内国）法人の人権享有主体性を明文で認めるものも存在する（ドイツ連邦共和国基本法19条3項）。わが国でも，最高裁判所が「憲法第3章に定める国民の権利および義務の各条項は，性質上可能なかぎり，内国の法人にも適用されるものと解すべきである」と判示して，これを明確に認めている（最大判昭45・6・24「八幡製鉄政治献金事件判決」）。

　法人にいかなる人権が保障されるかは，当該法人の設立・活動目的との関連から考える必要がある。宗教団体に信教の自由（20条1項）が，報道機関に表現の自由（21条1項）が，そして営利企業に営業の自由（22条1項）や財産権（29条1項）が，それぞれ保障されると考えるのは自然なことであろう。逆に，思想・良心の自由（19条）や生存権（25条1項）などは権利の性質上，法人に対して保障されることはありえない。

4　人権の制約

　憲法典における人権条項とりわけ自由権条項は，たとえば「信教の自由は，何人に対してもこれを保障する」（20条1項前段）のように，当該人権を何らの留保なしに無条件に保障するかのような規定となっているものが多い。しかし，そうした規定によって保障されている人権であっても，人間が本質的に社会的存在であり共同生活の内にある以上，完全に無制約ということはありえない。個人の内面の自由で他者とのかかわりを生じない思想・良心の自由（19条）を除いて，精神的および経済的自由権もその行使が他者の権利を侵害したりする場合には，当然に制限を受ける。こうした人権制限の憲法上の根拠とされるのが，憲法12条後段および13条後段で言及されている「公共の福祉」である。かつては，公共の福祉による人権制限はそれが個別の条項で認められている場合（22条1項，29条2項）にのみ許され，それ以外の場合には権利・自由に内在する制約のみが許容されるという説（二元的制約説）も有力に主張された。しかしこの説には，人権の一般条項である憲法13条が明文で認めている公共の福祉による権利制限を否定することは，同条の法規範性の否定にほかならず，そうなると同条を「新しい人権」の根拠とすることができなくなってしまうという重大な問題点がある。現在では，「公共の福祉」は，公共の安全・秩序の維持という消極目的のための自由権一般に対する必要最小限の内在的制約（12条・13条）と，立法府の広汎な裁量による積極的な福祉増進のための経済的自由権に対する政策的制約（22条1項・29条2項）の両者をともに認める概念と考えるのが通説となっている（一元的内在制約説）。

　ところで，「公共の福祉に基づく制限である」という理由づけさえあれば，あらゆる人権制限が正当化されるわけではもちろんない。昭和30年代までの最高裁の判例には，立法者による法律の趣旨説明をそっくり引用するだけでそれが公共の福祉に適合するので合憲だとする，至って無内容な審査をしたものが多かったが，昭和40年代以降は，最高裁判所も違憲審査基準に関する学説の発展をうけて，人権侵害が疑われている法律に関して，立法目的の必

要性，規制手段と立法目的との合理的関連性などを精査することによって，公共の福祉に基づく正当な人権制約かどうかを判断するようになっている。

　個々の人権の違憲審査基準に関しては，その詳細な説明は本書の人権各論の箇所に譲るが，学説からは，精神的自由（とくに「優越的地位」にあるとされる表現の自由）と経済的自由の制約につき前者の場合により厳格な審査を行うべきとする「二重の基準論」や，ある人権の特定の制限によって得られる利益とそれが制限されることによって失われる利益とを比べて，前者がより大きい場合にのみその制限は許容されるとする「利益衡量論」などが提唱されている。

5　憲法の私人間効力

　憲法による自由権の保障は，国家と個人との関係において，強大な国家権力による侵害から弱い個人の基本的な権利・自由を守ることを目的としている。これに対して，民法をはじめとする私法によって規律されている私人間の関係には，私的自治の原則が基本的に妥当すべきものである。しかし，現代社会において巨大な組織・団体が個人の基本的な権利・自由を脅かしうる存在になるに及んで，憲法の人権保障規定を私人間にも適用すべきではないかということが問題となる。この「憲法の私人間効力」をめぐる問題に関しては，憲法規範の対国家性という本質からこれを否定する伝統的な「無効力説」と，憲法は単に国家秩序を定めるにとどまらず国民の生活秩序を定めたものという立場からの「直接適用説」という両極的な見解があるが，通説および判例は中間的な「間接適用説」に立っている。この説は，憲法は国家と個人との関係を規律する法規範であるという前提に立ちつつ，公序良俗違反の法律行為を無効とする民法90条などの私法上の一般条項を憲法の趣旨に沿う形で解釈・適用することによって，私人間における人権侵害行為を間接的に規制しようというものである。採用面接時に大学在学中の学生運動歴を秘匿して入社した従業員が，面接での虚偽の回答を理由として試用期間後の本採用を拒否されたのに対して，憲法14条・19条違反として訴えた「三菱樹脂

事件」において，最高裁判所は「(憲法19条，14条は,)その他の自由権的基本権の保障規定と同じく，国または公共団体の統治行動に対して個人の基本的な自由と平等を保障する目的に出たもので，もっぱら国または公共団体と個人との関係を規律するものであり，私人相互の関係を直接規律することを予定するものではない」としたうえで，「私的自治に対する一般的制限規定である民法1条，90条や不法行為に関する諸規定等の適切な運用によって，一面で私的自治の原則を尊重しながら，他面で社会的許容性の限度を超える侵害に対し基本的な自由や平等の利益を保護し，その間の適切な調整を図る方途も存する」と判示して，原告の憲法違反という主張を退けている（最大判昭48・12・12）。

学習課題
(1) 最高裁大法廷は，八幡製鉄政治献金事件判決において，営利企業の政治活動（ここでは政治献金）の自由を認めたが，この判決の理論上の問題点を批判的に検討しよう。
(2) 校則に違反してパーマをかけたことを理由として退学処分を受けた私立高校の女子生徒が，憲法違反を主張してこの処分の取り消し等を求めることが可能かどうか，検討しよう。

第 8 章　平等原則

1　法の下の平等の意味

　憲法14条1項は,「すべて国民は,法の下に平等であつて,人種,信条,性別,社会的身分又は門地により,政治的,経済的又は社会的関係において,差別されない」と規定している。本条前段部分が定める「法の下の平等」の意味に関しては,かつてはこれを「法適用の平等」と解する立法者非拘束説(佐々木惣一)も存在したが,今日では立法者も拘束する「法内容の平等」とする見解が通説・判例となっている。本条の前段と後段との関係に関しては,佐々木説によれば,法適用の平等を意味する前段に対して,後段の列挙事由による差別禁止は立法者を絶対的拘束するという意味をもつとされるが,通説では,後段の列挙は,前段が禁止している差別の根拠の例示と考えられている。つまり列挙事由以外の理由による差別も違憲とされうる(後述「尊属殺重罰規定違憲判決」)。

　「平等」の意味に関しては,人々のさまざまな差異を捨象して均一取り扱いをする機会均等の平等としての「形式的平等」と,人々の現実的な差異を是正する結果の平等＝「実質的平等」の二つの異なる意味があるが,憲法14条は前者の意味での平等を要求する規定と考えられている(後者の意味での平等は,憲法25条等の社会権規定により実現されるべきものである)。

　そもそも,法が異なる人々に対してその差異に応じた取り扱いをするのは当然である以上,憲法の平等原則が,各人の事実上の差異を一切無視して絶対均一に取り扱うべきことを意味するはずはない(「絶対的平等」ではなく

「相対的平等」)。14条1項後段が禁止している「差別」とは法的取り扱いの区別が不合理な場合であり，合理的な場合には法的取り扱いの区別がなされていても平等原則違反ではない。合理性の有無の判断基準について，判例は，立法目的が正当なものであり立法目的と手段との間に合理的関連性があればよいとする「合理性の基準」に拠っているが，問題となっている実体的権利の性質によってはそれより厳しい審査基準を用いるべきだという，学説からの批判がある。

　すでに述べたように，14条1項後段の差別禁止事由の列挙が，限定的なものではなく例示的なものであるとすれば，個々の列挙事由の意味内容を明らかにする必要性は，必ずしも高くない。ただ，ここで個別に列挙されているのは歴史的に見て差別が行われてきた典型的な事例であり，これらに基づく法的取り扱いの区別が不合理な差別とされる可能性は高かろう。これらの事項はその内容は一見して明らかなものがほとんどで，特別な解釈を要するものは少ない。このうち「社会的地位」が最も問題になりうるが，だいたい「広く社会において継続的に占めている地位」，「社会において後天的に占める地位で社会的な高下の評価を伴うもの」，そして「(「門地」以外の，)出生によって決定され，自己の意思で変えられない社会的地位」の三つの説に分かれ，前から後ろに行くにつれて示す範囲が狭くなっていく。列挙事由による取り扱いの区別の場合には原則的に違憲性が推定されるというような列挙を重視する立場（伊藤正己）からは，最後の説が妥当ということになろう。この説では，帰化人（およびその子孫），被差別部落出身者などが「社会的地位」に含まれることになろう。

2　平等原則をめぐる判例

尊属殺重罰規定と平等原則
　刑法旧200条は，通常の殺人罪（199条）の法定刑が「死刑又は無期若しくは三年（2004年［平成16年］の改正以降は五年）以上の懲役」であるのに対して，被害者が「自己又は配偶者の直系尊属」の場合の法定刑を「死刑又は無

期懲役」としていた。両者の違いは、刑の酌量減軽（刑法66条・68条）を行う際に普通殺人罪であれば懲役1年半にまででき、場合によっては執行猶予（同25条）もつけられるのに対して、尊属殺人罪ではいかに情状酌量の余地があっても懲役7年（心神耗弱（刑法39条2項）など法律上の減軽事由もあれば、懲役3年6月）の実刑までしか減軽できない点にあるが、尊属殺人をとくに重く罰するこの規定が法の下の平等に反するのではないかが問題となっていた。

最高裁判所は、当初、本規定を合憲と判断した（最大判昭25・10・25）が、後には見解を改め、尊属殺という高度の社会的道義的非難に値する罪を通常の殺人よりも厳重に処罰・禁圧するという立法目的、そしてそれを達成するために刑を加重すること自体は合理的だが、刑法200条の規定は法定刑を死刑または無期懲役に限っている点で立法目的達成のための手段として必要な限度をはるかに超えているので、不合理な差別的取り扱いをするものとして憲法14条1項に違反すると判示した（最大判昭48・4・4）。尊属殺規定を違憲とする見解には、こうした理由からではなく、尊属に対する尊重報恩という立法目的を達するために刑を加重すること自体が違憲であるとする立場があり、本判決でも8人の法廷意見（多数意見）に対し、6人がこの立場からの意見（少数意見）を支持した。

刑法200条は、違憲判断を受けて以降も、実際の事件での適用は行われなかったものの、刑法の条文としては廃止されずに残されたままだった。同条項が205条旧2項などその他の尊属重罰規定とともに刑法典から削除されたのは、1995（平成7）年の、それまでの文語体表記を現代仮名遣いの表記に改めるための改正に付随してであった（注：刑法典は1907年［明治40年］制定）。

議員および選挙人資格の平等

憲法は、14条1項で法の下の平等の一般原則を規定しているのに加えて、さらに44条で議員資格および選挙人資格を法律で定めるに際しての差別を禁止している。同条但書が列挙する差別禁止の事由は14条1項後段列挙のそれとほぼ同じであり、とくに「教育、財産又は収入」を掲げているのは、一定額以上の財産所有者にのみ政治参加を認める「制限選挙制」を否定する意味

をもっている（第11章第１節参照）。さらに現代における選挙権平等の原則は，納税額によって異なる選挙人団を組織して多額納税者の選挙人団に多数の代表者選出権を与える「等級選挙制」，あるいは多額納税者や高学歴の者にのみ２票以上の投票権を与える「複数投票制」を排除するものであり，ここに「一人一票（One man, One vote.）」の普通選挙制（15条３項）が確立される。

　ここで問題となるのは，憲法上の平等原則が，「一人一票」のみならず選挙における投票価値の平等まで要請するのかどうかである。普通選挙制の下で全国を選挙区に分けて選挙を行う場合に，（地方から都市への）人口移動などによって選挙区間で有権者数に開きが生じ，その結果として有権者の一票の価値に不平等が生ずることがあるが，こうした状態は平等原則に反し違憲となるのであろうか。これが「議員定数配分不均衡」の問題である。

　1972年（昭和47年）12月に実施された（中選挙区制時代の）衆議院議員総選挙において，議員１人あたりの有権者数の較差が最大の選挙区と最小の選挙区との間で4.99対１に達していたのは憲法14条に違反するとして，千葉１区の有権者が起こした選挙無効訴訟（公職選挙法204条）で，最高裁判所は，憲法の平等原則は投票価値の平等を要求すること，国会は衆議院議員選挙の選挙区割と議員定数配分の決定につき裁量権を有するが，その裁量には限界があり，投票価値の不平等の程度が一般的に合理性を有するものとは到底考えられない程度に達しており，それを正当化する特段の理由も示されないときは憲法違反となることを明らかにしたうえで，本件の約５対１の較差は違憲状態であり，憲法上要求される合理的期間内における（定数不均衡の）是正もなされていないので，当該選挙は（一部の選挙区だけでなく全体として）違憲・違法であるとしたが，選挙を無効とすることによる不当な結果を回避するため，「事情判決の法理」（行政事件訴訟法31条参照）に従って，選挙自体は無効とせず，選挙が違法であることを判決主文で宣言するにとどめた（最大判昭51・４・14）。最高裁は，1983年（昭和58年）12月に実施された衆議院議員総選挙についても，各選挙区間の議員１人あたりの有権者数の較差が最大4.40対1に達していたのを違憲とし，また憲法上要求される合理的期間内の是正も行われなかったとして，当該選挙の違憲を宣言している（最大判昭60・７・17）。

3　貴族制度の禁止

　憲法14条2項は「華族その他の貴族の制度は，これを認めない」と定めている。これは同条1項後段の「門地」による差別の禁止からして当然のことだが，この規定の趣旨は，華族令（1884年）によって設立された近代日本における貴族制度である「華族制度」の存続を日本国憲法の下では認めないということにあった。(旧)華族は，旧朝廷公卿や旧大名や明治維新の功労者などが公・侯・伯・子・男の五爵からなる爵位を授けられ，これを世襲していた特権階級であり，明治憲法下では，公・侯爵はすべて，そして伯・子・男爵は同爵者のなかから互選された者が，帝国議会の一院である貴族院の議員となっていた（明治憲法34条）。

4　栄典授与に関する規定

　憲法14条3項は，「栄誉，勲章その他栄典の授与は，いかなる特権も伴はない。栄典の授与は，現にこれを有し，又は将来これを受ける者の一代に限り，その効力を有する」と定めている。現行の栄典制度で学説上問題となっているのは，文化勲章受章者に対する年金の支給が，本項前段の禁止する「特権」にあたるか否かということである。実際の運用では，文化勲章受章と年金支給とを直接結びつけるのは特権付与にあたる疑いがあるという見解に立って，文化功労者年金法で文化功労者に対して年金を支給する制度を設けて，文化功労者のなかから文化勲章受章者を選ぶという方法がとられているが，年金受給が特権であるとすれば，この方法に拠ったところで違憲の疑いがあることに変わりはなく，また文化功労者の地位も一種の栄典といえるのだから，この制度を合憲とするためには，年金支給等の単なる経済的利益の提供は憲法14条3項前段が（付与を）禁ずる「特権」にはあたらないと解するよりなかろう。

5　家族生活における平等

　憲法24条は，婚姻が，両性の合意のみに基づいて成立すること，夫婦が同等の権利を有することを基本として，相互の協力によって維持されねばならないことを定め（1項），さらに，家族に関する事柄を定める法律が，個人の尊厳と両性の本質的平等に立脚して制定されねばならないと規定している（2項）。明治憲法下の旧民法が定める「家制度」では，婚姻が当事者間の合意のみでは成立せず（旧750条・772条），また重要な財産行為に関する妻の無能力（旧14-18条）や家族中での戸主の他の成員に対する支配権（旧749条等）が認められていたが，これらの制度は，上述の規定を含む日本国憲法の制定によって，すべて廃止された（なお，民法2条（旧1条の2）も参照）。

女性のみの再婚禁止期間
　民法733条1項は，女性にのみ婚姻解消後100日の再婚禁止期間を設けている。この規定の趣旨は，前婚解消と再婚が短期間に行われた場合に，生まれた子の父が前夫か後夫かの判断が容易でないので，こうした事態を防ぐためとされる（733条2項および772条1・2項参照）。女性のみが懐胎・出産しうるという男女の身体的相違があるので，女性にのみ一定の再婚禁止期間を設けることそれ自体は差別とはいえないであろう。かつては再婚禁止期間を180日とする旧規定が長らく維持され，こんにちの医学的水準からみて子の父性推定の重複防止という目的を達するには再婚を100日程度禁止すれば十分であり，当該規定は約80日余計に女性の婚姻（再婚）の自由を制限している点で違憲の疑いがある，とする学説からの批判を受けてきたが，2015年（平成27年）に最高裁判所大法廷がこの説を容れて違憲判断を示した（最大判平27・12・16）ことをうけて，翌年に現行規定への法改正が行われた（平28法71）。

非嫡出子法定相続分差別
　民法900条4号は，その但書のなかで非嫡出子（婚姻関係にない男女の間に

生まれた子）の法定相続分を嫡出子（婚姻関係にある法律上の夫婦の間に生まれた子）の2分の1と定めていたが，これに対しては非嫡出子を法的に差別している違憲の規定ではないかという疑いがかねてからもたれていた。最高裁判所はこれまで，法律婚の尊重と非嫡出子の保護の調整を図るという立法理由との関連において著しく不合理で立法府の合理的裁量判断の限界を超えているとはいえないので違憲ではないという判断を示していたが（最大決平7・7・5），2013年（平成25年）に判例を変更し，当該規定を違憲と判示するに至った（最大決平25・9・4）。最高裁はこの違憲判断を受けて，国会は当該規定を削除する法改正を行った（平25法94）。

学習課題	(1) かつてわが国の企業の就業規則には，従業員の退職につき女性の定年を男性より早く定めているものが多かったが，こうした女子若年退職制が問題となった日産自動車事件判決（最三小判昭56・3・24）の内容を調べよう。 (2) 最高裁判所が国会両院の議員定数配分に関して下した判決，とくに平成の時代に入って以降の判決の内容を調べよう。

第 9 章 自由権

1　総説

　自由権は，国家の干渉を否定する自由国家・消極国家の思想を基礎とする，国家に対する不作為請求権である。すなわち，自由権は，国家が個人の領域に対して権力的に介入することを排除して，個人の自由な意思決定と活動とを保障する権利である。「国家からの自由」ともいわれる。自由権は，人権保障の確立期から人権体系の中心をなし，人権のカタログにおいて中心的な位置を占める重要な権利で，「精神的自由権」「経済的自由権」「人身の自由」に大別される。

2　精神的自由権

　精神的自由，つまり，人間の精神活動にかかわる自由には，思想・良心の自由，信教の自由，表現の自由，学問の自由などが含まれるが，日本国憲法はこれらの自由を独自の条文で保障している。

思想・良心の自由
　思想・良心の自由は，内面的精神活動の自由のなかでも最も基本的なもので，表現の自由などの外面的精神活動の自由の基礎をなすものである。憲法19条の保障する「思想」と「良心」の意味について，「思想」は内心の精神

作用における論理的側面,「良心」は倫理的側面に着目した言葉という違いはあるが,通説・判例によれば,「思想及び良心」を一体として内心の精神作用を指すものと解すればよく,とくに区別する必要はない。

19条にいう思想・良心の自由を「侵してはならない」とは,国民がいかなる国家観,世界観,人生観をもとうとも,それが内心の領域にとどまる限りは絶対的に自由であり,国家権力は,内心の思想に基づいて不利益を課したり,あるいは,特定の思想を抱くことを禁止することができない,ということである。したがって,たとえ民主主義を否定する思想であっても,少なくとも内心の自由にとどまる限り処罰されない,と解される。また,思想についての「沈黙の自由」が保障される。つまり,思想・良心の自由が不可侵であることの意味は,国民がいかなる思想を抱いているかについて,国家権力が露顕を強制することは許されない,ということである。たとえば,江戸時代のキリスト教徒の弾圧の際に行われた「踏絵」など,個人の内心を推知しようとすることは,認められないことになる。

「思想・良心」は,内心における考え方ないし見方であるから,事実に関する記憶,知識,好悪の感情などは原則として含まれない。だが,これらを除いたどの部分が含まれるのかについては議論がある。学説は,内心説(広義説)と信条説(狭義説)に大別される。内心説は,憲法で保障されるのは,内心における考え方ないし見方すべて,と捉える。これに対し,信条説は,内心における考え方ないし見方のうちの信仰に準ずべき世界観,人生観など個人の人格形成の核心をなすもの,つまり,価値観,主義,信条などに限られるとする。

信教の自由・政教分離の原則

信教の自由は,欧米における宗教的自由を希求する抗争に淵源を有し,近代憲法史における精神的自由権の基盤をなすものとされている。明治憲法(28条)は,信教の自由を保障していたが,実際には,神社神道(国家神道)は国教(国から特権を受ける宗教)として扱われ,優遇された。その反面,神道以外の宗教は冷遇され,信教の自由は,神社の国教的地位と両立する限度で認められていたにすぎない。神道のこのような特殊性を否定し,わが国に

信教の自由を確立したのが，1945年12月に連合国軍総司令部が発した「国教分離の指令」（神道指令）である。この指令の下での天皇の人間宣言によって，天皇とその祖先の神格が否定され，神道の特権的地位を支えてきた基盤が消滅した。日本国憲法は，このような沿革・歴史を背景にして，個人の信教の自由を保障するとともに，国家と宗教の分離を明確化している。

　信教の自由の内容と限界
　憲法20条1項前段は，「信教の自由は，何人に対してもこれを保障する」と定め，信教の自由を保障する。信教の自由には，（ア）信仰の自由，（イ）宗教的行為の自由，（ウ）宗教的結社の自由が含まれる。（ア）信仰の自由とは，信仰をもつこと，あるいは，もたないことについて，個人が任意に決定する自由である。これは，個人の内心における自由であり，絶対に侵すことは許されないとされる。（イ）宗教的行為の自由とは，信仰に関して，個人が単独で，または他の者と共同して，祭壇を設け，礼拝や祈祷を行うことなど，宗教上の祝典儀式，行事その他布教等を任意に行う自由である。宗教的行為をしない自由，宗教的行為への参加を強制されない自由を含む。20条2項は，「何人も，宗教上の行為，祝典，儀式又は行事に参加することを強制されない」と定め，この点を重ねて強調している。（ウ）宗教的結社の自由とは，特定の宗教を宣伝し，または共同で宗教的行為を行うことを目的とする団体を結成する自由である。宗教を同じくする者が結社を形成する自由は，憲法21条の結社の自由の宗教的側面でもあるが，20条1項の信教の自由の保障内容でもある。宗教的行為・結社の自由は，その自由の行使の影響が他者にまで及ぶ可能性があるので，一定の制約を受ける。それは，必要不可欠な目的を達成するための最小限度の手段でなければならないとされている。この点に関する重要な判例として，剣道実技拒否事件最高裁判決（最判平8・3・8）を挙げることができる。この事件は，「エホバの証人」を信仰する公立高校生（神戸高専）が，その信仰上の教義（絶対平和主義の教義）に基づいて，必須科目である剣道実技の授業の受講を拒否したことから，学校の規則により単位を認定されず，1年目には原級留置処分（留年の措置）を受け，2年目には退学内規に基づいて退学処分を受けたため，これらの処分が信教

の自由および学習権を侵害するとしてその取り消しを求めたものである。一審は原告（学生）の請求を棄却したが，控訴審（大阪高裁）は，本件処分を取り消し，本件処分を，被告（校長）の裁量権を著しく逸脱した違法な処分であると判示した。最高裁は，控訴審判決を支持し，「高等専門学校においては，剣道実技の履修が必須のものとまではいい難く，体育科目による教育目的の達成は，他の体育種目の履修などの代替的方法によってこれを行うことも性質上可能」であり，本件各処分は，被上告人（原告・学生）の「信教の自由を直接的に制約するものとはいえないが，しかし，被上告人がそれらによる重大な不利益を避けるためには剣道実技の履修という自己の信仰上の教義に反する行動を採ることを余儀なくさせられるという性質を有するものであった」と判示し，被告（校長）の処分を違法とした。

国家と宗教の分離の原則（政教分離の原則）
　憲法20条1項後段は，宗教団体が国から特権を受けたり，政治上の権力を行使することを禁止し，3項は，国およびその機関が宗教教育などの「宗教的活動」をすることを禁止している。これが国家と宗教の分離（政教分離）の原則である。この原則を財政面から裏づけているのが，「宗教上の組織若しくは団体」に対する公金の支出を禁止する憲法89条である。
　（ア）政教分離の主要形態
　国家と宗教の分離の原則は，普通は政教分離の原則と呼ばれ，信教の自由と密接不可分の関係にある。国家が宗教に対してどのような態度をとるかは，国により時代によって異なっている。日本国憲法の政教分離は，アメリカ型（国家と宗教とを厳格に分離し，相互に干渉しないことを主義とするもの）に属している。
　（イ）政教分離原則の性格
　政教分離原則の性格について，いわゆる制度保障説が学説によって一般に主張されている。すなわち，憲法は，信教の自由の保障を強化するための手段として政教分離を制度として保障したものと解されている。最高裁は，津地鎮祭訴訟判決（最大判昭52・7・13）において，「政教分離規定は，いわゆる制度的保障の規定であつて，信教の自由そのものを直接保障するものでは

なく，国家と宗教との分離を制度として保障することにより，間接的に信教の自由の保障を確保しようとするものである」と述べて，その制度保障説の考え方を明らかにしている。

(ウ) 政教分離の限界（目的効果基準）

国家と宗教の厳格な分離といっても，国家と宗教とのかかわり合いを一切排除する趣旨ではない。このことは，現代国家が，福祉国家として，宗教団体に対しても，他の団体と同様に，平等の社会的給付を行わなければならない場合（たとえば，宗教団体設置の私立学校に対する補助金交付などの場合）もあることをみれば，明らかである。そこで，国家と宗教との結びつきがいかなる場合に，どの程度まで許されるかが，問題となる。国家と宗教との間に一定のかかわり合いがあることを前提にして，国家と宗教とのかかわり合いが政教分離原則に違反するか否かを判定する基準として，目的効果基準と呼ばれる基準がある。目的効果基準は，アメリカ合衆国最高裁の判例（Lemon v. Kurtzman,403U.S.602 [1971]）で示された基準に由来し，「レモン・テスト」と呼ばれている。「レモン・テスト」は，次の3要件を個別に検討し，政教分離原則違反の有無を判断し，一つの要件でもクリアーできなければ，当該行為を違憲とするものである。第一に，国の行為の目的が世俗的であること，第二に，国の行為の主要な効果がある宗教を援助，助長し，または抑圧するものではないこと，第三に，国の行為と宗教との間に過度のかかわり合いがないことである。

わが国でもこれを変容した形の目的効果基準が採用され，津地鎮祭訴訟最高裁判決などにおいて，ある公権力の行為が憲法20条3項で禁止される「宗教的活動」にあたるか否かを判定するに際に用いられている。最高裁は，津地鎮祭訴訟判決において，「政教分離原則は，国家が宗教的に中立であることを要求するものではあるが，国家が宗教とのかかわり合いをもつことを全く許さないとするものではなく，宗教とのかかわり合いをもたらす行為の目的及び効果にかんがみ，そのかかわり合いが右の諸条件（それぞれの国の社会的・文化的諸条件）に照らし相当とされる限度を超えるものと認められる場合にこれを許さないとするものである」とし，20条3項により禁止される「宗教的活動」とは，「当該行為の目的が宗教的意義をもち，その効果が宗教

に対する援助，助長，促進又は圧迫，干渉等になるような行為」をいうものと解している。目的と効果の判断にあたっては，「当該行為の外形的側面のみにとらわれることなく，……等，諸般の事情を考慮し，社会通念に従つて，客観的に判断しなければならない」と判示している。本判決の採用した目的効果基準は，その後の判決において承継されている。

表現の自由

　表現の自由とは，人の内心における精神作用を，方法のいかんを問わず，外部に公表する精神活動の自由をいう。表現の自由を支える社会的価値として，（ア）個人が言論活動を通じて自己の人格を発展させるという個人的な価値（自己実現の価値）と，（イ）言論活動によって国民が政治的意思決定に関与するという，民主政に資する社会的な価値（自己統治の価値）がある。これらによって，表現の自由の優越的価値が導き出されるのである。

　知る権利

　情報化の進んだ現代社会では，社会的に大きな影響力をもつマスメディアの発達によって，国民は自己実現や自己統治に不可欠な情報の入手をマスメディア側の表現の自由に大きく依存せざるをえなくなった。情報の「受け手」である国民が，このような受動的な立場を乗り越え，必要な情報の提供を積極的に要求するための権利として「知る権利」が生み出された。知る権利は，伝統的自由権であるが，それにとどまらず，参政権的な役割を演ずる。個人はさまざまな事実や意見を知ることによって，初めて政治に有効に参加することができるからである。知る権利は，さらに，積極的に政府情報の公開を要求することのできる権利である。その意味で，国家の施策を求める社会権ないし国務請求権としての性格を有する。この点に，最も大きな特徴がある。

　知る権利は，自由権として憲法21条により保障された権利である。しかし，この権利は，21条の保障する妨害排除権としての「表現を受け取る自由」という消極的内容を超え，国に対して情報を提供せよという積極的要求をも含んでいる。したがって，その積極的要求については21条によっては十分に根

拠づけることができない。学説は国民主権の原理を用いて説明している。すなわち，主権者たる国民が政治に参加するには，政治に関する情報は不可欠であり，国民は主権者の地位に基づいて情報の提供を要求することができるというのである。しかし，国民主権を根拠に情報の公開を請求しうるということは，抽象的な原理としてはいいうるとしても，現実に情報提供・公開を要求するためには，いつ，誰が，いかなる情報を，いかなる手段で請求しうるかにつき具体的な定めがないと，国としても要求に応ずることが困難であり，憲法のみを根拠に具体的な請求を行うことはできない。このような権利は抽象的権利と解するのが通説であり，具体化するための立法が要請される。知る権利が具体的請求権となるためには，国のレベルでは情報公開法，地方公共団体のレベルでは情報公開条例の制定が必要となる。

　アクセス権
　国民の知る権利は，新聞・放送といったマスメディアが国民に対する情報提供機能を十分に果たしていない場合に，マスメディアに対しても向けられる。マスメディアに対する知る権利の主張は，「アクセス権」と表現される。アクセス権は，情報の受け手である一般国民が，情報の送り手であるマスメディアに対して，自己の意見の発表の場を提供することを要求する権利である。具体的には，意見広告や反論記事の記載，紙面・番組への参加等の意味に用いられることが多い。マスメディアは，私人間において，情報の収集，管理，処理につき強い影響力をもつものの，私企業の形態をとっている以上，マスメディアに対する具体的なアクセス権を憲法21条から直接引き出すことは不可能である。それが具体的権利となるためには，特別の法律（反論権法と呼ばれることが多い）が制定されなければならない。

　報道の自由
　報道は事実を知らせるものであり，特定の思想を表明するものではないが，報道の自由も表現の自由の保障に含まれる。つまり，表現の自由の一内容とみなされるのである。報道機関の報道は，国民の知る権利に奉仕するものとして重要な意義をもつ。この点に関し，最高裁は博多駅テレビフィルム提出

命令事件決定(最大決昭44・11・26)において,「報道機関の報道は,民主主義社会において,国民が国政に関与するにつき,重要な判断の資料を提供し,国民の『知る権利』に奉仕するものであ」り,「思想の表明の自由とならんで,事実の報道の自由は,表現の自由を規定した憲法二一条の保障のもとにあることはいうまでもない」としている。また,取材の自由については,同事件決定において最高裁は,「このような報道機関の報道が正しい内容をもつためには,報道の自由とともに,報道のための取材の自由も,憲法二一条の精神に照らし,十分尊重に値いするものといわなければならない」(傍点は引用者)と述べるにとどまったが,この立場は,取材の自由に関するその後の判例に一貫して受け継がれている。たとえば,レペタ事件最高裁判決(最大判平元・3・8)において,法廷傍聴人のメモを取る自由にも同じ論理が用いられている。学説では,取材・編集・発表という一連の行為によって成立する報道にとって不可欠の前提をなす取材の自由は,報道の自由の一環として憲法21条によって保障される,という見解が有力である。

違憲審査基準
(ア) 二重の基準論
　表現の自由に対する制限(制約)の合憲性を判定する基準は,二重の基準論によって厳格なものであることが要請される。二重の基準論とは,裁判所が法律の違憲審査を行う場合に,精神的自由権の規制の場合と経済的自由権の規制の場合では,審査基準の厳格度が異なるべきだという考え方をいう。表現の自由を典型とする精神的自由の規制については,経済的自由の規制より厳格な審査基準が適用されるとするものである。
(イ) 事前抑制禁止の理論
　表現に対する公権力による事前の抑制を排除するという事前抑制禁止の理論は,表現の自由の重要な内容をなすものである。最高裁は,「北方ジャーナル」事件判決(最大判昭61・6・11)において,「表現行為に対する事前抑制は,表現の自由を保障し検閲を禁止する憲法二一条の趣旨に照らし,厳格かつ明確な要件のもとにおいてのみ許容されうるものといわなければならない」(傍点は引用者)と述べて,事前抑制禁止の法理を明らかにしている。

憲法21条は，1項で表現の自由を一般的に保障するとともに，2項で「検閲」を禁止している。そこで，事前抑制の禁止が21条2項の検閲の禁止と同じ意味なのか否かが問題となる。この点に関しては，21条1項の表現の自由の一般的保障から導き出される事前抑制の原則的禁止と，21条2項の規定する検閲の禁止の二つの類型に分ける見解が妥当である。すなわち，それは，広義の事前抑制を「表現行為がなされるに先立ち公権力が何らかの方法でこれを抑制すること，および実質的にこれと同視できるような影響を表現行為に及ぼす規制方法をいう」と定義し，広義の事前抑制禁止の法理は憲法21条に当然に前提されていると解するのに対して，事前抑制のうち，「表現行為に先立ち行政権がその内容を事前に審査し，不適当と認める場合にその表現行為を禁止すること」をいう「検閲」については，21条2項によって絶対的に禁止されると解する見解である。最高裁は，「北方ジャーナル」事件判決において，このような立場を明確にし，「表現物の内容の網羅的一般的な審査に基づく事前規制が行政機関によりそれ自体を目的として行われる場合」の検閲が，21条2項で絶対的禁止とされているのに対して，21条1項による事前抑制は，例外的に事前差止めが許されると解している。なお「検閲」について，最高裁は，税関検査事件判決（最大判昭59・12・12）において，「憲法が，表現の自由につき，広くこれを保障する旨の一般的規定を同条一項に置きながら，別に検閲の禁止についてかような特別の規定を設けたのは，検閲がその性質上表現の自由に対する最も厳しい制約となるものであることにかんがみ，これについては，公共の福祉を理由とする例外の許容（12条，13条参照）をも認めない趣旨を明らかにしたものと解すべきである」としたうえで，「憲法二一条二項にいう『検閲』とは，行政権が主体となつて，思想内容等の表現物を対象とし，その全部又は一部の発表の禁止を目的として，対象とされる一定の表現物につき網羅的一般的に，発表前にその内容を審査した上，不適当と認めるものの発表を禁止することを，その特質として備えるものを指すと解すべきである」と述べ，検閲の概念を狭く解釈している。

　（ウ）明確性の理論

　表現の自由に対して，曖昧不明確な法律によって規制を加えると，萎縮効果が生ずるので，法文上不明確な法律は原則として無効になるとされる。

「明確性の理論」は，刑罰法規に対して適用されるだけではなく，表現の自由に事前抑制を加える立法に対しても重要な意味をもっている。最高裁は，前述の税関検査事件判決において，「表現の自由は，……憲法の保障する基本的人権の中でも特に重要視されるべきものであつて，法律をもつて表現の自由を規制するについては，基準の広汎，不明確の故に当該規制が本来憲法上許容されるべき表現にまで及ぼされて表現の自由が不当に制限されるという結果を招くことがないように配慮する必要があり，事前規制的なものについては特に然りというべきである」（傍点は引用者）と判示している。

(エ)「明白かつ現在の危険」の限界

アメリカ憲法判例理論のなかで厳格審査基準の一つとして確立され，日本にも大きな影響を与えている審査基準が「明白かつ現在の危険」の基準である。これは，(ⅰ) ある表現行為がある実質的な害悪を近い将来において引き起こす蓋然性が明白なこと，(ⅱ) その実質的害悪がきわめて重大で，その重大な害悪の発生が時間的に切迫していること，(ⅲ) 当該規制手段がその害悪を避けるために必要不可欠であること，の三つの要件が認められる場合に初めて，当該表現行為を規制することができるとする違憲審査基準である。この基準をすべての表現の自由の規制立法に対して適用しようとする有力な説もあるが，一般化することは妥当ではないとされている。わが国では，下級裁判所では用いられた例は少なくないが，最高裁の判例では採用されていない。ただ，この基準の趣旨を取り入れた最高裁判例はある（最判平7・3・7）。

集会・結社の自由

憲法21条1項は，「集会，結社……の自由は，これを保障する」と定める。集会とは，特定または不特定の多数人が一定の場所において事実上集まる一時的な集合体であるのに対して，結社とは，共同の目的のためにする特定の多数人の継続的な精神的結合体である。集会・結社の自由は，集合・結合を通じて集団としての意思を形成し，それを集団として外部に表明する自由を含むと解される。それゆえ，集会・結社の自由は，表現の自由の一類型として捉えることができる（多数説）。集会・集団行動は，複数人が集合して一

定の場所を物理的に占拠するので，他者の権利・自由・利益と競合・衝突する可能性をもつ。このような物理的な競合・衝突を未然に調整し予防するために，それは必要最小限度の制約に服することになる。21条1項は，結社の自由一般の保障規定である。結社の自由を実現するための特別法的な規定として，憲法上，宗教的結社に関する20条，労働組合に関する28条がある。政党の憲法上の根拠は，結社の自由を定める21条にある。結社の自由の限界として，犯罪を行うことを目的とする結社の禁止を挙げることができる。

表現の内容に関する規制
(ア) 名誉毀損的表現行為の規制

公務員・著名人（公人）を対象とする名誉毀損的表現は，国民の知る権利にもかかわる重大な問題である。刑法230条の2は，名誉毀損と表現行為との調整を図るために追加された規定（昭22法124）であるが，人の名誉を毀損するような表現行為であっても，その行為が「公共の利害に関する事実」について行われ，その目的がもっぱら公益を図るためのものであると認められるときには，違法性が阻却される旨を定めている（同条1項）。最高裁は，「月刊ペン」事件判決（最判昭56・4・16）において，刑法230条の2の規定について，表現の自由の確保（重視）という観点から，「私人の私生活上の行状であつても，そのたずさわる社会的活動の性質及びこれを通じて社会に及ぼす影響力の程度などのいかんによつては」，「刑法二三〇条ノ二第一項にいう『公共ノ利害ニ関スル事実』にあたる場合がある」とし，厳格に限界を画する解釈を打ち出している。逆に，公人でない者については，名誉の保護が重視される傾向があり，「石に泳ぐ魚」事件最高裁判決（最判平14・9・24）は，作家柳美里の小説の公表により「公的立場にない被上告人の名誉，プライバシー，名誉感情が侵害された」とし，慰謝料支払いと同小説の出版差止めを認めた。

(イ) 性表現行為の規制

刑法175条は，「わいせつな文書，図画その他の物」の頒布，販売，公然陳列および販売の目的による所持を処罰の対象としている。最高裁は，チャタレイ事件判決（最大判昭32・3・13）において，裁判所がわいせつ文書にあ

たるかどうかの「判断をなす場合の規準は，一般社会において行われている良識すなわち社会通念である」とし，わいせつ文書を規制する根拠になるのが「人間性に由来するところの羞恥感情の当然の発露である」「性行為の非公然性の原則」と判示している。また，刑法175条の合憲性については，「性的秩序を守り，最少限度の性道徳を維持すること」を内容とする「公共の福祉」を根拠に，刑法175条が憲法21条に違反しないと判断している（チャタレイ事件最高裁判決）。

　通信の秘密
　憲法21条2項後段が通信の秘密を保障しているのは，通信（はがき・手紙，電信・電話等すべての方法による通信）が他者に対する意思の伝達という一種の表現行為であることに基づく。通信の秘密には，漏洩行為（通信業務に従事する者が職務上知りえた通信に関する事項を他に漏らす行為）の禁止を含む。通信の秘密も絶対的ではない。内在的制約（とくに行政必要上の制約）に服する。現行法上の制限として，郵便物の押収（刑事訴訟法100条・222条），刑事収容施設内における信書発受の検査等の制約（刑事収容施設及び被収容者等の処遇に関する法律110－148条等），郵便物・電報の開封等，破産手続上の制約（破産法82条），関税法上の郵便物の差押（関税法122条）などがある。

学問の自由
　憲法23条は，「学問の自由は，これを保障する」と定める。明治憲法には，学問の自由を保障する規定はなかった。明治憲法時代に大学の（人事の）自治および大学教授の研究発表の自由を侵害した例（1933年の京大・滝川事件など）があり，現行日本国憲法が，とくに学問の自由を保障したのは，戦前の学問研究抑圧の歴史の反省に立ったものとされている。学問の自由の保障は，個人の人権としての学問の自由のみならず，とくに大学における学問の自由を担保するための「大学の自治」の保障を含んでいる。大学の自治に関する明文の規定は現行憲法に存在しない。大学の自治は，中世ヨーロッパ以来の大学の伝統に由来し，大学の教授人事などの内部行政を大学の自主的決定に委ね，政府等の介入を排除しようとするものである。学問研究の中心的組

織・大学の自治は、学問の自由を保障するために必要不可欠のもので、いわゆる制度的保障の一つということができる。

教授（教育）の自由については、議論がある。従来の通説・判例は、教授の自由を、大学その他の高等学術研究教育機関における教授にのみ認め、小・中学校と高等学校の教師には認められないとしてきた。これは、学問の自由が、ヨーロッパ大陸諸国における「大学の自治」を中心に発展してきたという沿革を重視したものとされる。しかし、今日においては、初等中等教育機関においても教育の自由が認められるべきであるという見解が支配的である。

家族形成の自由

家族は社会の基礎的団体である。憲法24条は、婚姻関係（1項）および家族関係（2項）に関する基本原則を定める。夫婦および家族を団体と見た場合、この規定は結社の自由（個人の結合の自由）の家族に関する特別法的規定と解することができる。24条の主眼は、戦前の家制度を解体し、個人の尊厳と両性の平等に基づく新たな家族像の構築を図ったことにあるとされている。24条1項は、婚姻が両性の合意のみに基づく契約的関係であることを要求している。当事者以外の第三者の同意を有効要件とすることは、「憲法上の例外的家族」と解される天皇・皇族以外については禁止される。婚姻の自由には、婚姻しない自由、婚姻を解消する自由（離婚の自由）も含まれる。

「生殖（reproduction）の自由」は、アメリカでは、人間の基本的な権利として判例で認められるに至っている。わが国の憲法学においては、生殖、すなわち、リプロダクションに関する問題は、従来、13条の「幸福追求権」の一部を形成する自己決定権の一内容として考えられてきた。しかし、家族のあり方が急激に多様化しつつある現在においては、むしろ家族形成の権利（自由）として24条2項のなかの「家族に関するその他の事項」の問題と考えるべきであるとする見方がなされている。

3 経済的自由権

　職業選択の自由，居住・移転の自由，財産権を総称して経済的自由権と呼ぶ。経済的自由権は，近代市民革命当初は，不可侵の人権として厚い保護を受けた。しかし，今日においては，法律による規制を受ける人権として理解されている。

職業選択の自由
　憲法22条1項の保障する職業選択の自由は，自己の従事する職業を決定する自由を意味する。自己の選択した職業を遂行する自由，すなわち，営業の自由もそれに含まれる。営業の自由そのものは，財産権を行使する自由を含むので，29条（財産権）とも密接にかかわる。このような22条1項・29条を根拠とする説に対して，最高裁は，「憲法22条1項は，国民の基本的人権の一つとして，職業選択の自由を保障しており，そこで職業選択の自由を保障するというなかには，広く一般に，いわゆる営業の自由を保障する趣旨を包含しているものと解すべきであ」るとし，憲法22条1項のみを根拠とする説に立っている（最大判昭47・11・22）。経済的自由は，二重の基準論によれば，精神的自由と比較して，より強度の規制を受ける。22条が，とくに「公共の福祉に反しない限り」という留保をつけているのも，公権力による規制の要請が強いという趣旨を示すものである。
　職業の選択について，実際には，法律などによるさまざまな規制が存在する。それらの規制は，規制の目的に応じて，消極目的規制と積極目的規制に区別される（目的二分論）。消極目的規制とは，主として国民の生命および健康に対する危険を防止・除去・緩和するために課せられる規制である。通常，警察的規制と呼ばれているものである。この消極的・警察的目的のための規制は，行政法にいう警察比例の原則（規制措置は，社会公共に対する障害の大きさに比例したもので，規制の目的を達成するためには，必要最低限度にとどまらなくてはならないという原則）に基づくものでなければならない。各種の営業許可制は，おおむね消極目的規制に属する。一方，積極目的規制とは，福

祉国家の理念に基づいて，経済の調和のとれた発展を確保し，とくに社会的・経済的弱者のためになされる規制であり，社会・経済政策の一環としてとられる規制である。たとえば，大型スーパーなどの巨大資本から中小企業を保護するための制限，または特許制などは，積極目的規制の典型的な例である。

　職業選択の自由の規制の合憲性判定基準として，「合理性」（①「合理性」または②「厳格な合理性」）の基準が用いられる。これは，立法府の下した判断に合理性があるということを前提（合憲性推定の原則）とした比較的緩やかな基準である。このような二種の基準を明らかにした最高裁の判例が，1972年の小売市場の適正配置規制に関する合憲判決，および1975年の薬局の適正配置（距離制限）規制に関する違憲判決である。最高裁は，小売市場事件判決において，初めて「二重の基準論」を採用したと受けとれる考え方を述べ，職業選択の自由の規制について，「目的二分論」（積極規制・消極規制二分論）を採用した（この「目的二分論」は，「二重の基準論」の下位カテゴリーと見ることができる）。そのうえで，本件規制は，過当競争による小売商の共倒れから小売商を保護するための積極的・政策的目的の規制であるとして（立法裁量を尊重し），「明白の原則」審査に基づいて憲法22条1項に違反しない（合憲である）と判断した。また，薬局の距離制限事件判決において，最高裁は，距離制限の目的を，薬局の過当競争の結果起こりうる不良医薬品の販売によって，消費者の健康に害が及ぶことの防止と認定した。すなわち，薬事法の制限は「国民の生命及び健康に対する危険の防止という消極的，警察的目的のための規制措置」である（適正配置規制は，主として国民の生命及び健康に対する危険の防止という消極的，警察的目的のための規制措置であり，そこで考えられている薬局等の過当競争及びその経営の不安定化の防止も，それ自体が目的ではなく，あくまでも不良医薬品の供給の防止のための手段であるにすぎないものと認められる）とし，こうした消極規制の合憲性は，より厳格に審査されるべきだとした。そのうえで，薬事法・条例の規制手段の合理性を厳格な合理性の基準によって審査した結果，その目的を達するために必要かつ合理的な規制とはいえない，として，薬局の距離制限は違憲（憲法22条1項に違反する）と判断している。

居住・移転の自由

憲法22条1項は、「何人も、公共の福祉に反しない限り、居住、移転及び職業選択の自由を有する」と定め、職業選択の自由とともに、居住・移転の自由を保障する。形式的には、経済的自由の一環として保障されている。学説は、従来、この形式を重視し、居住・移転の自由を経済的自由として捉えてきたが、近年、それは、経済的自由に加えて、人身の自由、表現の自由、人格形成の自由などの面をもった複合的性格を有する権利として理解されるようになっている。

海外渡航の自由

憲法22条2項は、「何人も、外国に移住……する自由を侵されない」と定め、個人が外国に住所を移す自由、すなわち、外国移住の自由を保障する。海外渡航とは、広義には外国移住も含むが、狭義には一時的な外国旅行を意味する。外国旅行（海外渡航）の自由は、憲法の明文上保障されていないが、22条2項によって保障されていると解するのが多数説・判例の立場である。

国籍離脱の自由

国籍とは、特定の国家の構成員である資格を意味する。憲法22条2項は、「何人も、……国籍を離脱する自由を侵されない」と定める。国籍離脱の自由とは、日本国民が日本国籍を捨てて、いずれかの外国籍を取得することを、日本政府に禁止されない権利である。

財産権

財産権とは、一切の財産的価値を有する権利を意味する。物権（所有権）、債権、知的財産権（著作権・特許権・商標権）、特別法上の権利（鉱業権・漁業権）など、財産についてのすべての権利が含まれる。憲法29条1項は、「財産権は、これを侵してはならない」と定め、財産権の保障を明記している。また、29条2項の「公共の福祉に適合する」ようにという条件の意味は、国会（財産権を作り出す法の作り手）は、財産権の内容を決定し、財産権の規制を決定できるが、その中身は「公共の福祉」に合致しなければならない、そ

うでなければ違憲になるという意味である。通説（権利・制度両面保障説）は，29条2項の法律の留保にもかかわらず，1項は個人が現に有する具体的な財産上の権利と，個人が財産権を享有しうる法制度の両面を保障すると解する。すなわち，私有財産制度の保障という制度的保障を前提として，個人の財産権が保障されると解するのである。

4　人身の自由

人身の自由がなければ自由権そのものが存在しえないので，近代憲法は，過去の苦い経験を踏まえて，人身の自由を保障する規定を設けるのが通例である。日本国憲法は，18条において人権保障の基本ともいうべき奴隷的拘束からの自由を定め，31条以下において，諸外国の憲法に例をみないほど詳細な規定を置いている。

奴隷的拘束・苦役からの自由

憲法18条は，「何人も，いかなる奴隷的拘束も受けない。又，犯罪に因る処罰の場合を除いては，その意に反する苦役に服させられない」と定める。「奴隷的拘束」とは，身体の拘束下にあらゆる人権の享有を否定され，非人間的状態に置かれることをいう。人を奴隷的拘束に置くことは絶対的に禁止される。また，「その意に反する苦役」とは，広く本人の意思に反して強制される労役（たとえば，強制的な土木工事への従事）をいう。要するに強制労働の意味である。「苦役」は本人の意思に反して強制することが原則として禁止されるが，例外として，「犯罪に因る処罰の場合」は許されるとしている。また，非常災害時における救援活動等を定める法律について，学説はほとんどが合憲と解している。しかし，徴兵制は18条に反すると解するのが通説であり，政府もそのように解している。

法定手続の保障

憲法31条は，「何人も，法律の定める手続によらなければ，その生命若し

くは自由を奪われ，又はその他の刑罰を科せられない」と定める。この規定は，人身の自由についての基本原則を定めた規定であり，直接的には，アメリカ連邦憲法の適正手続条項（due process clause）に由来する（連邦憲法修正5条，14条1項参照）。31条は，法文上は，手続が法律で定められることを要求するにとどまるように読める。しかし，このことに加えて，法律で定められた手続が適正でなければならないこと（たとえば，告知と聴聞の手続），実体（犯罪・刑罰の要件）もまた法律で定められなければならないこと（罪刑法定主義），法律で定められた実体規定も適正でなければならないこと（たとえば，刑罰規定の明確性，罪刑の均衡など）を意味する，と解される（芦部信喜・高橋和之補訂『憲法第五版』，有斐閣，2011年，235-236頁）。

被疑者の権利

憲法は，33条-35条において，主として捜査過程における被疑者の権利として，不当な逮捕・抑留・拘禁からの自由と住居の不可侵とを定める。

　不法な逮捕からの自由

犯罪による逮捕には，司法官憲（当初は検察官を含むとする説も唱えられたが，現在では裁判官に限ると解されている）の発する令状（逮捕状，勾引状，勾留状）が必要とされる。恣意的な人身の自由の侵害を阻止するためである。令状主義の例外として，憲法は現行犯逮捕のみを明示している（33条）。刑事訴訟法（210条1項）が定める，令状を請求せずに実行される緊急逮捕について，最高裁は合憲と解している。

　不法な抑留・拘禁からの自由

憲法34条は，逮捕した身柄を一時的（抑留）または継続的（拘禁）に拘束し続ける場合に被拘束者に保障されるべき権利を定めている。第一に，抑留または拘禁の理由の告知を受ける権利，第二に，弁護人を依頼する権利，第三に，拘禁についてはその正当な理由を公開法廷で示すよう要求する権利である。被疑者段階において，身体を拘束される場合には，弁護人依頼権が保障される。同条は，国選弁護人に対する被疑者の権利については定めていな

い。通説・判例は，被疑者段階では，37条3項後段（「被告人が自らこれを依頼することができないときは，国でこれを附する」）との対比上，国選弁護人の権利は保障されていないと解していたが，2004年の刑事訴訟法の改正（平成16年法律62号）によって，被疑者国選弁護人制度が導入された。

不法な捜索・押収からの自由

憲法35条は，「住居，書類及び所持品について，侵入，捜索及び押収を受けることのない権利」を保障する。この権利を制限しうるのは，原則として，裁判官が発する「捜索する場所及び押収する物を明示する令状」がある場合だけである。例外として，「第33条の場合」，すなわち，正当な逮捕に際して侵入，捜索，押収がなされる場合には，令状なしでもよいとされている。

被告人の権利

刑罰は人の自由に重大な制限を加えるものであるから，内容だけでなく，科刑の手続は慎重かつ公正でなければならない。憲法は，37-39条において，主として被告人の権利を保障するために刑事裁判手続に関する規定を置いている。

公平な裁判所の迅速な公開裁判を受ける権利

憲法37条1項は，「公平な裁判所」による裁判を保障したものである。「公平な裁判」を直接保障した規定ではないと解されている。「公平な裁判所」による裁判は，被告人の権利であるから，何が「公平な裁判所」かは，被告人の立場から見る必要がある。被告人にとって「公平な裁判所」とは，訴追者側の利益に偏した裁判をするおそれのない裁判所ということになる。37条1項は，被告人が公正な裁判を受けるために，公開の裁判を被告人の権利として保障している。

証人審問権・喚問権

憲法37条2項は，「刑事被告人は，すべての証人に対して審問する機会を充分に与へられ，又，公費で自己のために強制的手続により証人を求める権

利を有する」と定める。前段が証人審問権（主として自己に不利な供述をする証人に対して，被告人が「反対尋問」を行う権利），後段が証人喚問権（被告人に有利な証人を呼ぶ権利（被告人の防禦権））の保障である。

弁護人依頼権

憲法37条3項は，前段で弁護人依頼権を，後段で国選弁護人に対する権利を保障した。後段は，前段の弁護人依頼権を実質化したものとして，国選弁護人を付してもらう権利（国選弁護人権）と理解される。

自白強要からの自由

憲法38条は，「何人も，自己に不利益な供述を強要されない」と定める。これは，被疑者・刑事被告人および証人が不利益な供述（刑罰，または，より重い刑罰を科される根拠となる事実の供述）を拒んだ場合に，処罰その他法律上の不利益を与えることを禁ずる意である。アメリカ連邦憲法修正5条の自己負罪拒否の特権（privilege against self-incrimination）に由来する。「自己に不利益な供述」とは，本人の刑事責任に関する不利益な供述，すなわち，有罪判決の基礎となる事実，量刑上不利益となる事実等の供述を指すと解するのが，通説である。38条2項は，「強制，拷問若しくは脅迫による自白」，「不当に長く抑留若しくは拘禁された後の自白」の証拠能力を否定している。また，38条3項は，自白だけで有罪とすることを禁止し，自白に補強証拠を要求する。これは，任意性のある自白でも，補強する証拠がない限り，有罪の証拠とすることができない旨の補強証拠の法則を規定するものである。

遡及処罰の禁止

憲法39条前段は，「何人も，実行の時に適法であつた行為」（前半）「については，刑事上の責任を問はれない」と定める。この規定は，罪刑法定主義の原則の一環として，刑罰法規の遡及を禁止し，「事後法の禁止」を保障する。犯罪の実行時に適法であった行為のみならず，実行時に刑罰が法定されていなかった違法行為についても，事後法によって刑罰を科することはできないことを示すものである。

二重の危険の禁止（一事不再理）

　憲法39条前段（後半）は，「既に無罪とされた行為については，刑事上の責任を問はれない」と定め，39条後段は，「同一の犯罪について，重ねて刑事上の責任を問はれない」と定める。前段と後段の関係をどう捉えるかについては，規定が不備なため見解が三つに分かれ，（ア）ともに英米法でいう「二重の危険」（double jeopardy）の禁止として捉える説，（イ）ともに大陸法的な「一事不再理」として捉える説，（ウ）前段を「一事不再理」，後段を「二重処罰の禁止」として捉える説が存在する。（ア）説の「二重の危険」の禁止とは，被告人の権利保護を直接の目的とし，国家に一度だけは訴追を認め，再度同じ負担を負わせられることのない権利を被告人に保障しようとするものである。この考えは，イギリスのコモン・ローにおいて形成され，アメリカは，この制度を継受して，人権規定のなかに取り入れた（連邦憲法修正5条）。近時は，適正手続主義の立場から被告人の権利・利益を重視する（ア）説が有力であるようにみえるが，いずれの説をとっても結論に大きな違いは生じないとされている。すなわち，（ア）説をとると，英米法では，原則として，下級審の無罪または有罪の判決に検察官が上訴し，有罪またはより重い刑の判決を求めることは，「二重の危険」の原則に反することになる。だが，前段の「既に無罪とされた行為」とは，無罪判決が確定した行為の意である。判例は，「二重の危険」に言及して，「危険とは，同一の事件においては，訴訟手続の開始から終末に至るまでの一つの継続的状態と見る」という立場を示している（最大判昭25・9・27）。このように解すれば，検察官の上訴も，「被告人を二重の危険に曝すものでもなく，従つてまた39条に違反して重ねて刑事上の責任を問うたものでもない」（同判決）といえる。この解釈であれば，二重の危険説に立っても検察官上訴は合憲となり，一事不再理説と大差ない結果となる。

拷問・残虐刑からの自由

　憲法36条は，「公務員による拷問及び残虐な刑罰は，絶対にこれを禁ずる」と定める。これは，アメリカ連邦憲法の「残虐で異常な刑罰を科しては

ならない」という規定（修正8条）に由来する。日本国憲法は，「残虐な刑罰」とともに，「拷問」をも例外なしに禁止しようとするものである。「拷問」とは，被疑者または被告人から自白を得るために肉体的・精神的苦痛を与えることである。わが国の憲法は，明治憲法下の歴史的経験に鑑み，「拷問」を「絶対に」禁止する（36条）とともに，「拷問」による自白の証拠能力を否定している（38条2項）。ここに拷問を「絶対に」禁ずるとは，「公共の福祉」を理由とする例外を一切認めないという意である。また，「残虐な刑罰」とは，「不必要な精神的，肉体的苦痛を内容とする人道上残酷と認められる刑罰」であると判例は解する（最大判昭23・6・30）。現行刑法は，刑罰の種類として「死刑」を定めているが（9条，11条），それは人の生命を奪うものであるという意味において「残虐な刑罰」にあたらないか，が憲法上問題となる。学説上これを肯定する説もあるが，判例は，憲法中に死刑を予想している規定がある（13条（公共の福祉）・31条）ことなどを根拠に，死刑そのものは「残虐な刑罰」にはあたらないとしている。

学習課題
(1) 自由権は，人権のカタログにおいて中心的地位を占める重要な人権とされるが，その理由を考えよう。
(2) 思想・良心の自由と学問の自由を憲法が保障することの意義を考えよう。
(3) 信教の自由に含まれる自由の意味，信教の自由との関係における政教分離原則の位置づけ，および国家と宗教との結びつきの合憲性を判定するために用いる基準を考えよう。
(4) 「表現の受け手の自由の保障」という観点から，表現の自由に含まれる自由（権利）の意味，表現の自由を保障することの意義，および表現の自由の規制の合憲性を判定するために用いる基準を考えよう。
(5) 経済的自由に含まれる自由（権利）の意味，経済的自由を規制することの意義，および経済的自由の規制の合憲性を判定するために用いる基準を考えよう。
(6) 人身の自由を憲法が保障することの意義，および憲法が保障する被疑者・被告人の権利の意味を考えよう。

第10章 受益権

1　受益権の性格

　受益権は,「国家に対して一定の作為を要求することによって,人権の実質的保障を確保するための権利」であり,国務請求権ともいわれる。社会権と同様に,一定の作為を国家に対して請求するという点で国家の存在が不可欠であるため,自然権を前提にした人権ではなく,後国家的人権であるといえる。受益権には,請願権,裁判を受ける権利,国家賠償請求権,刑事補償請求権が含まれる。これらは,権利者が自分の主張を正当に取り扱うように要求する形式的なものと権利者の利益の実現を要求する実質的なものに分類することができる。前者にあたるのが,請願権,裁判を受ける権利であり,後者にあたるのが国家賠償請求権,刑事補償請求権となる。

2　請願権

　請願とは,人が自己の意見,希望,苦情を表明することであり,これを権利として認めたものが請願権である。憲法16条では,「損害の救済,公務員の罷免,法律,命令又は規則の制定,廃止又は改正その他の事項」に関し,国民が自己の希望,要望や苦情などを国や地方公共団体に平穏に伝える権利を保障している。ただし,憲法ではその具体的内容,方法については明らかにされておらず,詳細を請願法に委ねている。

請願法によれば，請願する者は，氏名，住所を記載し，所管の官公庁または内閣に文書の形で請願しなければならない。国会法，衆議院規則，参議院規則などでも請願に関する規定が置かれているが，内閣法や国家行政組織法には規定がない。裁判に関する請願は，裁判が進行中である事件に干渉するものや判決の変更を求める請願を認めてよいのかという問題があり，学説上，意見が分かれている。また，地方自治法125条でも，「普通地方公共団体の議会は，その採択した請願で当該普通地方公共団体の長，教育委員会，選挙管理委員会，人事委員会若しくは公平委員会，公安委員会，労働委員会，農業委員会又は監査委員その他法律に基づく委員会又は委員において措置することが適当と認めるものは，これらの者にこれを送付し，かつ，その請願の処理の経過及び結果の報告を請求することができる」としている。

　請願を受けた官公庁や内閣は，これを「誠実に処理する義務」を負う。ただし，請願する者は，自分の希望，意見，苦情を公的機関に受理することを要求できるにとどまり，これを受けた公的機関は，その内容を審査し，判定する義務までをも負わないとされる。つまり，処理するかどうかの判断は各機関の裁量に委ねられている。これまでの実績をみれば，売春防止法など，請願権に基づいて成立した法律などの成果があるが，請願が提出されても，事務的には低調に扱われることが多く，より有効な活用方法を検討していく必要がある。

3　裁判を受ける権利

　裁判を受ける権利は，すべての人に対して，政治権力から独立した公平な裁判所による裁判を保障した権利である。この権利は，誰でも裁判を受けられるということを単に保障しただけでなく，司法権の独立や裁判の適正な手続の保障など，政治権力から独立した裁判所が公正な裁判を行うに必要な諸条件を含むものと考えられている。

　憲法32条は，「何人も，裁判所において裁判を受ける権利を奪はれない」と定めている。憲法では，特別裁判所，行政機関による終審裁判が禁止され

ているので，通常の裁判所が，刑事，民事，行政事件をすべて扱うことになっている。ただし，刑事事件，民事事件および行政事件では，権利としての意味合いを異にする。

　刑事事件では，憲法37条1項で，「すべて刑事事件においては，被告人は，公平な裁判所の迅速な公開裁判を受ける権利を有する」としているように，被告人は公正な裁判を受ける権利を有し，裁判所の裁判を経なければ，刑罰を課されることはないことを意味する。つまり，被告人は，公正な裁判でなければ，これを拒否することができる。これは，国家による専断的な裁判を認めてはいけないことを意味している。

　その一方で，民事事件および行政事件では，自己の権利や自由を侵害されたと考える個人がその救済を求めるために裁判所に出訴する権利を意味している。裁判所は，提起された内容が適正なものであれば，これを拒むことができない。したがって，国務請求権としての性格が強いといえよう。

　憲法82条1項が，「裁判の対審及び判決は，公開法廷でこれを行ふ」としているように，憲法でいう裁判とは，「公開・対審・判決の手続による裁判」を意味する。ところが，近年，家庭事件や借地事件など，国家が国民生活に介入し，その争いの解決に関与する事例が見られるようになってきた。とくに民事事件において，このような訴訟形式をとらず，いわゆる「非訟手続」で問題を解決する事例が増えている。非訟事件とは，通常の民事裁判のようにどちらかの主張を認め，二者択一的な選択をするのではなく，後見的立場から当事者の意見を聞き，お互いに納得できるであろう妥協点を探る形で裁判所が関与するものである。非訟事件は，権利義務関係を最終的に確定するものでなく，非公開，非対審の手続で審査されるために，裁判を受ける権利が意味する裁判に含まれるのかが問題になる。一般的には非訟事件は，純然たる訴訟事件ではなく，行政作用の一部であるものと捉える説が有力であり，憲法が定める裁判には含まれないと考えられている。

4　国家賠償請求権

　国家賠償請求権は，公権力の違法な行使によって損害を受けた者が，国家に対してその賠償を請求できる権利である。憲法17条では，「何人も，公務員の不法行為により，損害を受けたときは，法律の定めるところにより，国又は公共団体に，その賠償を求めることができる」と定め，公務員の不法行為により，損害を受けた者は，法律の定めるところにより，その損害賠償を国または地方公共団体に求めることができる積極的権利として位置づけられている。

　国家賠償請求権は，自由権と比較すると，二次救済的な権利であるといえる。ただし，自由や権利の価値を確実なものとするためには，国家による侵害の救済を保障することは不可欠であり，その点からすれば重要な権利といえる。また，その法的性格については，立法府に対する命令を意味するにとどまる「プログラム規定」ととる説と抽象的に定めたものとする抽象的権利説がある。今日では，法的権利性を認める方向にあり，抽象的権利を定めているとみる説が有力である。

　国家賠償を請求する具体的内容や手続は国家賠償法で定められている。国家賠償法1条は，「国又は公共団体の公権力の行使に当る公務員が，その職務を行うについて，故意又は過失によつて違法に他人に損害を加えたときは，国又は公共団体が，これを賠償する責に任ずる」とし，故意または違法な国家活動から生じた損害を賠償する旨を定めている。これを過失責任主義という。

　違法な国家活動の場合，公権力の行使としての権力作用と非権力作用に分類する必要がある。非権力作用とは，国や地方公共団体の工事の施行や事業の経営など，私人と同様の経済的管理的性質の行為を行う場合の作用のことをいい，これらの作用において公務員の不法行為により国民に損害を与えた場合には，これを民法709条以下の不法行為に準じて取り扱うこととなる。なお，立法行為，司法行為に対する国家賠償については，意見が分かれるところとなっている。憲法や国家賠償法がその可能性を排除しておらず，人権

保障に資するという観点からすると，その責任の成立を認めているという意見が有力ではある。ただし，これまでの判例からすると，その行為が明らかに違憲である場合などきわめて限定的に捉えられている。

5　刑事補償請求権

　刑事裁判は，犯罪者に刑罰を科すことによって社会秩序を維持するという全国民共通の利益のために行われるが，十分な捜査や取り調べを行った場合であっても，無実の者が裁判にかけられたり，誤審によって刑罰が科される可能性を否定できない。そうした場合に，裁判の結果に対して，金銭による事後救済を図り，公正の要請を満たそうとするものが刑事補償請求権である。この権利は，違法な行為ではなく，適正な手続の結果生じてしまった国家の行為を保障するという意味において，国家賠償請求権とは異なる。

　憲法40条は，「何人も，抑留又は拘禁された後，無罪の裁判を受けたときは，法律の定めるところにより，国にその補償を求めることができる」と定めているが，その詳細を，刑事補償法に委ねている。刑事補償法は，刑事訴訟法による通常手続，再審，非常上告の手続において無罪の裁判を受けた者が，「未決の抑留又は拘禁」を受けていた場合には，国に対して補償を請求できることを定めている。また，上訴，再審または非常上告の手続において無罪の裁判を受けた者が，原判決によってすでに「刑の執行又は拘置」を受けた場合についても，国に対して補償を請求することができる。免訴や控訴棄却の場合には，憲法上の規定はないが，刑事補償法によって「無罪の裁判を受けるべきものと認められる充分な事由があるとき」には同じく補償を請求できることが認められている。ただし，不起訴の場合については，刑事補償法にもその場合の規定はなく，法務省訓令として定められた被疑者補償規定などによって，補償が認められる場合もあるが，十分なものとはなっていない。

学習課題 | (1) 1年間に、どのような内容の請願がなされ、どれぐらい採択されているか、調べよう。
(2) 裁判員制度による裁判は、裁判を受ける権利が保障する公正な裁判といえるだろうか、考えよう。

第 11 章 参政権

1 参政権の法的性質

　参政権は，主権者たる国民が，直接または代表者を通じて国の政治に参加する権利であり，選挙すなわち公職者を選定する多数人（「選挙人団」といわれる）の合同行為に参加しうる資格ないし地位である「選挙権」，選挙人団によって選定されたときにこれを受諾して公務員となる資格としての「被選挙権」，そして憲法改正国民投票権や最高裁判所裁判官国民審査での投票権などが，この参政権に含まれる。

　参政権のうちで最も重要な選挙権は，公務員を選挙する選挙人団の一員となる「資格」と考えられてきた。近代初期には，この資格は「教養と財産」をもつ「市民」にのみ認められたが（財産資格に基づく制限選挙制），国民主権および民主主義原理の普及という現代的状況のなかで，財産要件を設けずすべての成年者に選挙権を与える「普通選挙制」が先進諸国で確立されるに至った。日本国憲法が，15条3項で成年者による普通選挙を保障するのみならず，44条但書で，議員資格および選挙人資格の法定について，憲法14条1項後段が列挙する差別禁止事由に加えて「教育，財産又は収入」による差別を禁止しているのは，普通選挙制確立という歴史的成果の確認としての意味をもつものといえよう。

　選挙権の法的性質について，学説は，純粋な公的参加資格であるとする「公務説」，行使するかしないかもまったく自由な個人的権利だとする「権利一元説」，公務であるとともに公の権利でもあるとする「二元説」に分かれ

ている。参政権は，国家の存在を前提とし，そこでの公職者の選定や政策決定等への参加を内容とするものである以上，前国家的ないし自然権的な意味での「(基本的)人権」と解することはできないが，それが自由権や社会権を立法過程において確保・強化するために必要不可欠なものとして，今日において一定の権利性を有することは否定できない。他方，選挙権行使が一定の判断能力を要求される公務の執行であることも確かである。オーストラリアのように選挙での投票を義務づけ棄権した有権者に刑罰を科する強制投票制を採用している国があるのは，選挙への参加が「権利の行使」であると同時に「公務の執行」としての本質ももつことを示している。選挙権の法的性質につき二元説が通説的見解とされているのは，以上述べたような理由によるものである。

　最高裁判所は，選挙権について「国民主権を宣言する憲法の下において，公職の選挙権が国民の最も重要な基本的権利の一である」と判示しており（最大判昭30・2・9），被選挙権に関しても「立候補の自由は，選挙権の自由な行使と表裏の関係にあり，自由かつ公正な選挙を維持するうえで，きわめて重要である。このような見地からいえば，憲法15条1項には，被選挙権者，特にその立候補の自由について，直接には規定していないが，これもまた，同条同項の保障する重要な基本的人権の一つと解すべきである」と判示している（最大判昭43・12・4）。これらの判決から，最高裁は権利一元説に拠っているという見方も可能だが，第3節で見るように，最高裁は同時に「選挙の公正の確保」という選挙＝公務的理解に基づく理由による選挙権・被選挙権の制約を認めているので，判例も二元説的立場からのものと思われる。

2　参政権の内容

　憲法15条1項は「公務員を選定し，及びこれを罷免することは，国民固有の権利である」と定めている。この規定は，すべての公務員を直接に選定罷免する具体的権利を国民に対して認める趣旨ではなく（最大判昭24・4・20），

公務員の地位・権限の正当性の究極的な根拠は国民による信任にあるという国民主権の原理を抽象的に表明したものと解されている。公務員の選定・罷免に参加する国民の資格・範囲，選定および罷免の方法・手続は，憲法および法律その他の法令によって具体化される。憲法は「両議院の議員及びその選挙人の資格」(44条本文) および「選挙区，投票の方法その他両議院の議員の選挙に関する事項」(47条) をいずれも法律で定める（法律事項）としていることから，参政権の具体化に際しては，立法府である国会の裁量的判断の余地が大きい。

参政権の種類
　憲法で規定されているものとしては，国政選挙権・被選挙権 (44条本文)，最高裁判所裁判官国民審査での投票権 (79条2項)，地方公共団体の長・議会議員の選挙権 (93条2項)，憲法改正国民投票権 (96条1項)，特定の地方公共団体のみに適用される特別法に対する住民の同意投票権 (95条) があり，具体的な権利行使の方法に関しては，公職選挙法，地方自治法，最高裁判所裁判官国民審査法などの法律によって定められている。また請願権 (16条) も参政権的権利といえよう（請願の方法については請願法で規定されている）。この他に，地方自治法で，地方公共団体の長・議会議員の被選挙権 (19条，公職選挙法10条1項3－6号も参照) とあわせて，条例制定・改廃の請求権 (74条)，議会解散の請求権 (76－79条)，議員・首長・役員の解職請求権 (80－88条) といった住民自治を具体化するための直接民主制的な諸権利が規定されている。

秘密投票の保障
　憲法15条4項は，「すべて選挙における投票の秘密は，これを侵してはならない。選挙人は，その選択に関し公的にも私的にも責任を問はれない」と定め，選挙における有権者の投票の自由を秘密投票制度によって保障している（公選法52条・227条参照）。選挙以外の投票にもこの趣旨は及ぶ（最高裁判所裁判官国民審査法18条・49条，日本国憲法の改正手続に関する法律66条・112条）。最高裁判所は，選挙権のない者や不正な代理投票をした者が誰に対して投票

したかを当選の効力を定める手続において取り調べることも許されないとして（最三小判昭23・6・1，最一小判昭25・11・9），秘密投票の保障を徹底している。

3　参政権に対する各種の制限

成年者による普通選挙
　憲法15条3項が保障している「成年者による普通選挙」に関して、従来は民法上の成年年齢である満20歳以上の者に選挙権を与えていた（民法旧4条・公職選挙法旧9条1・2項）。これに対しては、満18歳以上の者に対する選挙権付与が欧米諸国における趨勢となっているとして、わが国でもそれに倣うべきだという主張が根強かった。2007年（平成19年）に制定された「日本国憲法の改正手続に関する法律」は、憲法改正国民投票の投票権を「年齢満十八年以上の者」に付与し（3条）、併せて同法が施行される2010年（平成22年）までに、選挙権取得年齢および成年年齢を満20歳以上とする公選法および民法その他の法令の（いずれの年齢も満18歳以上に引き下げる方向での）見直しを行うことを定めていたが、後者はすぐには実現せず、そのため憲法改正国民投票の投票権年齢も満20歳以上に据え置かれた（同法附則（平26法75）2項参照）。しかし、2015年（平成27年）に選挙権年齢を満18歳以上に引き下げる公選法改正が実現、翌2016年（平成28年）から施行され、2018年（平成30年）からは改憲国民投票の投票権も満18歳以上の者に認められた。同じく2018年には成年年齢を満18歳に引き下げる民法改正も実現し（施行は2022年（令和4年）4月1日から）、ここに「満18歳以上の成年者による普通選挙」制度が完成を見た。
　被選挙年齢に関しては、公職選挙法は、衆議院議員、都道府県議会議員、市町村議会議員および市町村長は満25歳以上、参議院議員および都道府県知事は満30歳以上と、いずれもかつての選挙権取得年齢の満20歳以上よりも高く定めているが（10条1項1～6号）、上述した選挙年齢年齢の引き下げに伴い、被選挙年齢の引き下げも今後の検討課題となって来よう。

選挙権・被選挙権の制限

　公職選挙法11条1項は、選挙権・被選挙権を有しない者として、①成年被後見人（1号）、②禁錮以上の刑に処せられ、その執行を終わるまで、あるいはその執行を受けることがなくなるまでの者（2・3号）、③公職にある間に収賄罪やあっせん利得罪を犯して刑に処せられ、刑の執行を終わり、もしくは刑の執行免除を得た日から5年経っていない者、または刑の執行猶予中の者（4号）〔なおこのうち前者に対しては、刑の執行終了または免除から5年が経過した後、さらに5年間被選挙権が停止される（11条の2）〕、④選挙犯罪により禁錮以上の刑に処せられその刑の執行猶予中の者（5号）を列挙している。選挙犯罪によって選挙権・被選挙権を有しない者については、252条に詳細な規定がある（11条2項）。②および③は、一般に「公民権停止」と呼ばれることが多い。これらの制限は、選挙権・被選挙権が公務参加資格の側面を有することから、公務遂行能力の欠如（①の場合）や選挙の公正の保持（②③④の場合）を理由とする合理的なものといえる。最高裁判所は、選挙犯罪に係る公民権停止は国民の参政権を不当に奪い違憲であるという主張に対して、「選挙の公正はあくまでも厳粛に保持されなければならないのであって、一旦この公正を阻害し、選挙に関与せしめることが不適当とみとめられるものは、しばらく、被選挙権、選挙権の行使から遠ざけて選挙の公正を確保する……ことは相当であるからこれを以て不当に国民の参政権を奪うものというべきではない」と判示している（前出・最大判昭30・2・9）。また、選挙事務の総括責任者、出納責任者および組織的選挙運動管理者等の選挙犯罪により候補者本人の当選が無効となり当該選挙に係る選挙区での立候補が5年間禁止される「連座制」（公選法251条の2、251条の3）も、民主主義の根幹をなす公職選挙の公明、適正を保持するために必要かつ合理的な規制であり違憲ではない（最大判昭37・3・14、最一小判平9・3・13）。

在宅投票制度廃止をめぐる問題

　重度の身体障害者に在宅のままで投票することを認める在宅投票制度（1948年［昭和23年］衆議院議員選挙法改正により採用、1950年［昭和25年］公職選挙法で継承）は、不正利用による選挙違反事件の多発を理由として1952年

（昭和27年）に廃止された。この在宅投票制度の廃止およびその後同制度を復活する立法措置がとられていないことが，重度身障者の選挙権行使を不可能にするので違憲であるという国家賠償請求の訴えに対して，第一審（札幌地裁小樽支判昭49・12・9）は，「選挙権は，……憲法の基本原理である国民主権の表現として，国民の最も重要な基本的権利に属する」ものなので，身体障害等により選挙当日投票所に行くのが困難な者にとって事実上選挙権を奪うに等しい在宅投票制の廃止は，制度悪用によって生ずる弊害の除去という立法目的を達成する手段としてより制限的でない他の選びうる手段が存在しない場合でなければ許されないといういわゆる「LRA（less restrictive alternatives：「より制限的でない他の選びうる手段」という意味）の基準」により，憲法違反であると判示した。しかしその上告審で，最高裁は「憲法には在宅投票制度の設置を積極的に命ずる明文の規定が存在しないばかりでなく，かえって，その47条……が投票の方法その他選挙に関する事項の具体的決定を原則として立法府である国会の裁量的権限に任せる趣旨であることは，当裁判所の判例とするところである」と判示している（最一小判昭60・11・21）。

　なお，第一審判決に先立って1974年（昭和49年）に行われた公職選挙法改正により，在宅投票制の一部が復活している（49条2項）。

在外邦人に対する国政選挙権の制限

　かつて在外邦人には国政選挙での投票がまったく認められていなかったところ，これが選挙権の侵害にあたり違憲であるという国家賠償請求の訴えが起こされた。第一審に係属中の1998年（平成10年）に公職選挙法が改正され，衆議院議員および参議院議員の比例代表選挙での投票が認められたが，最高裁判所は，国民の選挙権またはその行使の制限は，必要やむを得ない事由がなければ許されず，それは国の不作為によって選挙権を行使できない場合にも同様であるとしたうえで，衆参両院議員の選挙区選挙での投票を在外邦人に認めていない公選法の規定を違憲と判示した（最大判平17・9・14）。この違憲判断を受けて，選挙区選挙についても在外投票を認める公選法改正が2006年（平成18年）に行われている。

選挙運動の自由の制限

　選挙運動の自由は参政権の行使を実質化する重要な自由であるが，公職選挙法は，この自由に対して広汎な制限を行っている。最高裁は，事前運動の禁止（129条）や戸別訪問の禁止（138条）を，選挙の公正の確保を目的とする必要かつ合理的な制限であると判断している（前者は最大判昭44・4・23，後者は最三小判昭56・7・21）。

学習課題
(1) 選挙権の法的性質に関する権利一元論を採った場合と通説的な二元論を採った場合とで，どのような解釈論上の相違が生ずるのかを検討しよう。
(2) 公職選挙法251条の2および251条の3で規定されている連座制によって，当選して議員となった者が失職した最近の事例（選挙違反事件での有罪判決確定を受けて議員自らが辞職した場合も含む）を調べよう。

第12章 社会権

1 社会権の登場

　18世紀末，アメリカやフランスで採択された人権宣言の影響を受け，19世紀にヨーロッパ諸国で制定された憲法では，普遍的な人間の権利としての自由権だけでなく，私的自治の原則により国民相互の合意を尊重するが，それで解決できない場合に公的な判断を求める受益権，さらに国民が国政に参加することを認める参政権が明文で保障されていた。このような権利保障，とくに経済的自由の保障は，19世紀をしてそれまでのどの時代よりも大きな経済的発展をもたらすことになった。その一方で自由主義経済つまり資本主義経済は，より一層効率的な経済運用を目指し，その結果として富の集中を引き起こし，それに成功した少数の資本家と，その資本家の下で自らの労働力を賃金と引き替えに売る多数の労働者という二極化を進展させた。経済の発展はまた好況不況の波の振幅を大きくし，不況時にはとくに多くの失業者を生むことにもなり，より一層貧富の差が拡大することにもなった。

　19世紀諸憲法が期待し，そのための権利として保障した国民各々の自由な努力ではこれらの問題には対処しきれなくなった。19世紀の末から20世紀の初めにかけてこのような事態がより深刻化することになった。そこでこうした問題に国の積極的な働きかけが求められることになる。そうした国の関与を求める新たな試みとして登場したのが社会権であり，それを明文化した最初の憲法として1919年8月に制定されたワイマール憲法が挙げられるのが一般的である。人間の権利とされた経済的自由の中核たる所有権に「義務を伴

う」との枠をはめ（153条3項），「経済活動の秩序は，すべての者に人間たるに値する生活を保障する目的を持つ正義の原則に適合しなければならない」（151条1項）との規定を置いた。

　一方，自由主義経済，資本主義経済の発展にともなうさまざまな弊害に対しては，19世紀においてもそれを克服する方法が主張されていた。サン・シモンやシャルル・フーリエ，ロバート・オーエン等により主張された社会主義である。彼らに続き，さらに科学的に基礎づけられた理論を展開したのがカール・マルクスであり，フリードリッヒ・エンゲルスである。このふたりにより共産主義者同盟の綱領として執筆され，1848年に発表された『共産党宣言』はとくに重要である。それによると，資本主義経済はいずれ崩壊し，新たな枠組みが現れる。そこでは経済活動がすべて国の管理の下に置かれ，国民の経済的自由は全面的に否定される。その代わり国民の生活面に関しては国がそれを全面的に保障するというものである。こうした国家を指導するのが共産党であり，そのような国家が社会主義国家であるという。19世紀においてはこれはあくまで一つの考え方の域を出ないものであったが，1917年，ロシアで起きた二度の革命において現実のものとなる。

　メキシコ連邦憲法はこの1917年に制定された憲法であり，ワイマール憲法に先立ち，社会権規定を明文で定めた。社会権規定は，自由主義経済，資本主義経済の発展にともなうさまざまな弊害への対処という面だけでなく，自由主義国家の社会主義国家に対する対抗策という面をあわせもってもいるのである。

　しかし，社会主義国家の国民生活に対する国家による全面的保障は，経済の分野における国家管理，つまり計画経済の下で行われ，国家にはそれを実現する義務があるのに対し，自由主義国家での社会権の保障は自由主義経済を維持しつつできる限り国民生活の向上を図ろうというもので，そこにはおのずから限界がある。この点で，社会権のなかでも中核をなす生存権をめぐる議論の推移を見ていくことにする。

　ところで，以上見てきた社会権は，19世紀諸憲法で保障された権利と異なり，その権利を実現するためには国がその国民に対し直接具体的に金銭や現物を給付することにより行われる。そもそも国民の権利を保障するとは，国

がそれを侵害することをしないようにする、つまり「障」りにならないように「保」つことである。その典型的な権利が自由権であり、そのような自由権の保障をより確実にするため、受益権や参政権が加えられた。社会権の実現はこれらの権利の保障とはそれに対する国の対応が異なるのである。そのため、社会権を20世紀的権利としてそれ以前の権利（19世紀的権利）と区別したり、国家のあり方に着目して、社会権を社会国家的権利としてそれ以前の権利（自由国家的権利）と区別したりされる。

2　生存権

　憲法25条1項は、「すべて国民は、健康で文化的な最低限度の生活を営む権利を有する」と規定し、国民の生存権を認めた。しかし、その一方で日本国憲法は、22条および29条で従来の経済的自由をも保障している。つまり日本国憲法は自由主義を前提としたうえで、国民の生活向上を図ろうとするものである。そのため、この権利の性格をめぐり種々の見解が主張されてきている。

　初期に主張された見解は、プログラム規定説である。この考え方は、ワイマール憲法下で主張されたもので、生存権を含む社会権は、国民がその実現を国に要求できるものではなく、そうした方向での施策を国が講ずべき政治的目標、つまりプログラムを規定したものであるとする見解である。ワイマール憲法には先に見たように、権利の語は使われておらず、従来の経済的自由の保障との整合性を維持するには妥当な見解である。

　しかし日本国憲法では「権利」の語が用いられており、権利性をほとんど認めないこうした考え方には厳しい批判が寄せられた。

　そこで次に、生存権の法的権利性を認める見解が登場する。それでも憲法の規定のみを根拠にその実現を要求することまではできないが、それを実現する立法措置が講じられれば、それを通じて25条の趣旨を充当することができるとの考え方である。これを抽象的権利説という。しかしこの見解は立法がなされていない場合にはもちろん、立法の内容が不十分である場合にも、

結局はプログラム規定説と大きな違いがないことになる。

そこでさらにそうした場合には，十分な立法措置が講じられないこと自体が25条に違反するとして，立法を促すために，立法不作為の違憲確認訴訟を提起することができるとの見解が現れる。これを「具体的」権利説というが，見たように直接権利の実現を裁判所に求めることまで認めているわけではないので，普通に用いられる具体的権利なる語を使用することは誤解を招くことになる。具体的権利とは憲法が保障していることだけを根拠にその実現を求めることのできる権利をいうからである。さらにこの見解で主張される立法不作為の違憲確認訴訟が実際の訴訟類型として認められるか，また認められるとして，違憲の判決が出た場合，それを実現すべく国会に立法を義務づけることは，権力分立に反することにならないか，というような問題がある。

最近は，このような「」つきでない具体的権利，つまり言葉どおりの具体的権利だとする見解もあるが，例外的な場合に限りという制限からもわかるように憲法の一般的な解釈としては支持しがたい。

このように，生存権の法的性格をめぐってはどの見解でも国に直接その実現を求めることが困難で，そうだとすればそれを憲法上の「権利」とすること自体を避けようとの考え方もある。戦後のドイツの憲法はワイマール憲法のいわば後継憲法であるが，そこにはワイマール憲法と異なり，「人間たるに値する生活」を保障する規定はない。「以下の基本権は，直接に妥当する法として，立法，執行権および司法を拘束する」（1条3項）からにはそのような保障はできないからである。その代わり，「民主的かつ社会的連邦国家」として国を基礎づけた。このような傾向は，戦後しばらくして制定された比較的新しい憲法にはよく見られ，生存権を国民の権利として規定するのでなく，国により実現されるべき義務として規定する傾向がある。もちろん単なる努力目標でないことはいうまでもない。

生存権に関する判例
　朝日訴訟
　　長期結核療養患者として入院中の朝日茂は，生活保護により月額600円の日用品費と給食付きの医療費の現物給付を受けていたが，実兄より月額1500

円の送金を受けることになったため，福祉事務所は日用品費支給を打ち切り，医療費の一部負担として残金900円の支払いを求める保護変更決定を行った。朝日は県知事，厚生大臣に不服を申し立てたが，却下されたのでその裁決の取り消しを求めて提訴した。一審では原告が勝訴した（東京地判昭35・10・19）が，控訴審は厚生大臣の裁量の範囲内として原告敗訴の判決を下した。上告審での審理中に原告が死亡したため，最高裁は上告人死亡により本件訴訟は終了したと宣言したが，「念のため」として憲法25条は具体的権利を定めたものではないが，生活保護法により国の保護を受ける権利は認められる。しかしその内容は厚生大臣の裁量により決定されるとし，司法的救済の範囲を限定した（最大判昭42・5・24）。10年に及ぶこの裁判を通じて，生活保護基準は段階的に引き上げられることになった。

堀木訴訟

全盲の堀木文子は国から国民年金法に基づき障害福祉年金を受給しており，離別した夫との間の子を独力で養育していた。児童扶養手当法に基づき子の扶養手当の受給資格認定の申請をしたところ，公的年金との併給を禁止する規定により却下された。それに対する異議の申し立ても棄却されたため，併給禁止は憲法25条に違反し，さらに児童扶養手当法による手当は，その実質的な受給権者は児童であると考えられ，母が障害福祉年金を受給している児童は手当を受給し得ず，母が障害福祉年金を受けていない児童との間で合理的理由なく差別する結果になり，憲法14条に違反するとして提訴したところ，一審はその主張を認め原告勝訴の判決を下した（神戸地判昭47・9・20）。控訴審は，憲法25条の1項と2項を最低限度の生活保障義務と生活水準の向上努力義務と捉え，国民年金法と児童扶養手当法は2項の努力義務に該当し，その内容には立法裁量の余地が広く認められ，併給禁止もその範囲内だとし，原告敗訴の判決を下した。上告審では25条全体をプログラム規定と捉え，広い立法裁量を認め併給禁止も違憲でないとし原告敗訴の判決を下した（最大判昭57・7・7）。一審の違憲判決後，国会は法律を改正し，併給を認めたが，最高裁判決後に再び併給を禁止する改正を行った。

3　教育を受ける権利

　教育を受けることを妨げられないという自由権的権利（この権利は19条や23条で当然，また13条においても保障されている）ではなく，国は国民が教育を受けることができるように積極的な施策を講じなければならないという意味で，この権利は社会権の一つであるとされてきた。もちろん国民の権利であるから学齢期の子供だけに限らず，社会人教育などを通じてすべての国民の権利とされるが，やはり重要なのは学齢期の国民が教育を受ける権利である。そのために教育の機会均等を保障するという点に重点が置かれた。つまり，経済的理由で十分な教育を受けられない場合，教育を受けることができるように国に積極的な関与を求める権利だと理解された。このような理解は，義務教育制度の整備と徹底化により，かなりの程度実現され，その結果，こうした社会権的捉え方にとどまらず，自由権的に捉える考え方が登場する。

　すなわち，教育を受ける権利とは子供が自ら成長するために学習する権利と捉えられ，子供が自由で独立した人格として成長することを国が妨げるような介入（たとえば誤った知識や一方的な観念を子供に植えつけるような内容の教育を施すことを強制するようなこと）をしてはならないとして，子供が適切に学ぶことの妨害を禁ずる権利（子供の学習権）と捉えるようになってきた。

　それはまた，具体的な教育内容を決めそれを施すのは，国の役割なのか，それとも教育を受ける国民の側にあるのかという問題ももたらすことになった。いわゆる教育権の所在をめぐる問題である。前者を国家教育権説といい，後者を国民教育権説という。

　国家教育権説は，国民の負託を受けた国が教育内容を決定実施するというもので，それは結局のところ国民主権原理とそれを実現する議会制民主主義により行われることになり，国民も間接的に関与するというものである。一方，国民教育権説は，具体的教育内容の決定実施は親や教師を含む国民が行うことであり，国の役割は教育制度などの大枠を提供するにとどまるというもので，実質的には親から負託を受けた教師がそれを決定するというものである。結局教育権をめぐる対立は，それを国すなわち文部科学省がもつのか，

教員すなわち日本教職員組合（日教組）が自由に決めることができるのかという点に収斂する。最高裁は，旭川学テ判決で，子供の学習する権利を妨げる国の介入は許されず，教育を施す側も子供の学習する権利を充足させる範囲でその自由が認められると，国と国民のいずれか一方にのみ教育権があるという考えを退けた。

義務教育の無償とは授業料が無料であるということで，授業を受けるに際して必要な経費まで含むことは望ましくはあるが，法律判例とも，そこまで認めてはいない。

4　勤労の権利と義務

勤労とは労働のことであり，「勤労の権利を有」するとは国に働くことを直接求めることを保障したものではなく，国はそれらをできうる限り提供する義務を負うということで，これもまた社会権の一つである。働く意思と能力がある国民に対して，国はその機会を提供する義務があるということである。また「勤労の義務を負ふ」というのもその意思に反し働かせることは憲法18条が禁じており，経済的自由を保障していることからも働かない自由を禁じているわけではない。ただその能力があるにもかかわらず働かずに国に生活の保障を求めることはできない。

賃金の基準は最低賃金法，労働条件の基準は労働基準法の定めるところであり，これらも19世紀においては合意に基づいて自由に決めることができたが，今日では多くの国で法律で一定の基準を設けるのが一般的である。

児童の酷使を禁ずるのも今日では当然のことであるが，従来の事例に鑑み明文で定めることにしたものである。

5　勤労者の権利（労働基本権）

勤労者とは労働者のことであり，28条はその団結権と団体交渉権，団体行

動の権利を保障する。労働者とは「職業の種類を問わず、賃金、給料その他これに準ずる収入によつて生活する者」（労働組合法3条）をいい、公務員も含まれると解するのが通説である。27条2項で賃金や労働条件の基準を法定すると定められていても、それは最低限の基準であり、その基準以上であれば合意に基づき自由に決めることができるとした場合、使用者と個々の労働者との関係では労働者側が不利な立場に置かれることが多い。そこで、使用者との交渉にあたり、労働者が個別に対応するのではなく、集団として交渉することにより、両者対等の関係を作り出すことが求められる。

団結権

　団結する権利とは、賃金や労働条件の維持向上を求めて使用者と対等に交渉するために団体を作りそれに加入する権利をいう。この団体は普通、労働組合と呼ばれる。使用者側にとってはこうした団体はないほうが望ましいが、団結権を侵害する行為は「不当労働行為」として禁じられる（労働組合法7条）。労働組合はその団結の程度が強ければ強いほど使用者との交渉に有利なことはいうまでもない。そのため、労働組合が使用者との間で結ぶ労働協約に、新たに雇い入れる場合組合加入を義務づけたり、組合を脱退したり除名された場合、解雇を義務づけたりする制度がある。組合員以外を雇い入れることができない場合をクローズド・ショップ、雇い入れるときに組合加入を義務づける場合をユニオン・ショップという。労働組合法はユニオン・ショップ制を認めているが（7条1項但書）、他の労働組合に加入したり、あるいは新規に労働組合を結成した場合、これを解雇することは解雇権の濫用だとする判例がある。

団体交渉権

　労働組合が使用者と交渉する権利を団体交渉権という。使用者は正当な理由なく団体交渉を拒むことはできない（労組法7条2項）。労働組合と使用者とが団体交渉で取り決めた内容を記載した文書を労働協約といい、これは法的拘束力を有する。労働協約に違反する労働契約は無効である。

団体行動権

　団体行動をする権利とは賃金や労働条件の維持向上を求めて労働者が団体として行う一切の行為をいう。団体交渉もその一つであるが、ここではそれ以外の行為をいう。

　つまり団体交渉で決着がつかない場合、使用者側に組合の要求を受け入れさせるべく圧力をかける種々の手段であり、争議行為と呼ばれるものである。争議行為について労働組合法は「同盟罷業その他の争議行為」とするのみで、ストライキ以外の行為の内容については明示していない。しかし、「正当なもの」である場合には使用者に損害賠償請求権を認めず、民事免責を規定する（8条）。したがってどの行為までがそれにあたるかは重要な問題である。一般にはストライキのほか、ピケッティング（ストの職場監視）、サボタージュ（怠業）、ボイコット（不買運動）などが挙げられ、そのほかに腕章やリボンの着用、ビラ貼りなどの行為も含まれるとされる。

　「正当なもの」であるかどうかについてはその目的と手段により判断される。賃金や労働条件の維持向上を目的としたものが正当なものであることには異論はないが、使用者のほうでその実現を期すことができないことを目的とする、たとえば政治ストなどは正当なものとは認められない。また、サボタージュの一手段として不良品を故意に製造するなどの行為は正当とは認められない。

労働基本権の制限

　以上の労働者の団結権、団体交渉権、団体行動権（争議権）を総称して、労働三権または労働基本権という。28条はこれらを保障したもので、正当に行われる限り民事上はもとより刑事上の責任も問われない。しかし、これらの労働基本権も法律により制約される。

争議権の制限

　安全保持施設の正常な維持、運行を妨げる行為は争議行為としても行えない（労働関係調整法36条）。公益事業関係当事者の争議行為には事前の通知が必要であり（同37条）、緊急調整の決定があった場合には争議行為が禁止さ

れる（同38条）。また，電気事業および石炭鉱業にかかわる者の行う争議行為の方法には制限が定められている（電気事業及び石炭鉱業における争議行為の方法の規制に関する法律）。

公務員の労働基本権の制限

　労働者には公務員も含まれるが，公務員の場合には民間企業の労働者と異なり労働基本権に種々の制限が設けられている。

　警察職員，消防職員，海上保安庁職員，刑事施設において勤務する職員，防衛省職員には労働三権のすべてが認められていない。国際連合の専門機関である国際労働機関（ILO）が採択した87号条約にも「軍隊及び警察に適用する範囲は，国内法令で定める」（9条1項）とし，各国の国内法に委ねている。

　非現業（技能労務職以外の職種）の公務員には団結権だけが認められ，現業（技能労務職）の公務員，地方公営企業の公務員，公共企業体の職員には争議権は認められていない。公務員が労働者であるとすると，このような制約は憲法に反することになるが，学説判例とも一律に違憲とするのは少数説にとどまる。

　初期の判例は，国民の権利は公共の福祉に反しない限り保障されるものであり，公務員は全体の奉仕者（15条）であるため，一般の勤労者とは違って特別の取り扱いを受けるのは当然であるとして，こうした制限を合憲としていた。しかしその後，公務員の労働基本権は私企業の労働者のそれとは異なる制約を内包してはいるが，その制限は必要最小限度のものでなければならず，ストライキやサボタージュのような単純な不作為に対する刑事罰による制裁は，やむを得ない場合に限ると判断された（全逓東京中郵事件，最大判昭41・10・26）。この判断は，都教組事件（最大判昭44・4・2）や仙台全司法事件（最大判昭44・4・2）でも維持されたが，全農林警職法事件（最大判昭48・4・25）では公務員の争議行為は国民全体の共同利益に大きな影響を及ぼすものであり，刑事罰でそれを禁じることも憲法に違反しないとされ，その後の判例はこれを踏襲している。

学習課題 (1) 社会権の性質を自由権との対比で示そう。
(2) 教育権について説明しよう。
(3) 労働基本権について述べよう。

第13章 新しい人権

1 「新しい人権」の概念

　憲法第3章は，個別的な国民の権利・自由を規定しているが，これらの規定は「人権カタログ」と呼ばれることがある（15条－40条参照）。もっとも，憲法が保障する人権は，必ずしもカタログに明示されたものに限られるわけではない。憲法13条は，「すべて国民は，個人として尊重される」ことを明らかにするとともに，「生命，自由及び幸福追求に対する国民の権利」というものを規定している。ここにいう「国民の権利」は，憲法が保障する人権全体のことを指していると考えられるが，これは「（広義の）幸福追求権」と呼ばれ，憲法に個別的に規定された国民の権利・自由は，その一部を明示したものにすぎない。

　憲法に明示されていない権利であっても，政治・社会・経済の変化を背景に，幸福追求権の一つとして，判例や学説において憲法上の権利であると認められるようになったものがあり，そうした権利（「狭義の幸福追求権」）は，「新しい人権」と呼ばれる。新しい人権は，幸福追求権に加えて，憲法25条の「健康で文化的な最低限度の生活を営む権利」や憲法前文などから導き出されることもあるが，その例として挙げられるものは（名称も含めて）必ずしも一定していない。以下では，新しい権利として主張されている代表的なものとして，プライバシー権，自己決定権，環境権に検討を加える。

2　プライバシー権

私法上の権利としてのプライバシー権

　プライバシー権は，当初，国家ではなくマスメディアなどの私人に対して主張される，いわゆる私法上の権利として成立し，その意味を変容させながら発展してきた経緯をもっている。プライバシー権という権利があるとする考え方は，19世紀のアメリカにおいて唱えられ始めたが，当時，それは「ひとりにしてもらう権利」と理解されていた。この権利は，当時のマスメディアによる私生活を侵害する記事や写真の公開を違法とするための根拠として語られたものであった。

　こうしたプライバシー権の理解は，今日においても有効な部分もあるが，その後，アメリカでは範囲を拡大させ，個人的事柄を自ら決定できる権利（同性愛，妊娠中絶，延命治療の拒否）などもプライバシーの内容とされている。今日の日本では，これよりもやや狭く，プライバシー権を「自分に関する情報をコントロールする権利」とする理解が支配的であり，ここには，上記の「ひとりにしてもらう権利」のほかに，容ぼう等を撮影されない権利（これは「肖像権」と呼ばれることがある），さらには，いわゆる個人情報の開示や訂正などを求める権利などの内実も備えたものと考えられている。

　わが国の判例においてプライバシー権の概念が初めて現れたのが，「宴のあと事件」判決（東京地判昭39・9・28）である。この事件では，三島由紀夫の小説「宴のあと」のモデルとされた人物が，自分がモデルであることを読者に意識させながら空想あるいは想像によって私生活をのぞき見するような描写を行っている，として，プライバシー侵害を理由とする謝罪広告および損害賠償を請求した。東京地裁はプライバシー権を「私生活をみだりに公開されないという法的保障ないし権利」と理解したうえで，プライバシーの侵害に対し法的な救済が与えられるためには，公開された内容が①私生活上の事実または私生活上の事実らしく受け取られるおそれがある，②一般人の感覚を基準として公開されることによつて心理的な負担，不安を覚えるであろうと認められる，③一般の人々にいまだ知られていない，という条件が満

たされることが必要であるとしている。小説によるプライバシー侵害を認めた例としては，さらに，「逆転」事件判決（最三判平6・2・8）や「石に泳ぐ魚」事件（最三判平14・9・24）がある（もっとも，前者の判決では「プライバシー」という用語を用いず，個人には「みだりに前科を公表されない法的利益」があるとしている）。

憲法上の権利

　上記の諸判決では，プライバシー権が憲法上保障された人権であるのか，という点は必ずしも明確にされてはいなかったのに対し，憲法上の権利であることを明らかにした判決として，京都府学連事件最高裁判決がある（最大判昭44・12・24）。この事件では，デモに際し，警察官が，公安委員会が附した許可条件に違反するとして写真撮影したことの違法性が問題となった。最高裁判決は，憲法13条は「国民の私生活上の自由が，警察権等の国家権力の行使に対しても保護されるべきことを規定している」という見解を明らかにしたうえで，個人の私生活上の自由の一つとして，何人も，その承諾なしに，みだりにその容ぼう等を撮影されない自由を有する，と述べている。もっとも同判決は，こうした自由も，公共の福祉のため制限を受けることは同条の規定に照らして明らかであり，犯罪捜査の必要上写真を撮影する際に犯人ではない個人の容ぼう等が含まれていても，許容される場合がありうるとしている。それは，現に犯罪が行われもしくは行われたのち間がないと認められる場合であって，証拠保全の必要性および緊急性があり，かつその撮影が一般的に許容される限度をこえない相当な方法をもって行われるときである，という。

　このように判例は，「みだりにその容ぼう等を撮影されない自由」を新しい人権として認めるとともに，それが公共の福祉のため制限を受けること，その制限が許容される基準を明らかにした。同様の理論および基準に立って判例は，速度違反車両の自動撮影を行う自動速度監視装置による運転者の容ぼうの写真撮影についても，憲法13条に違反するものではないという結論を導き出している（最判昭61・2・14）。

個人情報の保護

「自分に関する情報をコントロールする」という意味での個人情報の保護のための法制度は，ようやく21世紀に入り，わが国で一般的な形で導入された。個人情報保護法は，「個人情報は，個人の人格尊重の理念の下に慎重に取り扱われるべきものであることにかんがみ，その適正な取扱いが図られなければならない」（3条）として，個人情報保護の根拠が「個人の人格尊重の理念」にあることを明らかにしている。この趣旨は，個人情報を取り扱うすべてのものに妥当するものと考えられるが，行政機関における個人情報の取り扱いに関しては，特別に「行政の適正かつ円滑な運営を図りつつ，個人の権利利益を保護すること」をその目的とする「行政機関の保有する個人情報の保護に関する法律」（行政機関個人情報保護法）が制定されている（1条参照）。

同法は，行政機関における個人情報の取り扱いの諸原則を規定するほか，①自己を本人とする保有個人情報の開示を請求できる，②個人情報の内容が事実でないと思料するときは，訂正を請求できる，③事務の適正な遂行に著しい支障を及ぼすおそれがあると認められるときを除き，個人情報の利用停止を請求できるといった規定を置くことにより，国民が行政機関の保有する自分の情報をコントロールすることができる仕組みを設けている。

3　自己決定権

すでに触れたように，アメリカでは，プライバシー権は個人的事柄を自ら決定できる権利を含むものと考えられているが，わが国では，こうした権利は「自己決定権」と呼ばれることが多い。もっとも，「自己決定」という概念は漠然としたものであり，憲法が保障する自由をすべて含むものと考えることもできるが，ここでは憲法が明示的に保障していない権利，すなわち幸福追求権の一つとして位置づけられている。学説によれば，自己決定権は具体的に，①自己の生命，身体の処分（例：治療拒否や尊厳死），②家族の形成・維持（例：結婚・離婚），③リプロダクション（例：避妊・堕胎），④その

他（例：服装・身なり，喫煙・飲酒，登山・ヨット等）の事柄において問題とされる（佐藤幸治『憲法』460頁参照）。

　もっとも，これらの事柄において，つねに自己決定権が認められるわけではなく，また仮に認められたとしても，それはプライバシー権と同様に，公共の福祉のための制限に服する。これらの問題については，学説・判例においても十分な議論の展開を見ていないのが現状である。

　自己決定権の問題は，民事事件のなかで私法上の権利として現れている。すなわち，「エホバの証人」信者輸血拒否事件では，患者が，自己の宗教上の信念に反するとして，輸血をともなう医療行為を拒否するとの意思を示していたにもかかわらず，担当医師は，事前に説明することなく，患者を救うことができない可能性が高いと判断して輸血をした。この事実を知った患者が医師と病院を相手どって慰謝料を請求した事件において，最高裁判決（最三判平12・2・29）は，担当医師らは事前の説明を怠ったことにより，患者が輸血をともなう可能性のあった手術を受けるか否かについて意思決定をする権利を奪ったことにより同人の人格権を侵害したものとして請求を認めている。もっとも，本判決では「意思決定をする権利」が，憲法上保障されたものであるか否かについては，何も述べられていない。

4　環境権

　新しい人権としての環境権の内容については，必ずしも理解が一致しているわけではない。たとえば，①環境汚染によって生命・健康などを害されない個人の権利，②環境汚染の排除・予防を請求できる「良き環境を享受し，かつそれを支配しうる権利」，③良い景観や整備された道路などに対する権利，といった理解が見られるが，その根拠としては，憲法13条のほかに，①のように理解する際には25条が挙げられることもある。どの理解が適切かについては，ここでは立ち入らないが，環境権という概念を主張する狙いは，何らかの環境の悪化を「違法な権利侵害」と構成することによって，裁判でこれを争うことを容易にするという点にある。もっとも，判例において環境

権を憲法上の権利と認めた例はない。また，1993年（平成5年）に制定された環境基本法も，環境の保全を「責務」と捉えており，環境権の概念は理論上のものにとどまっているといわざるを得ない状況である。

学習課題 | (1) 新しい人権とは何か，どのように憲法から導かれるのかを説明しよう。
(2) プライバシー権を憲法上の権利とした判例について説明しよう。
(3) 自己決定権や環境権は，判例において憲法上の権利として認められているか明らかにしよう。

第14章 国民の義務

1 国民の義務

　近代憲法は，国家権力を制限し，国民の権利を保障することを目的としている。それゆえ，憲法における義務は，公権力の行使に携わる者に対して課される。日本国憲法でも，99条において，「天皇又は摂政及び国務大臣，国会議員，裁判官その他の公務員は，この憲法を尊重し擁護する義務を負ふ」と定めている。それゆえ，憲法で国民に義務を課すことはさほど重要なことではないとされる。その一方で，人権の衝突を防止する目的で国民に義務を課す場合には，国民の代表機関である議会の立法に基づくことを必要とし，憲法にある国民の権利を侵害することは許されない。

　日本国憲法第3章の「国民の権利及び義務」では，「教育を受けさせる義務」「勤労の義務」「納税の義務」という3種類の具体的な義務を定めている。明治憲法下では，憲法で兵役の義務と納税の義務を定め，小学校令で教育の義務を定めていたが，憲法9条で軍隊の不保持が明記されたため，兵役の義務がなくなり，新たに勤労の義務が取り入れられることとなった。

　この3種類の義務以外にも，12条は，「この憲法が国民に保障する自由及び権利は，国民の不断の努力によつて，これを保持しなければならない。又，国民は，これを濫用してはならないのであつて，常に公共の福祉のためにこれを利用する責任を負ふ」とし，「自由・権利の保持義務」「自由・権利を濫用しない義務」「自由・権利を公共の福祉のために利用する義務」を定めている。12条と具体的な義務の関係については，12条は一般的義務規定であり，

国民の具体的義務を明らかにしたものではなく，精神的な指針を示したものにすぎないとする説が一般的である。三つの具体的義務はより重要な義務について一般的義務と併記したものであり，具体的な法的義務としての意味合いはないとされている。

2　教育を受けさせる義務

　教育は，人間として成長していくためだけでなく，人が生活していくために必要な知識や技術を身につけていくためにも必要不可欠なものである。それゆえ，憲法26条1項では，「すべて国民は，法律の定めるところにより，その能力に応じて，ひとしく教育を受ける権利を有する」とし，教育を受ける権利をすべての国民に保障している。
　教育を受ける権利を保障するためには，国が学校制度を構築し，教育に必要な施設をつくり，教師を養成するなどの施策を行う必要がある。それゆえ，教育を受ける権利は，国に対し，教育に関する基盤を整備するよう国民が要請するものである。しかし，国がこの義務を果たせば，すべての国民に教育を保障するということにはならない。実質的には，教育を受ける者の責任も必要となるからである。それゆえ，26条2項では，「すべて国民は，法律の定めるところにより，その保護する子女に普通教育を受けさせる義務を負ふ。義務教育は，これを無償とする」と定め，子女を保護する国民に対して，教育を受けさせる義務を課しているのである。
　ここでいう普通教育とは，すべての国民が受けることのできる教育のことである。この義務として行われる普通教育を義務教育という。義務教育は，教育基本法や学校教育法において詳細に定められているが，小学校6年間および中学校3年間の合計9年間の教育を意味し，高等普通教育を行う高等学校は含まれない。
　教育を受ける権利の保障に対して，保護する子女に教育を受けさせる義務を負うのは，第一次的には，親，親権者ないしは後見人である。この規定は，勤労の義務のような道義的規定ではない。親が自分の子女に義務教育を受け

させなかった場合には，学校教育法144条にあるように，罰金が処せられる。ただし，保護者の経済的理由によって，就学困難と認められる場合には，市町村が必要な援助を与えるものとされており，市町村が二次的に義務を負うことになっている。

「義務教育は，これを無償とする」という規定は，義務教育に必要なすべての費用を子女を保護する親に負担させるのではなく，国や地方公共団体も財政的負担を分担することを明記している。無償とは，国が義務教育を提供するにつき，その対価を徴収しないということであり，その対価は授業料である。したがって，義務教育の無償とは，授業料の不徴収と解するべきであり，学校生活に必要な教科書，学用品，給食費などは保護者が負担すべきものとされている。ただし，実際は，教科書は無償となっている。

3　勤労の義務

20世紀に入り，社会国家化が進むとともに，「勤労の義務」が各国の憲法で規定されるようになった。明治憲法では，勤労の義務に関する規定は置かれなかったが，日本国憲法27条は，「すべて国民は，勤労の権利を有し，義務を負ふ」と定めることとなった。

27条は，すべての国民に対し，勤労の権利と勤労の義務があることを明らかにしている。勤労の義務とは，労働能力がある者は，自らの勤労によって，自己の生活を維持していく義務を負うことを意味する。したがって，この義務は，国が国民に労働の義務を課し，その義務を果たさなかった場合には，罰則が科されるという性質のものではない。勤労の能力のある者は，社会に有用な仕事をすることによって，自ら生計を立てていくべきであるという道義的義務を宣言したものにすぎず，一定の法的権利性を認めたものと考えられている。

ただし，近年，労働者に対して単に道義的な義務を課したものと考えるだけでは不十分とする見方もある。国が公共職業安定所などを通じ，積極的に雇用支援をしていることなどから鑑みれば，勤労の能力や機会があるにもか

かわらず，勤労の義務を果たさない者に対しては，国はその生活を保障する責任を負う必要はないと考えるものである。勤労の義務を果たさない者が一定の不利益を被ることを許容する考えといってもよいであろう。たとえば，生活保護法60条では「被保護者は，常に，能力に応じて勤労に励み，支出の節約を図り，その他生活の維持，向上に努めなければならない」とし，雇用保険法32条では，「受給資格者（訓練延長給付，広域延長給付又は全国延長給付を受けている者を除く。以下この条において同じ）が，公共職業安定所の紹介する職業に就くこと又は公共職業安定所長の指示した公共職業訓練等を受けることを拒んだときは，その拒んだ日から起算して1箇月間は，基本手当を支給しない」としている。

4　納税の義務

　国家を存立させ，国政を運営していくためには，国の財政を支える財源が必要となる。その財源となるのが国民から強制的に徴収される租税である。国民がこの租税を納めることが納税であり，これを義務化したものが納税の義務である。

　憲法30条では，「国民は，法律の定めるところにより，納税の義務を負ふ」と定め，国の活動に必要な財源を国民が負担することを義務としている。国民の納める税金によってのみ，国家が継続できることからして，この義務は，憲法の規定によって生じるものではなく，国民の当然の義務と解されている。この義務を果たさなかった場合には，所得税法などの法律で罰則が設けられており，納税の義務は法的義務となっている。

　憲法84条では，「あらたに租税を課し，又は現行の租税を変更するには，法律又は法律の定める条件によることを必要とする」と定めている。この規定は，納税の義務を国会の視点から再度確認したものとする考え方もあるが，国民の視点から見て，租税が公平かつ平等に課せられるためには，国民の代表機関である議会の定める法律がそのあり方を決定すべきであるということを明らかにしたものである。これを「租税法律主義」という。

憲法の規定によれば、納税の義務の主体は、「国民」となっているが、国民だけでなく、個人、法人、人格のない社団、在留外国人にも納税の義務を課している。具体的には、租税立法によって納税の義務を負う者がその主体とされ、義務の内容やその方法については、所得税法などによって具体的に示されている。

学習課題
(1) 国務大臣には、憲法尊重擁護義務が課されているので「憲法を改正すべきである」という発言は慎まなければならないのだろうか。憲法21条の表現の自由とはどのような関係にあるだろうか。
(2) 近年、定住外国人が増えているが、子女を保護する定住外国人も教育を受けさせる義務を負わねばならないのだろうか。

第15章 国　会

　日本国憲法は,「そもそも国政は,国民の厳粛な信託によるものであつて,その権威は国民に由来し,その権力は国民の代表者がこれを行使し,その福利は国民がこれを享受する」(前文1段2文)として,国民主権の下に代議制(議会制民主主義・間接民主制)を採用することを謳っている。そして,本文中には第4章国会として,41条から64条の24か条の規定を置いている。
　そのなかでとくに重要で基本となる条文が,41条,42条,および43条である。すなわち,「国会は,国権の最高機関であつて,国の唯一の立法機関」(41条)であるとして国会の地位と権能の基本が定められ,「国会は,衆議院及び参議院の両議院でこれを構成する」(42条)として二院制(両院制)をとり,「両議院は,全国民を代表する選挙された議員でこれを組織する」(43条1項)として,国会の構成が定められている。

1　国会の地位

国民の代表機関
　憲法では,「両議院は,全国民を代表する選挙された議員でこれを組織する」(43条1項)と定められていることから,国会は国民の代表機関であるとされる。憲法が「全国民を代表する」と規定したことは,国会を構成する議員は個々の選挙区や支持母体の代表ではなく,当選し国会議員となったときから,国会においては,何ものからも拘束されず,全国民の代表として自らの判断において行動すべきであるという意味が込められている。このこと

を,「自由委任」または「命令的委任の禁止」と呼ぶ。

一方,現代の議会政治は政党の存在を抜きに考えることはできず,複数の政党が存在することは民主政治の条件でもある。日本国憲法には政党に関する規定はないが,憲法は政党の存在を当然の前提としていると考えられ,政治資金規正法,政党助成法などの法律が政党の活動を認め,その活動を助成するとともに,一定の規制をかけている。

今日,国会議員はいずれかの政党に所属して活動するのが普通であり,政党は党としての政策実現と規律維持のため,国会議員の行動に政党による拘束(党議拘束)をかける。そのため,国民代表としての議員の地位と党議拘束による議員の活動の規制が問題になる。

国権の最高機関

憲法は国会を「国権の最高機関」(41条)と位置づけている。このことは,いかなる意味をもつのであろうか。憲法は立法権を国会(41条),行政権を内閣(65条),司法権を裁判所(76条1項)のそれぞれに委ね,三権分立をとっている。これは国家の統治権(国権)を三権に分割し,それをそれぞれ別個の機関に与え,三権相互間の抑制と均衡を図り,三権間の相互監視によって権力の集中と濫用を防止することで,憲法で保障された国民の自由と権利を保障することを目的としている。

したがって,その構成員が国民の選挙によって選ばれる国会といえども,他の二権を上回る法的権力をもつ最高機関であると考えることはできない。しかし,その構成員が国民の選挙によって選ばれるということは,他の二権にはない国会だけの特徴である。このことは国会が主権者である国民の意思を直接反映した機関であるということで,その意味で国会は政治的に見て最高機関であると考えることができる。これが国会が「国権の最高機関」であるということの意味であると一般に考えられている。この考え方を政治的美称説と呼んでいる。

国の唯一の立法機関

国会は,「国の唯一の立法機関である」(41条)。ここで,「立法機関」とは,

単に法をつくるということではなく，法の分類のなかで「法律」と呼ばれる法をつくるという意味である。では，法律とは何なのかというと，国民の権利・義務に関する法規範である，といわれてきた。すなわち，国民の権利を制限したり，新たな義務を課したりするためには，国民の代表者で構成される国会による立法を通じて行わなければならないということである。たとえば，新たな税金を導入したり，税率を引き上げたりするときは国会のつくる法律によらなければならないという租税法律主義（84条）は，その一例である。しかし，今日では（国民の権利・義務に関する）一般的・抽象的法規範と考えられるようになっている。

また，「国の唯一の」というのは，このような国民の権利・義務に関する法律については国会による立法だけが認められ，他の機関はそのような法をつくることができないという意味である。しかしながら，このことは国会が一切の立法権を独占するということを意味しない。憲法自身が認めているように，内閣は政令制定権（73条6号）をもち，裁判所は規則制定権（77条1項）をもっているように，国会以外の国の機関においても一定の立法が認められている。そして，国以外については，憲法は地方公共団体に条例制定権（94条）を認めている。

したがって，国会が国の唯一の立法機関であるということは，国会だけが「法律」制定権をもち（国会中心立法），国会の議決だけで「法律」が成立するという（国会単独立法）ことを意味すると解されている。

2　選挙制度

民主政治では，自治・自律が基本をなすといわれる。そこでは，有権者が集まって審議し議決する，また特定の事項を直接の投票で賛否を表明する直接民主制が連想される。しかし，今日においては，有権者が代表者を通して意思決定をする代表民主制が一般的な民主政治のあり方になっている。国民の代表機関が議会であり，その代表者を選出する機会が選挙である。

選挙区制

　選挙を行うにあたって，その単位となる区域が選挙区である。一選挙区あたりの議員定数が1名の場合を小選挙区制，2名以上の場合を大選挙区制という。1994年（平成6年）に改正されるまでの衆議院議員選挙では，総定数を都道府県に配分し，配分議席の多い都道府県は定数を原則3から5名の選挙区に区分し，それを中選挙区制と称してきた。これはわが国の制度の特異性を強調する通称であり，理論的には大選挙区制に分類される。

　大選挙区制は定数が複数なので，投票にはいくつかの記名方法がある。1名だけを書かせるのが単記制，複数の候補者名を書かせるのが連記制である。連記制では，定数と同数の連記をさせるのが一般的であり，それを完全連記制という。定数よりも少ない数の連記しか認めないのが制限連記制である。この区分は日本独自のものであり，欧米では定数と同数の連記をさせない方法をすべて制限投票制としている。なお，連記制において同じ候補者への複数の投票が許されるのが累積投票制である。

代表制

　当該の選挙区で投票の多数を獲得した者に議席を与えるのが多数代表制である。その典型が最多得票者を当選者とする小選挙区制である。さらに，得票率に関係なく最多得票者を当選者とする相対多数代表制と，有効投票の過半数獲得者を当選者とする絶対多数代表制に分けられる。また，世界でもまれであったわが国のいわゆる中選挙区制は，得票順に定数まで当選者とされたので，多数代表制に分類された。しかし，大選挙区制でも単記制であることから，定数が多くなるほど当選に必要な得票率が小選挙区制よりも下がり，少数派にも議席獲得の機会が増すことになる。そこで，少数代表制と呼ばれたこともある。

　政党や候補者連合の得票に比例して議席を比例配分するのが比例代表制である。議席配分方法には多くの計算方式があり，どの方式を選択するか，またそれをどの範囲の選挙区の得票に適用するかで，比例配分するといっても議席配分に多少の違いが出る。わが国では，衆議院参議院ともに計算方式は，各党の得票数を1，2，3，……の整数で割っていき，その商の大きい順に

議員定数に達するまで議席配分するドント式を採用している。ただし，選挙区は，衆議院が全国を11ブロックに区分した地域別に集計し配分，参議院が全国で集計し配分する。

比例代表制は，投票方法や当選者決定方法により，単記移譲式と名簿式に大別される。有権者が投票用紙に記載された候補者に順位をつけて投票するのが単記移譲式であり，政党が用意した候補者名簿に投票するのが名簿式である。

名簿式には，いろいろな方式がある。政党が決めた候補者の順位をそのまま認めて投票するのが厳正拘束名簿式であり，名簿に記載された候補者にしか投票できないが候補者の順位を変更することが可能なのが単純拘束名簿式である。また，名簿の候補者に順位がついてなく，個人票を獲得した順番に名簿の順位となるのが非拘束名簿式である。日本の衆議院に比例区は厳正拘束名簿式，参議院の比例代表は非拘束名簿式である。

選挙制度には，すべての要素を満たす完全なものはない。制度それぞれに，目指す民主主義観や重点を置く要素が異なる。たとえば，多数代表制のなかの小選挙区制は，安定した多数派の形成（機能する多数派政府の形成）機能，つまり「民意の統合」機能をもつ。これに対して，比例代表制は，民意への対応力を基本にした議会形成機能，「民意の反映」機能をもつ。したがって，一つの現象を単純に長所，短所といったように判断できないし，意味がない。どのような民主主義観に基づいた議会づくりを目指すかが決まれば，それにふさわしい選挙制度の答えが出てくる。

3　国会の構成

二院制（両院制）

憲法は，「国会は，衆議院及び参議院の両議院でこれを構成する」（42条）として二院制（両院制）を採用している。すなわち，衆議院と参議院の両院で国会が成り立っているのであり，一院だけの国会（一院制）は憲法の認めるところではない。仮に，参議院を廃止して衆議院だけの国会とするために

は、憲法を改正しなければならないことになる。二院制をとる意味は、国会を二院にすることで、国会の審議を慎重にし、一院の暴走を抑止することで、両院相互間の抑制と均衡を図るという権力分立の考え方が反映されている。

また、諸外国では、アメリカのように上院を州の代表機関、下院を国民の代表機関と分けたり、イギリスのように上院は貴族院、下院は国民代表機関として、それぞれ別の代表機関とする例が見られるが、わが国では「両議院は、全国民を代表する選挙された議員でこれを組織する」(43条1項)として、衆議院(下院)と参議院(上院)のいずれもが国民代表機関とされている。しかし、判例では、参議院は地方代表機関の性格をもつとするなど、実際上は両院の選挙制度の違いによる性格の違いが認められる。

国会議員の選挙については、「両議院の議員及び選挙人の資格は、法律でこれを定める」(44条本文)とし、また「選挙区、投票の方法その他両議院の議員の選挙に関する事項は、法律でこれを定める」(47条)とされ、これらの規定を受けて公職選挙法が制定されている。ただし、両議院の議員および選挙人の資格は、「人種、信条、性別、社会的身分、門地、教育、財産又は収入によって差別してはならない」(44条但書)として、憲法は普通選挙制をとることを定め、制限選挙制をとることは認められない。

衆議院

国会は二院制をとるが、両院は対等ではなく、内閣総理大臣の指名や法律案の議決等で衆議院の優越が認められている。これは、衆議院には解散があり、よりよく国民の意思を反映し、参議院に比べ国民代表機関としての性格が強いことから認められたものと考えられる。衆議院議員は、任期4年であるが、衆議院解散の場合はその期間満了前にその任期が終了する(45条)。

衆議院議員の定数は465人で、そのうち、289人を小選挙区選出議員、176人を比例代表選出議員とすると定められている(公職選挙法4条1項)。この選挙制度は、「小選挙区比例代表並立制」と呼ばれている。選挙権は、日本国民で年齢満18年以上の者(同法9条1項)、被選挙権は、日本国民で年齢満25年以上の者(同法10条1項1号)に認められている。衆議院議員の選挙は、すべての議員を一度に選出することから、「総選挙」(同法31条)といわれる。

参議院

　参議院議員は，任期6年で3年ごとに議員の半数が改選される（46条）。参議院議員の定数は248人で，そのうち，100人を比例代表選出議員，148人を選挙区選出議員とすると定められている（公職選挙法4条2項）。

　選挙権は，日本国民で年齢満18年以上の者（同法9条1項），被選挙権は，日本国民で年齢満30年以上の者（同法10条1項2号）に認められている。選挙権年齢は衆議院議員の場合と同じであるが，被選挙権については衆議院議員の場合より5歳高い年齢が定められている。これは，「理性の府」「良識の府」ともいわれる参議院の役割に配慮したものと考えられるが，現実は衆議院同様，参議院も政党政治の場と化している。なお，衆議院議員の選挙は総選挙といわれるのに対し，参議院議員の選挙は，3年ごとに定期的に行われることから，「通常選挙」（同法32条）といわれる。

4　国会の活動

会　期

　国会は1年中開かれているわけではなく，限られた期間に集会し活動している。その活動期間を「会期」と呼ぶ。会期として，日本国憲法は，常会（通常国会），臨時会（臨時国会），および特別会（特別国会）の三つを区別している（52条・53条・54条1項）。

常　会

　常会は毎年1回1月中に召集され（52条，国会法2条），会期は150日とされている（同法10条）。常会においては，次年度予算の審議が中心となる。

臨時会

　臨時会は，内閣が必要があると認めたときに召集され，また，いずれかの議院の総議員の4分の1以上の要求があれば，内閣はその召集を決定しなければならない（53条）。

特別会
　特別会は，衆議院が解散され，総選挙の日から30日以内に召集される国会で（54条1項，国会法1条3項），ここではまず内閣総理大臣の指名が行われる（67条）。ただし，衆議院の任期満了による総選挙が行われたとき，総選挙から30日以内に召集される国会は特別会ではなく，臨時会と呼ばれる（国会法2条の3）。

　会期の延長
　国会の会期は，国会法で150日と定められている常会を除き，臨時会と特別会は，両院一致の議決で定められ（国会法11条），いずれも両院一致の議決により会期を延長することができる（同法12条1項）。ただし，延長は，常会は1回，特別会と臨時会は2回までと定められている（同2項）。

会期制における原則
　会期不継続の原則
　国会の意思は，各会期ごとに独立のものとみなされ，会期中に議決に至らなかった案件は，原則として，次の会期に継続しない（国会法68条）。これを会期不継続の原則という。したがって，会期中に議決に至らなかった案件は，会期終了とともに廃案となる。

　一事不再議の原則
　会期中にすでに議決された案件と同じ案件については，同一会期中に再び審議することができない。これを一事不再議の原則という。国会運営の慣習上の原則であり，明文の規定によるものではない。たとえば，会期の冒頭で内閣信任案が可決されると，その会期中には内閣不信任案を提出することができない。

緊急集会
　国会の両院は，同時活動・同時閉会が原則であるが，衆議院解散中に国に

緊急の必要があるときは，内閣は，参議院の緊急集会を求めることができる（54条2項）。これが，参議院の「緊急集会」である。緊急集会においてとられた措置は，臨時のものであり，次の国会開会の後10日以内に衆議院の同意がない場合には，その効力を失う（同条3項）。

会議の原則

定足数

一般に，合議体が活動するために必要な最小の出席者数を定足数という。定足数には，議事を開き審議するために必要な最小人数である議事定足数と，意思決定を行うために必要な議決定足数があるが，憲法はこの二つを区別していない。すなわち，「両議院は，各々その総議員の三分の一以上の出席がなければ，議事を開き議決することができない」（56条）と定足数を定めている。

定足数が満たされて，議事が開始され，議決に至る。議決の方法は，憲法に特別の定めがある場合を除き，「出席議員の過半数でこれを決し，可否同数のときは，議長の決するところによる」（56条2項）。

会議の公開

両院の会議は公開が原則である。しかし，出席議員の3分の2以上の多数で議決したときは，「秘密会」を開くことができる（57条1項）。両議院は，各々その会議の記録を保存し，秘密会の記録のなかでとくに秘密を要すると認められたもの以外は，公表しかつ一般に頒布しなければならない（同条2項）。各議員の表決も，出席議員の5分の1以上の要求があれば，会議録に記載しなければならない（同条3項）。

本会議と委員会

国会の両院には，それぞれ本会議と委員会があり，委員会審議を経て採決された後，本会議で審議し議決する。アメリカの議会制度にならったもので，「委員会中心主義」といわれ，委員会での審議が議案の成否を左右する。委員会には常任委員会と特別委員会がある（国会法40条）。常任委員会は，その

部門に関する議案を審議し，衆参両院にそれぞれ17の常任委員会が置かれている（同法41条）。

また，各院においてとくに必要があると認めた案件または常任委員会の所管に属しない特定の案件を審査するために特別委員会を設置することができる（同法45条）。

5　国会と議院の権能

衆議院と参議院の両院から成る国会に与えられた権能と，衆議院および参議院にそれぞれ与えられた権能が区別される。前者を国会の権能，後者を議院の権能と呼ぶ。

国会の権能

国会の主な権能には，法律の議決権（59条），予算の議決権等の財政の監督権（60条，83条以下），条約の承認権（61条・73条3号），内閣総理大臣の指名権（67条），弾劾裁判所の設置権（64条），および憲法改正の発議権（96条）がある。

　法律の議決権

国会は，「国の唯一の立法機関」（41条）として，法律をつくることが国会の最も重要な職務であり，法案の審議・議決が国会における議員の職務の中心である。ここにいう法律とは，国会が制定する法規範（形式的意味の法律）であり，その内容は，かつては国民の権利を制限し，義務を課すような法規範と考えられてきたが，今日ではこれよりも広く，およそ一般的・抽象的な法規範をすべて含むと考えられるようになっている。

では，国会の法律制定手続はどうなっているのだろうか。まず，国会が開かれなければならない。そのためには，「両議院は，各々その総議員の三分の一以上の出席がなければ，議事を開き議決することができない」（56条）。この定足数が満たされて，議事が開始され，議決に至る。議決の方法は，憲

法に特別の定めがある場合を除き,「出席議員の過半数でこれを決し,可否同数のときは,議長の決するところによる」(56条2項)。こうして衆参両議院で可決されたとき,法律案は法律となる(59条1項)。

しかし,つねに両院で可決されるとは限らないため,両院の議決が異なったときの規定が置かれ,衆議院の優越が定められている。すなわち,「衆議院で可決し,参議院でこれと異なつた議決をした法律案は,衆議院で出席議員の三分の二以上の多数で再び可決したときは,法律となる」(59条2項)。

また,「参議院が,衆議院の可決した法律案を受け取った後,国会休会中の期間を除いて六十日以内に,議決しないときは,衆議院は,参議院がその法律案を否決したものとみなすことができ」(59条4項)る。このように,法律の議決について,衆議院の優越が定められている。

ところで,衆議院で可決した法律案を参議院が否決したとき,衆議院の再可決が行われれば,衆議院単独で法律を制定できるが,二院制を採る以上,できる限り両院の意思が一致するまで討論と妥協がなされることが望ましい。そのため,衆議院で可決した法案を参議院が否決したとき,衆議院は,両院協議会の開催を求めることができる(59条3項)。

両院協議会は,各議院で選挙された各々10人の委員で組織され(国会法89条),協議案が出席協議委員の3分の2以上の多数で議決されたとき成案となり(同法92条),成案は両院協議会を求めた議院で審議され,他の議院に送付する(同法93条1項)。ただし,両院とも成案を修正することはできない(同条2項)。

予算の議決権
財政処理の基本原則として,憲法は「国の財政を処理する権限は,国会の議決に基いて,これを行使しなければならない」(83条)として,国会による財政監督権を定めている。なかでも最も重要なものは,予算の審議・議決権である。憲法は,「内閣は,毎会計年度の予算を作成し,国会に提出して,その審議を受け議決を経なければならない」(86条)と定めている。

国会の審議・議決については,衆議院の優越が認められている。すなわち,予算は,先に衆議院に提出しなければならず(60条1項),参議院で衆議院

と異なった議決をした場合に，両院協議会を開いても意見が一致しないとき，または参議院が衆議院の可決した予算を受け取った後，国会休会期間を除き30日以内に議決しないときは，衆議院の議決が国会の議決となる（60条2項）。なお，この場合の両院協議会は法律の議決の場合とは違い，両院の議決が異なった場合，必ず開かなければならない必要的両院協議会である（国会法85条）。

予算の詳細については第18章2節を参照のこと。

条約の承認権

条約とは，文書による国家間の合意をいい，必ずしも条約という名称をもつものに限られない。条約の締結権は内閣にあるが，「事前に，時宜によっては事後に，国会の承認を経ることを必要とする」（73条3号）。この国会承認については，予算の場合と異なり衆議院の先議権はないが，議決については予算の場合と同様，衆議院の優越が認められている。

参議院で衆議院と異なった議決をした場合に，両院協議会を開いても意見が一致しないとき，または参議院が衆議院の可決した条約案を受け取った後，国会休会期間を除き30日以内に議決しないときは，衆議院の議決が国会の議決となる（61条，60条2項）。両院協議会についても，予算の議決の場合と同様，両院の議決が異なった場合，必ず開かなければならない（国会法85条）。

内閣総理大臣の指名権

内閣総理大臣は，「国会議員の中から国会の議決で，これを指名する」（67条1項）。国会の議決によって，国会議員のなかから内閣総理大臣が選出されることを定めたこの規定は，憲法が議院内閣制を採用したことを示している。その議決については，衆議院と参議院で異なった指名の議決をした場合に，両院協議会を開いても意見が一致しないとき，または参議院が衆議院の可決した指名を受け取った後，国会休会期間を除き10日以内に指名の議決しないときは，衆議院の議決が国会の議決となる（67条2項）。この場合の両院協議会も必要的両院協議会である（国会法86条2項）。

弾劾裁判所設置権

　国会は，罷免の訴追を受けた裁判官を裁判するため，両議院の議員で組織する弾劾裁判所を設置する（64条）。裁判官は，心身の故障のために職務を執ることができないと裁判で決定された場合を除いては，「公の弾劾によらなければ罷免されない」（78条）。ここにいう「公の弾劾」を行うのが弾劾裁判所である。

　裁判官の罷免の訴追を行うのが訴追委員会であり，この委員会も各議院においてその議員のなかから選挙された同数（各10人）の訴追委員で組織される（国会法126条1項，裁判官弾劾法5条）。訴追委員会で罷免の訴追を受けた裁判官を裁判するのが弾劾裁判所であり，各議院においてその議員のなかから選挙された同数（各7人）の裁判員で組織される（国会法125条1項，裁判官弾劾法16条）。

　国会は，弾劾裁判所を設置するが，弾劾裁判所は裁判所であることから，国会から独立し，国会閉会中もその職権を行う（裁判官弾劾法4条）。

憲法改正の発議権

　憲法の改正は，各議院の総議員の3分の2以上の賛成で国会が発議し，国民に提案する（96条1項）。ここにいう「発議」とは，国民に提案される憲法改正案を国会が決定することをいう。この点で，通常の議案の発議（国会法56条）とは異なる。しかし，憲法改正案の原案を国会に提出することも，国会法では憲法改正原案の発議（68条の2）と呼んでいる。そして，この改正原案の発議については，衆議院においては議員100人以上，参議院においては議員50人以上の賛成を要する（同条）。

議院の権能

　各議院に与えられた権能を議院の権能と呼び，国会の権能と区別される。議院の権能には，議院の自律権と国政調査権がある。

議院の自律権

　衆議院，参議院の各議院が他の国家機関や他の議院から干渉を受けず，各

院の内部組織や運営等について自主的に決定できる権能を「議院の自律権」と呼ぶ。これは内部組織に関する自律権と運営に関する自律権に分けられる。

(ア) 内部組織に関する自律権

これには，①会期前に逮捕された議員の釈放要求権（50条），②議員の資格争訟の裁判（55条），および③役員の選任権（58条1項）がある。

①会期前に逮捕された議員の釈放要求権は，これによって行政機関による議員の身体の自由に対する不当な拘束を排除し，議院における審議の自由を確保するものである。

②議員の資格争訟の裁判とは，ある議員が法律で定める議員の資格を備えているかどうかについて争いがあり，その議員の属する議院の他の議員から，議院に対してその点についての判断が求められている場合に行われる裁判をいう。ここにいう法律で定める議員の資格とは，議員がその地位を保持するために必要な資格のことで，法律で定められた被選挙権を有し，かつ兼職禁止規定に反しないことがその資格である。資格争訟については国会法に定めがある（国会法111条－113条）。

③役員の選任権とは，各院の議長や副議長等の役員を選任する権能である。国会法は，議長，副議長，仮議長，常任委員長，および事務総長を役員としている（国会法16条）。

(イ) 運営に関する自律権

これには，①議院規則制定権（58条2項），②議員懲罰権（同条同項）がある。

①議院規則制定権とは，各議院がその内部事項について自主的に議事規則を定めることができる権能のことで，憲法は「両議院は，各々その会議その他の手続及び内部の規律に関する規則を定め」（58条2項）ることができると規定している。

憲法上法律事項とされているものを除き，両議院の自主的な立法に委ねられていると解されるが，実際には国会法が制定され，そのなかで議院内部の事項も定められている。そのため，国会法と議院規則とが矛盾・抵触した場合の効力関係について，規則優位説と法律優位説の対立がある。

②議員懲罰権については，憲法が「両議院は，……院内の秩序をみだした

議員を懲罰することができる。但し，議員を除名するには，出席議員の三分の二以上の多数による議決を必要とする」（58条2項）と定めている。ここにいう院内とは国会議事堂内に限られず，議場外の行為でも会議の運営に関連し，または議員として行った行為で，議員の品位を傷つけ，院内の秩序を乱すことに相当因果関係のあるものは懲罰の対象となると解されている。

懲罰事由にあたる行為については，国会法および各院の議院規則で定められている。懲罰の種類には，公開議場における「戒告」，公開議場における「陳謝」，一定期間の「登院停止」，および「除名」がある（国会法122条）。

国政調査権

憲法は，「両議院は，各々国政に関する調査を行ひ，これに関して，証人の出頭及び証言並びに記録の提出を要求することができる」（62条）と定めている。これが議院の国政調査権である。国政調査権については，その性質，範囲・限界について問題がある。

（ア）国政調査権の性質

国政調査権の性質については，それが国権の最高機関性に基づく国権統括のための独立の権能（独立権能説）であるとする説，および議院の権能（立法権・予算審議権・行政監督権等）を実効的に行使するために認められた補助的な権能（補助的権能説）であるとする説があるが，国権の最高機関性は政治的美称であること，および諸外国の学説・判例を通じて等しく認められている原則であるという沿革上の理由により，一般には，補助的権能説がとられている。

（イ）国政調査権の範囲と限界

国政調査権の範囲と限界については，その性質上，一定の限界がある。第一に，議院の補助的権能であることから，調査目的は，立法，予算審議，行政監督等の議院の憲法上の権能を実効的に行使するためのものでなければならない。

第二に，調査の方法と対象について，権力分立と人権保障の原理からの制約がある。権力分立との関係では，司法権との関係，検察権との関係，および一般行政権との関係が問題となる。司法権の独立との関係で，現に裁判が

進行中の事件について裁判官の訴訟指揮を調査したり，裁判の内容の当否を批判する調査は許されないとされる。

ただし，裁判に関する調査でも，裁判所で審理中の事件の事実を，議院が裁判所と異なる目的（立法目的・行政監督目的など）で，裁判所と並行して調査することは許される。

検察権との関係では，起訴・不起訴に関して政治的圧力をかけることを目的とする調査，起訴事件に直接関係する事項や公訴内容を対象とする調査，および捜査の続行に重大な支障を来す方法による調査は許されない。

一般行政権との関係では，国政調査権は行政事務全般に及ぶが，公務員の職務上の秘密に関する事項には及ばない。

人権保障との関係では，基本的人権を侵害するような調査は許されず，たとえば証人の思想内容等にかかわる質問は許されない。また，証人には黙秘権（38条1項）の保障が及ぶ。

6　国会議員の特権

国会議員は，全国民の代表であることから，その地位にふさわしい活動ができるように憲法上いくつかの特権を認められている。

歳費受給特権等

国会議員は，法律の定めるところにより，国庫から相当額の歳費を受ける（49条）。ここにいう歳費とは，いわゆる給与のことで，一般職の国家公務員の最高の給与額より少なくない額とされている（国会法35条）。国会議員の活動の自由を経済面から保障したものである。さらに，歳費以外にも，退職金（同法36条）や通信等手当（同法38条）などが支給されるほか，各議員に議員会館のなかに事務室が提供され（同法132条の2），公設秘書が3名まで付される（同132条）。

公設秘書のうち2名は議員の職務の遂行を補佐する秘書で，公設第一秘書，公設第二秘書と呼ばれる秘書で，この2名の秘書はすべての議員に付される。

それ以外に「主として議員の政策立案及び立法活動を補佐する秘書」（同条2項）とされる「政策秘書」を1人付すことができる。

政策秘書は、国会議員の立法能力強化を目的に1993年に導入された立法補佐制度であり、年1回実施される高度の資格試験合格者から採用するのが原則である。しかし、それ以外に一定年数の秘書経験者等で研修を受けた者にも資格が与えられる途があるため、実際は長年秘書を経験した者が研修を受けて政策秘書になる例が多数を占め、当初の制度目的から逸脱し、単なる3人目の最高給秘書となっているといわれる。

不逮捕特権

国会議員に不逮捕特権が認められている。しかし、いついかなるときでも逮捕されないのではなく、「法律の定める場合」を除き、「国会の会期中」は逮捕されないのであり、会期前に逮捕された議員は、その議院の要求があれば、会期中これを釈放しなければならない（50条）。その趣旨は、国会の会期中、行政権が議員の身体を拘束することで国会における議員の活動を不当に妨害するのを避け、議院における審議権を保障することにある。したがって、訴追されない権利を認めたものではない。また、「法律の定める場合」とは、院外における現行犯の場合と議員の所属する議院の許諾のある場合がある（国会法33条）。

免責特権

国会議員は、「議院で行つた演説、討論又は表決について、院外で責任を問はれない」（51条）。国会議員の主要な職務は、国会における自由な言論活動を通じてよりよい立法を行い、政府を監視することにある。そのため、院内での言論と意思表明の自由が保障されなければならないことから、このような免責特権が定められている。

ここで免責される責任とは、民事・刑事上の責任のほか、弁護士である議員の弁護士会による懲戒責任などを含む。たとえば、院内での発言が名誉毀損にあたるとして、民法の不法行為責任を問われたり、刑法の名誉毀損罪に問われたりすることがない、ということである。ただし、議員が職務と無関

係に違法または不法な目的をもって事実を摘示したり，虚偽の事実を摘示したりして国民の名誉を毀損したような場合は，免責特権が及ばないと解されている。

学習課題
(1) 国会の地位について，簡潔に説明できるようにまとめよう。
(2) 国会の権能について，簡潔に説明できるようにまとめよう。
(3) 国政調査権の性質と限界について，簡潔に説明できるようにまとめよう。
(4) 国会議員の特権について，簡潔に説明できるようにまとめよう。

第16章 内　閣

1　国政における内閣

　内閣は，内閣総理大臣と国務大臣からなる合議体であり，日本国憲法上，「行政権」が属するとされる国家機関である（65条）。現代国家では，国の政治（国政）が内閣（あるいは，それを中核とする組織である「政府」）を中心に運営される現象が広く見られる。そのプロセスは，以下のようなものである。

　国政のなかで内閣は，内閣総理大臣の政治理念や国家の置かれた政治的・社会的状況などをもとに，その統轄の下にある行政機関である中央省庁（「行政各部」）からの情報を考慮したうえで，国政を方向づける「政策」を策定する。その多くは「法律案」，「予算案」などの形式をとっており，最終的な政策の採否の決定は国会に委ねられる。国会は，提出された政策について公開の場において審議し，議決することによって，「法律」や「予算」という形式の決定を下す。議決された法律や予算は，内閣の統轄の下に置かれる中央省庁によって執行（政策の実施，実行，実現）されるが，その効果ないし評価に関する情報は内閣に報告され，将来の政策の策定において考慮されることになる。

　こうした国政のプロセスにおける，内閣および（その統轄の下にある）中央省庁の役割は，憲法65条の規定する「行政権」の重要な内実をかたちづくっている。具体的には，内閣の国政を方向づける役割は，憲法73条1号の「国務の総理」，中央省庁の予算や法律を執行する役割は，「法律の誠実な執行」という文言によって表現されていると考えられる（参照，中央省庁等改

革基本法4条1項)。

2　内閣の組織と運営

行政権の主体

　日本国憲法は，65条において「行政権は，内閣に属する」と規定し，41条の「国会は……国の唯一の立法機関である」，76条の「すべて司法権は，最高裁判所及び……下級裁判所に属する」という二つの規定とあいまって，権力分立（三権分立）の原則を明らかにしている。ただし，立法権・司法権については，それぞれ「唯一の」，「すべて」という，国会・裁判所のみがその主体であることを強調する文言があるのに対して，行政権については，それに対応するものが見られない。

　このことが示唆するように，行政権は内閣だけではなく，その下にある省庁などの「行政各部」によっても行使されている。多くの学説によると，憲法65条は，行政各部に属する機関による行政権の行使を排除するものではないが，その場合には，それらの機関が内閣の「統轄」の下にあることを要求する。実際に，内閣は行政各部に対する指揮監督権のほか予算・人事権などをもつ。ただし，後述するように，これらの権限は，行政委員会などの「独立行政機関」に対しては大きく制限されている。

内閣の組織

　内閣総理大臣

　「内閣の首長」たる内閣総理大臣の地位は，具体的には，（ア）国務大臣を任命・罷免する（68条），（イ）内閣を代表して，議案を国会に提出し，一般国務及び外交関係について国会に報告し，行政各部を指揮監督する（72条），（ウ）国務大臣の訴追に同意する（75条），（エ）閣議を主宰し案件を発議する（内閣法4条2項）などの諸規定に現れている。

　内閣総理大臣は，国会議員のなかから国会によって指名され，天皇によって任命される。（67条，6条1項）。したがって，参議院議員も内閣総理大臣

に指名されうるが、今日までその例はなく、歴代の内閣総理大臣はすべて衆議院議員から指名されている。

憲法66条2項は、内閣総理大臣および国務大臣は「文民」でなければならないと規定している。この「文民条項」は、憲法9条の原案に対する「芦田修正」（第2章参照）の際、明治憲法下での軍部大臣現役武官制の復活を懸念する極東委員会の強い要請を受けて、加えられたものである。現在の政府見解は、「a. 旧陸海軍の職業軍人の経歴を有するものであって、軍国主義思想に深く染まっていると考えられる者、b. 自衛官の職にある者」以外を文民としているが、a. であることを根拠に文民と認められなかった例はなく、文民とは実質的には自衛官以外の者のみを指すということができる。

内閣総理大臣には、在任中訴追されないという身分上の特典が認められると考えられる。これを明示する規定はないが、国務大臣が内閣総理大臣の同意がなければ訴追されない（75条）こととのバランスからみて、そのように解されている。

国務大臣

国務大臣は、内閣のメンバーすなわち「閣僚」であり、その多くは、行政機関の長としての「各省大臣」でもある（国家行政組織法5条1項）。国務大臣の過半数は、国会議員でなければならず（68条1項）、すでに述べたように、「文民」であることがその要件である。国務大臣の人数は、原則として14名以内であるが、特別に必要がある場合には17名まで認められる（内閣法2条2項）。

ちなみに、イギリスでは国務大臣は、すべて国会議員であることが必要とされている。これに比べると、わが国の制度には、非国会議員が国務大臣となる大統領制的な要素が混合しているようにも見える。しかし、憲法制定時における政府側の説明では、原則として国会議員を国務大臣に任命すべきと考えられており、それ以外の者の任命は、あくまで例外と位置づけられている。国務大臣が国会議員であることを議院内閣制の要素と考える場合には、非国会議員が国務大臣に任命されたとしても、その者は可能な限り次回の総選挙に立候補し国会議員となることが求められることになる。

行政各部

　憲法72条にいう「行政各部」とは，内閣の統轄の下に行政事務をつかさどる機関である「省」，その外局として置かれる「委員会」および「庁」を指している。

　これらの行政機関（内閣府を除く）の「組織の基準」について定めた国家行政組織法は，各省に，その長である大臣のほかに副大臣，大臣政務官，事務次官，秘書官を置くものとしている。このうち，副大臣および大臣政務官は，1999年（平成11年）に「国の行政機関における政治主導の政策決定システムを確立するため」（「国会審議の活性化及び政治主導の政策決定システムの確立に関する法律」参照）に設けられたものであり，原則として国会議員が任用される。また，副大臣・大臣政務官は，内閣総辞職の場合には内閣総理大臣その他の国務大臣と同時にその地位を失うとされており，実質的に内閣と一体をなすものということができる。

　なお，「国が本来果たすべき役割を重点的に担い，かつ，有効に遂行するにふさわしく，国の行政組織並びに事務及び事業の運営を簡素かつ効率的なものとする」ことなどを基本理念とする中央省庁等改革基本法が2001年（平成13年）1月6日に施行されたことにともない，行政各部の構成は，それ以前よりも大幅に簡素化されるとともに，内閣および内閣総理大臣の主導による国政運営を実現するために内閣総理大臣の補佐・支援体制を強化する，という課題に対応して「内閣府」が設置された。2007年1月9日には，従来は内閣府の外局として置かれていた防衛庁が，他の10の省と同格の「防衛省」へと移行している。

行政委員会

行政委員会の起源

　行政委員会とは，上記の行政各部よりも内閣からの独立性を強く認められた機関のことであり，そのため「独立行政委員会」ともいわれる。その原型は，19世紀末以降にアメリカで設立された「独立規制委員会」(independent regulatory commission) であるが，その特徴は，大統領の指揮監督権が及ばな

いという独立性のほかに，規則を制定する権限（準立法権）および紛争を処理する権限（準司法権）をもつことにある。

　独立規制委員会が設立された当時のアメリカでは，鉄道の拡大や産業の全国的発展が鉄道会社の腐敗や経済的混乱を招いており，各州を超えた連邦レベルでの経済的規制が不可避となっていた。その一方，イギリス植民地時代以来の伝統である国家権力に対する警戒心から，大統領のもつ行政権の拡大は，できるだけ制限しようという意識が働いた結果，大統領の統轄下に置かれない規制権限をもつ行政機関という，独特の特徴をもつ独立規制委員会が設立されることになった。

　わが国の行政委員会

　わが国では，連合国の対日政策の一環として，「行政の民主化」とくに官僚行政の排除という目的のために行政委員会が導入されたが，とくに1952年（昭和27年）の独立回復以降はその多くが廃止され，審議会・審査会へと改組されている。

　その理由として，1951年に設置された「政令諮問委員会」の答申では，行政委員会制度は行政機構の民主化に重要な役割を果たしたものの，アメリカと異なり，わが国の社会経済の実態が必ずしもこれを要求するものでなく，組織としても，いたずらに膨大化し，能動的に行政目的を追求する事務については責任の明確化を欠き，能率的な事務処理の目的の達成が困難なことが指摘されている。こうして，「公正中立な立場において慎重な判断を必要とする受動的な事務を主とするものについては，これを整理簡素化して存置する」とされ，当初の趣旨とは違う観点から，行政委員会の組織的整理が図られた。今日でも存続している行政委員会としては，人事院のほかに，公正取引委員会，中央労働委員会，公害等調整委員会などがある。

　これらの行政委員会は，内閣，内閣総理大臣あるいはその他の国務大臣（以下「内閣等」という）の「所轄」の下に置かれるとされるが（独占禁止法27条参照），この言葉には，先に見た行政委員会の独立性というニュアンスが込められている。すなわち，行政委員会の委員長および委員は，内閣等が任意に任命することができず，両議院の同意が必要とされ，原則として，在

任中その意に反して罷免されることもない。さらに，委員は「独立してその職権を行う」とされ，内閣等の指揮監督権に服することはない。

行政委員会の合憲性
　以上のような組織・権限上の独立性をもつ行政委員会については，明治憲法下の「統帥権の独立」を想起する向きもあった。こうした行政機関は内閣の統轄の下にあるとはいえ，憲法65条に違反するのではないかという主張がなされたことをきっかけに，行政委員会の合憲性という問題が論じられることとなった。これに対しては，①行政委員会は，人事，選挙，争いを裁く作用（準司法作用）など政治的中立を求められる事務をつかさどるものであること，②国会は，行政委員会に対して，人事権および報告義務を通じて，内閣と同様にコントロールを及ぼしていることなどを理由に，違憲ではないとする見方が一般的である。

内閣の運営

　内閣法は，「内閣がその職権を行うのは，閣議によるものとする」（4条）と規定し，内閣の権限行使が，そのメンバーである内閣総理大臣および国務大臣の合議による意思決定に基づくことを求めている。

　閣議は，内閣総理大臣が主宰する（内閣法4条2項）。すなわち，内閣総理大臣は閣議において内閣の重要施策に関する基本的な方針その他の案を発議できる。また，各大臣は，内閣総理大臣に案件を提出して，閣議を求めることができる（「閣議請議」と呼ばれる）。

　その他の具体的な閣議の運営については，法令の規定は置かれておらず，明治憲法以来の慣行によっている場合が多い。そのなかで重要なものに，閣議において結論が得られた案件については，すべての閣僚が閣議書に署名（花押）をすることにより，全員一致を確認するという慣行がある。全員一致の慣行は，今日では議院内閣制の一要素である「内閣の国会に対する連帯責任」（66条3項，内閣法1条2項）から導かれるものであると説明されることも多い。しかし，やはり議院内閣制を採用する諸国の閣議では必ずしも全員一致の原則が採られているわけではないことを思うと，明治憲法下の内閣

の慣行が今日に至るまで続いているものと見るべきであろう。

3　内閣の権能——行政権

「行政権」の概念

　憲法65条により内閣に属するとされる「行政権」とは何かという問題については，二つの異なる見解が見られる。まず，権力分立の原則を念頭に置いて，行政権を「国家の作用のうち，立法権と司法権以外のものである」というように定義する「消極説」ないし「控除説」と呼ばれる見解がある。しかし，このような定義の仕方では，行政権の範囲を確定することはできても，その具体的な内容を明らかにすることはできない。そのため，「行政権とは〜である」というように，行政権を積極的に定義しようとする「積極説」も主張されてきたが，現在に至るまで通説的見解となったものはない。

　もっとも，だからといって行政権の内容がまったく不明であるわけではもちろんなく，それに属する内閣の権限を挙げることは難しくない。「行政は，記述することはできるが，定義することはできない」（フォルストホフ）といわれるが，日本国憲法の場合，内閣の事務としての行政権の重要な内容は，憲法73条が列挙する内閣の事務として「記述」されている，と考えることができよう。

一般国政上の権能

　憲法73条は，とくに重要な内閣の事務として，次のものを掲げている。

　法律の誠実な執行

　法律を執行するとは，法律の規定を実施・実現・実行することを意味し，これは内閣というよりも，その統轄の下にある行政各部（中央省庁）の事務といったほうが正確であろう。法律を「誠実に」執行すると規定されているのは，ある法律について内閣が憲法違反ではないかという疑義をもった場合でも，国会が制定したものである以上，その執行を拒否することは許されな

いという意味であると解されている。

　国務の総理
　「国務を総理する」という文言についての理解は，かつては，内閣が行政機関を統轄することであると考えるものと，国政全般にわたり統括処理するという意味に捉えるものとに分かれていた。中央省庁等改革基本法4条1号は，「内閣が日本国憲法の定める国務を総理する任務を十全に果たすことができるようにするため，内閣の機能を強化し，内閣総理大臣の国政運営上の指導性をより明確なものとし，並びに内閣及び内閣総理大臣を補佐し，支援する体制を整備すること」を規定し，後者の意味に採る趣旨を明らかにしている。

　外交関係の処理，とくに条約の締結
　外交関係の処理には広範な事務が含まれるが，憲法上のものとしては，全権委任状および大使・公使の信任状の作成，批准書およびその他の外交文書の作成などがある。条約を締結することも外交関係の処理の一つであるが，3号はとくにこれを取り出して，その締結手続について規定している。同号によれば，条約の締結は，「事前に，時宜によつては事後に，国会の承認を経ることを必要とする」。
　条約とは，広義では，国家間に国際法上の法的関係を設定する約束（国際約束）のことを指すが，国際約束のすべてが国会の承認を経ているわけではない。国会の承認を経ることを必要とする国際約束には，その遵守のために国会の権限，すなわち法律の制定，改廃あるいは存続，一定の財政上の支出を必要とするもののほか，政治的に重要であって，そのために批准を効力発生の要件とするものがある。これらは「国会承認条約」ともいわれ，憲法73条3号にいう「条約」に該当するものとして扱われる。

　官吏に関する事務の掌理
　「官吏」とは，国家公務員を意味する。憲法73条4号は，内閣が国家公務員に関する事務の管理を，たとえば明治憲法下の官制のように内閣が独自に

制定した法規範ではなく，国会の制定する法律の定める基準に従って行うべきことを明らかにしたものである。具体的には，「日本国憲法73条にいう官吏に関する事務を掌理する基準を定める」とする国家公務員法が制定され（国公1条2項），同法に基づき内閣の所轄の下に置かれる人事院が，勤務条件・人事行政に関する「人事院勧告」を行うなどの事務をつかさどっている。

　予算の作成・国会への提出
　予算（案）を作成し，国会に提出することは内閣の専権的事務に属する（詳細は，第18章第2節参照）。

　政令の制定
　国の立法は，国会によって法律という形式で行われているほかに，内閣や中央省庁によって「命令」の形式で行われることがある。命令のうち，内閣の制定するものを「政令」という。
　憲法73条6号は，「憲法及び法律の規定を実施するために」政令を制定する権限を内閣に与えており，法律の規定に根拠をもたない政令の制定は認められない。すなわち，明治憲法8条および9条において規定されていたような，法律から独立した命令（独立命令）や法律に代わる命令（代行命令）は認められない。政令は，「唯一の立法機関」である国会が制定した法律による「立法の委任」があって，初めて制定することができる。立法の委任は，通常，「～は政令で定める」などの文言を法律の条文中に置くことによって行われる。
　なお，政令には，とくにその法律の委任のある場合を除いては，罰則を設けることができない（73条6号但書）。

　恩赦の決定
　恩赦は元来，君主の慈悲という意味合いをもっていたが，今日では，「法の画一性に基く具体的不妥当性の矯正」「他の方法をもってしては救い得ない誤判の救済」「事情の変更による裁判の事後変更」「有罪の言渡を受けた者の事後の行状等に基く……刑事政策的な裁判の変更もしくは資格回復」とい

った合理的な運用の仕方が考えられている（恩赦制度審議会「最終意見書」）。一例として，刑法200条の尊属殺重罰規定が違憲と判示された後，それ以前に本条の適用を受けていた者に対して恩赦が適用されたことがある。

その他の内閣の事務

　以上の事務のほかにも，憲法は個別的に内閣の事務を定めている。すなわち，天皇の国事行為に対する助言と承認，最高裁判所長官の指名および長官以外の裁判官の任命，下級裁判所裁判官の任命，参議院の緊急集会を求めること，予備費の支出，決算の国会への提出，国会および国民に対する国の財政状況についての報告がそれであるが，これらについては各章の解説を参照されたい。

4　議院内閣制

議院内閣制の意義

　議院内閣制とは，政府が議会の信任に基づいて成立している統治機構のことであるが，そこでは議会と政府はさまざまな関係で結ばれており，とくに，下院による政府の不信任と政府による下院の解散という制度を，その特徴とする。日本国憲法が定める次のような国会と内閣との関係に鑑みて，わが国でも議院内閣制が採用されていることに異論はない。①国会の信任を基礎とした内閣の成立（67条1項），②内閣の国会に対する連帯責任（66条3項），③衆議院解散制（69条，7条），④一定数の国務大臣の国会議員との兼任（68条1項）。

　ヨーロッパにおける初期の内閣制度では，内閣は国王と議会という二つの存立基盤をもち，両者からの信任を必要としていた。これを「二元型」の議院内閣制というが，ここでは，議院内閣制の本質的要素は，内閣を媒介とした国王と議会との「均衡」に求められた。これに対して，議会のみが唯一の内閣の存立基盤となった今日の議院内閣制は「一元型」と呼ばれるが，ここでは，内閣の議会に対する「責任」こそが議院内閣制の本質的要素である，

という見方も成立しうる。

内閣総理大臣の指名

内閣は，内閣総理大臣の氏名→内閣総理大臣の任命→国務大臣の任命・認証という手続を経て成立する。

内閣総理大臣の指名は，衆議院・参議院それぞれにおいて行われる投票（単記記名式）において，過半数を得た者に対して行われる。なお，この投票で過半数を得た者がいないときは，さらに上位2人に対する投票（決選投票）が行われ，ここで多数を得た者が指名される。また，衆議院と参議院とが異なる指名の議決をした場合には，両議院協議会を開き，そこにおいても意見が一致しないとき，または衆議院が指名の議決をした後10日以内（国会休会中の期間を除く）に参議院が指名の議決をしないときは，衆議院の議決が国会の議決となる（67条2項）。

組閣の手続

内閣総理大臣の指名を受けた者は，国務大臣の選考を行う。国務大臣の選考が完了すると，天皇は皇居において，内閣総理大臣を任命し，引き続き，国務大臣の任命を認証する。その後内閣総理大臣は首相官邸において，各省大臣，各省長官等の辞令（補職辞令）を交付し，組閣の手続は終了する。

内閣総辞職

内閣総辞職とは，内閣を構成する内閣総理大臣と国務大臣が一体となって，その地位を失うことをいう。これは，内閣の一方的意思で行われ，その結果を国会に通知しなければならない。

内閣が総辞職する場合は，次の三つである。

（ア）衆議院において内閣不信任案の可決または信任議決案の否決があった場合

衆議院において内閣不信任決議案の可決または信任決議案の否決があった場合には，内閣は，10日以内に衆議院が解散されない限り，総辞職しなければならない（69条）。

（イ）衆議院議員選挙（総選挙）後，最初の国会の召集があった場合

　衆議院議員総選挙により，先の内閣総理大臣を指名した衆議院の構成員が，改選されれば，内閣はその存立の根拠を失ったことになるので，内閣は総辞職しなければならない。総選挙の結果，政府与党が多数を占め，再び同一人が内閣総理大臣に指名されることが予想されるときでも，新しい国会から改めて信任を得ることが必要となるため内閣は総辞職しなければならない（70条）。

（ウ）内閣総理大臣が欠けた場合

　「内閣総理大臣が欠けたとき」（70条）には，内閣は総辞職しなければならない。これには，内閣総理大臣が死亡した場合，内閣総理大臣となる資格（国会議員の地位など）を失った場合のほか，自らの意思で辞職した場合も含まれる。

　　総辞職後の内閣の任務

　内閣は，総辞職したのちも，新内閣が組織されるまで引き続き職務を行わなければならない（71条）。「職務執行内閣」とも呼ばれるこの内閣は，もっぱら職務の中断を防ぐために存在するものであり，新たな政策に取り組むようなことは差し控えるべきもの，とされている。実際には，内閣の総辞職後，直ちに国会による首相の指名が行われており，職務執行内閣が実質的に事務処理を行うことはまれである。

衆議院の解散

　憲法69条は，「内閣は，衆議院で不信任の決議案を可決し，又は信任の決議案を否決したときは，十日以内に衆議院が解散されない限り，総辞職をしなければならない」と規定している。

　衆議院の解散は，内閣の助言と承認に基づいて行われる天皇の国事行為であるが（7条），その要件については，とくに定められていない。内閣不信任の議決があった場合に解散を決定することができることは明らかであるが，それ以外の場合にも，内閣は無条件に，つまり自らの判断に基づいて解散を決定できると考えられている。実際にも，これまで行われた衆議院解散は，

内閣不信任の議決がない場合に行われたもののほうが多い。

　ある衆議院解散が無効か否かの判断が求められた訴訟において，最高裁は，それが「高度に政治性のある国家行為」であることを指摘して，裁判所の審査権の外にあるとした。こうした国家の行為は，「統治行為」と呼ばれており，その合憲性についての判断は，裁判所ではなく，政府，国会等の政治部門の判断にまかされ，最終的には国民の政治判断に委ねられていると考えられている（最大判昭35・6・8）。

| 学習課題 | (1) 内閣の構成を明らかにしたうえで，日本国憲法が定める内閣総理大臣の要件，任命までの手続について説明しよう。
(2) 内閣に属する行政権の定義について説明したうえで，日本国憲法が規定する行政権の内容を説明しよう。
(3) 議院内閣制とはどのような仕組みか，日本国憲法の条文を参照しながら説明しよう。 |

第17章　司　法

1　司法権の範囲

　日本国憲法は「すべて司法権は，最高裁判所及び法律の定めるところにより設置する下級裁判所に属する」(76条1項) と定めるが，司法権の範囲については定義していない。その点明治憲法も同様ではあるが，61条で「行政官庁ノ違法処分ニ由リ権利ヲ傷害セラレタリトスルノ訴訟ニシテ別ニ法律ヲ以テ定メタル行政裁判所ノ裁判ニ属スヘキモノハ司法裁判所ニ於テ受理スルノ限ニ在ラス」として，行政事件に関しては司法裁判所の管轄外とされていた。明治憲法が範をとったヨーロッパ諸国ではそのような制度が一般的であり，それは今日においても同様である。一方，行政事件も含めてすべて司法裁判所の管轄とする制度はイギリスおよびアメリカで採用されている。日本国憲法には明治憲法61条のような規定がないことからも，それにならったと解されている。そうしたことからもわかるように，この二種類の制度に優劣があるわけではなく，いずれも歴史的な経緯によっている。

　ただ，明治憲法下において，行政裁判所は東京に1箇所置かれただけで上訴の機会はなく，出訴事由も法律に列挙されたものに限られ，その点で国民の権利保障の観点からは十分なものとはいえなかった。

2　特別裁判所

　憲法76条2項は「特別裁判所は，これを設置することができない」と定める。特別裁判所とは，76条1項の「最高裁判所及び法律の定めるところにより設置する下級裁判所」の系統以外の系統に属する裁判所をいう。特別の身分，特別の事件を処理する裁判所で，明治憲法下での軍法会議，皇室裁判所がその典型的なものといえよう。明治憲法下での行政裁判所も前述のような理由で特別裁判所にあたる。家庭裁判所は少年事件と家事事件を扱うが，前述の系統に属する裁判所であるので，特別裁判所ではない。行政裁判所もこの系統に属する限り特別裁判所ではないので，法律でそうした裁判所を設けることは可能である。

　ただ，憲法はこの点で自ら例外を設けている。国会の両議院で組織する裁判官弾劾裁判所（64条1項）と，両議院で行う議員の資格争訟の裁判（55条）である。

3　裁判官の独立

　憲法76条3項は「すべて裁判官は，その良心に従ひ独立してその職権を行ひ，この憲法及び法律にのみ拘束される」と定める。明治憲法はこうした規定を欠いていたが，憲法に先立って施行された裁判所構成法には司法大臣の司法行政権が「裁判上執務スル判事ノ裁判権ニ影響ヲ及ホシ又ハ之ヲ制限スルコトナシ」（裁判所構成法143条）と定めていた。日本国憲法はこの裁判官の職権の独立を保障するために，78条で裁判官の身分保障をより充実させ，原則的に弾劾によらなければ罷免されず，行政機関による裁判官の懲戒処分はできない。

4　規則制定権

　立法権を国会だけに認めることの例外として，日本国憲法は衆参両議院の規則制定権と並んで最高裁判所の規則制定権を規定する。この権限は大陸法にはなく，したがって明治憲法下においても同様である。英米法では司法権に内在する権限であると考えられ，日本国憲法で採用された。このことから，法律と規則とが抵触する場合，どちらを優先させるかが問題となる。法律優位とする説が多数であるが，実務においてはかつて，裁判所法の規定に抵触するような最高裁判所規則が制定されたが，その趣旨に沿った形ですぐに裁判所法が改正されたため，問題にはならなかった例がある。

5　裁判官の身分保障

　裁判官としての身分が不安定では裁判官の職権の独立をいくら明文で定めても，十分ではない。そのため，裁判官の身分保障を憲法規定とするのが一般的である。明治憲法も「裁判官ハ刑法ノ宣告又ハ懲戒ノ処分ニ由ルノ外其ノ職ヲ免セラルヽコトナシ」(58条2項)としていた。職務を執ることができない心身の故障も裁判による決定で行われることが必要で，単に司法行政上の監督権限者の判断のみで行うことはできない。訴訟手続によることを要する。肺結核で7年あまり療養し治癒しない場合に，最高裁は大法廷の決定でこれを認定した例（最大決昭33・10・28）がある。公の弾劾とは，国会に設けられる弾劾裁判所（64条）による罷免判決をいい，これにより裁判官を罷免させることができる。弾劾とは，非行などの理由で公務員を辞めさせる手続で，日本国憲法の場合，裁判官の場合にのみ認められる。手続は法律（裁判官弾劾法）で定めるが，国会に設けられる裁判官訴追委員会の訴追で開始され，弾劾裁判所が罷免判決を出せば，その裁判官は罷免される。訴追は訴追委員会だけが行えるが，国民は訴追委員会に対し，訴追の請求を行うことができる。現在までの訴追件数は8件で，うち6件に罷免の判決が出ている。

なお弾劾裁判所は罷免された裁判官の法曹資格を回復させる権限ももっており，現在まで6件の資格回復請求が行われ，うち3件で資格回復が認められた。明治憲法下でも裁判官に対する懲戒処分には司法部の自治が認められていた（判事懲戒法）が，日本国憲法ではそれを憲法で定めることにした。懲戒手続は裁判官分限法が定める。なおあとで触れるように，すべての裁判官の報酬は在任中減額することができないため，懲戒処分による減俸は認められず，裁判官分限法に定める懲戒の種類としての戒告と過料のうち，後者に関しては実質的な減額に該当するため，違憲であるとする説もある。

6　裁判官

最高裁判所裁判官

憲法は最高裁判所の裁判官の員数を定めていないが，裁判所法では長官1名と判事14名の15名とする。審理は裁判官全員で構成する大法廷と最高裁の定める員数の裁判官で構成する小法廷で行われる。最高裁判所長官は内閣の指名に基づき天皇により，最高裁判所判事は，内閣により任命される。最高裁判所裁判官の初めての任命は裁判官任命諮問委員会の推薦した30名から長官を含めて15名を任命するという方法が採られた。しかしこの方法が採られたのは初回限りで，それ以降退官する裁判官の出身母体の推薦による方法が採られている。最高裁判所裁判官の任命は「任命後初めて行はれる衆議院議員総選挙の際国民の審査に付（79条2項）」され，10年経過後，同様の審査に付される。国民審査で「投票者の多数が裁判官の罷免を可とするとき（79条3項）」，その裁判官は罷免される。現在まで国民審査により罷免された裁判官はいない。また最高裁判所裁判官の定年は70歳（裁判所法50条）なので，二度目の国民審査を受けるためには50歳代で任命される必要があるが，昭和40年代以降そうした裁判官はおらず，二度目の審査を受けた裁判官は6名だけである。もともとこの制度は公選裁判官の弊害を防止するため，アメリカ法律家協会の推奨モデルに拠ったミズーリ州の制度にならったもので，裁判官指名委員会による推薦，知事による任命と議会による承認，一定期間後の

州民審査がセットになったもので，公選制と任命制とを折衷した制度であった。わが国の場合，現在の制度運用がそうした趣旨に合致しているかどうか，改めて問い直す必要がある。

下級裁判所裁判官

憲法は最高裁判所以外の裁判所をすべて下級裁判所と一括し，法律で定めると規定する。これを受けて裁判所法では，高等裁判所，地方裁判所，家庭裁判所，簡易裁判所の4種類の裁判所を規定する。下級裁判所裁判官が最高裁判所裁判官と異なる点は，任命が最高裁判所の指名する名簿によることと任期が10年であること（80条1項）で，さらに国民審査に付されることがない。また簡易裁判所の裁判官の定年は70歳で，その他の下級裁判所裁判官の定年は65歳である（裁判所法50条）。

最高裁判所による下級裁判所裁判官の指名は従来最高裁判所のみが行ってきたが，2003年（平成15年）から下級裁判所裁判官指名諮問委員会に諮問しその答申に基づき行うよう改められた。10年任期後の再任の場合も同様である。

すべての裁判官について，憲法は在任中の報酬の減額を禁じている（79条6項，80条2項）。身分保障の一環であり，懲戒処分に関しては先に触れたが，財政的な理由により，全裁判官に対する一般的な減額については見解が分かれる。実際には2002年（平成14年）9月，最高裁はこうした対応を合憲とし，裁判官の給与を初めて引き下げた。この制度はアメリカで行われているのにならった制度で，アメリカの裁判官は特定のポストに定額の報酬で就くために，在任中の減額を禁じることが身分保障のために必要だとされた。わが国のとくに下級裁判所の裁判官は，昇級制が採用されており，実際の裁判官任用制度と減額禁止規定とが整合しないとの指摘もある。

7　違憲審査制度

「違憲立法審査」という語を用いることがあるが，憲法が対象としているのは「一切の法律，命令，規則又は処分」であり，立法つまり唯一の立法機

関である国会の制定する法律のみを対象にしたものではない。ことさらに「立法」を強調するのは，「立法」に対する違憲審査が明治憲法下では認められておらず，日本国憲法により初めて認められたからであろう。大陸法系の諸国において裁判所は，議会の制定する法律を適用し事件を解決する役割のみが認められ，法律の内容を憲法に適合するかどうか判断することは許されなかった。議会が憲法に不適合な法律を制定するはずがないと考えられていたためでもある。このことは今日においても同様で，通常の司法裁判所にはこのような権限は認められていない。ただ，とくに第二次大戦後，法律の憲法適合性の判断を議会以外の機関に委ねる傾向が現れ，たとえばドイツの連邦憲法裁判所やフランスの憲法院がその典型である。これらは一般の裁判所と異なり，具体的な事件の解決とは無関係に，法律の憲法適合性の判断（抽象的違憲審査）を行うことができる。

　一方，法律に対する憲法適合性の判断を，通常の裁判所が具体的事件の解決に必要な限度で行うことができる制度がアメリカ合衆国で生まれ発展してきた。日本国憲法と異なり，憲法に明文規定はないが，連邦最高裁判所がある事件を解決するにあたり，そのような権限のあることを自ら認め，それに基づいて判決を下した。1803年のことである。憲法に明文規定がないにもかかわらずこのような権限を行使した根拠は，結局のところ憲法の背後にあり憲法を支えているもの，つまりは実質的意味の憲法に求めざるをえない。アメリカの場合，そうした意味の憲法はイギリスにも求めることができる。実際，イギリスの裁判所は議会が効果的に国王権力の恣意的行使（国王権力の濫用）を制限する機能を果たすまでは，そのような役割を果たす唯一の機関であった。裁判官が国王のいいなりになるようならこうした役割は果たしえず，そのために裁判官の身分保障が強く求められた。独立後のアメリカでは，国王権力濫用の懸念はなくなったが，新たに立法権による権力濫用の懸念が現れた。独立戦争への参加により発言力の強まった人々が州の議会により，自分たちに都合のよい法律を制定し始めたのだ。合衆国憲法はこのようなことに鑑み，州に対し「契約上の債権債務関係を害する法律（つまり借金棒引き法）」の制定を禁じている（合衆国憲法１条10節１項）。立法による権力濫用の典型であったからでもあろう。

国のどのような機関であれ、その委ねられた範囲を超えて権限を行使する、つまり権力の濫用は、それを是正するのが裁判所であるというのは、たとえ憲法に明文規定がなくとも（そもそもイギリスには成文憲法がない）、英米に共通する見方である。1803年の連邦最高裁判所の判決は、このような見方を踏まえ、立法府による権力の濫用、つまり憲法に定められた立法府の権限を越えて制定された法律を違憲無効としたのである。

　しかしこのような裁判所の権限は、あくまで異例のものと考えられたのであろう。二度目の違憲判決は、半世紀以上経過した1857年に下された。さらにこの判決は、奴隷制を容認する内容であったため、かろうじて保たれていた奴隷制反対派と維持派の均衡を破ることになり、国を二分する争い、南北戦争の原因ともなった。戦争終結後、憲法に修正規定が付け加わり、1857年判決は覆ることになった。

　20世紀初め、資本主義経済は大きく発展する一方、経済的格差の拡大、失業の増大、長引く不況といったような、深刻な社会問題ももたらした。とくに1929年に始まる世界恐慌は、その発信地であるアメリカに大きな打撃を与えた。こうした状況に対処するため、政府は経済への積極的な介入を行う政策を採ることになる。1933年に大統領に就任したF.ルーズベルト大統領によるニューディール政策がその典型である。ところがこの政策を実現するための諸法律に対し、経済的自由の保障を侵害するとしてことごとく違憲無効の判決が下される事態が生じた。しかし、ルーズベルトが圧倒的な勝利で再選を果たした翌年、最高裁は従来の判例を変更することになった。

　第二次大戦後、1953年にアイゼンハワー大統領は、共和党大統領候補指名選挙のライバルであったE.ウォレンを連邦最高裁首席裁判官に任命した。彼が首席裁判官を務めた53年から69年までを、ウォレン・コートといい、この間に人身の自由や精神的自由を侵害したり、平等を損なったりする法律に対し多くの違憲判決が下された。

　経済的自由の制限に対しては立法部の意思を尊重し、人身の自由、精神的自由を制限する法律に対しては厳格に審査するという、いわゆる二重の基準が確立するのもこの時期のことである。この傾向は、現在においても維持されている。

第17章　司　法

以上見たように，法律の憲法適合性判断に対しては，ヨーロッパ諸国に見られるような具体的事件を前提にしないで，抽象的に審査する方式と，アメリカに見るような，具体的事件の解決に必要な限り，つまり付随的に法律の憲法適合性を判断する方式の二種類がある。

　日本国憲法の初期の時点で，81条に示された権限をどう解釈するかについて，学説の対立が生じた。この問題は，結局最高裁判所自身が判決のなかで結論づけた。「我が現行の制度の下においては，特定の者の具体的な法律関係につき紛争の存する場合においてのみ裁判所にその判断を求めることができるのであり，裁判所がかような具体的事件を離れて抽象的に法律命令等の合憲性を判断する権限を有するとの見解には，憲法上および法令上何らの根拠も存しない」(警察予備隊違憲訴訟　最大判昭27・10・8)。

　また違憲審査の権限は最高裁判所のみに与えられたものか，それとも下級裁判所にも同様な権限があるかについては，これも最高裁が判決のなかで，後者であることを示した。「憲法81条は，最高裁判所が違憲審査権を有する終審裁判所であることを明らかにした規定であって，下級裁判所が違憲審査権を有することを否定する趣旨をもっているものではない」(最大判昭25・2・1)。

　このように，81条の規定する権限は，アメリカで成立した制度を日本国憲法において明文化したものであるという理解が一般的になったが，明文化されることにより，それをどのように解釈するかという問題が新たに現れてくる。以下，その点を整理して説明する。

違憲審査の対象

　81条は違憲審査の対象を「一切の法律，命令，規則又は処分」としている。ここでいう命令とは行政機関の制定する抽象的な法規をいい，政令，府令，省令，規則など名称のいかんを問わない。規則とはこの場合，国会両院の規則，裁判所規則を指す。地方公共団体の制定する条例は法律に準じて扱われる。処分とは行政機関の具体的な措置をいうが，裁判所の裁判もこれに含められる。

条約の違憲審査

　条約が違憲審査の対象になるかどうかについては見解が分かれる。まず，

そもそも条約が憲法に優位するのか，または憲法が条約に優位するのか，いずれを採るかが問題になる。前者の立場に立てば，条約が違憲審査の対象となりえないことはいうまでもない。81条が条約に触れていないのはこの観点から当然であると考えられる（A説）。後者の立場に立った場合，さらに二つに見解が分かれる。一つは，条約も「一切の法律，命令，規則又は処分」に含まれるとし，違憲審査の対象になるとするものである（B説）。もう一つは，条約も憲法に優位するものではないが，国内法規とは違って，相手国のある国際法規であり，その点で憲法は81条から条約を除いたとするものである（C説）。

　憲法の文理解釈として，B説は採用しがたい。A説，C説はいずれも条約が違憲審査の対象にならない，という点ではかわりがないが，条約によって，憲法の基本原則が変更される（実質的に憲法が改正される）ような場合には，その差は明白である。A説に立てば，憲法改正の手続を経ずに，それより遥かに容易（条約締結に必要な国会の承認は，衆参両議院の意見が一致しない場合，衆議院の議決，出席議員の過半数による議決だけで足りる）に実質的な憲法の改正が行われるからである。

違憲判決の効力

　違憲審査権が行使されて，ある国家の行為（とくに法令）が違憲であるとの判決が下された場合，それはどのような効力を発するのかという点でも見解が分かれる。問題となる国家行為は，その事件に限って無効であるという考え方（個別的効力説）と，違憲判決が出た限り，およそ一般的に問題の国家行為は無効であるとする考え方（一般的効力説）とが対立する。

　付随的違憲審査制度は事件の解決に必要な限度で憲法適合性を判断するということであるので，その限りにおいて違憲無効とされるまでで，これによると個別的効力説が妥当するように思われる。しかし，とくに法令への違憲判決の出たあとでも，その法令が一般的には無効とされないとすれば，法的安定性の面からも問題がある。だからといって，違憲判決に一般的効力を認めてしまうことは，裁判所に一種の立法権を与えることになり，権力の分立という面から見て，どうかと思われる。

結局のところ，違憲判決に対して，他の国家機関がどのような対応を採るかが重要である。裁判所の判断を尊重し，素早く対処するか，あるいは自らの判断を憲法適合的であるとし，現状を維持するか。最終的にはその国家機関の処置に対して，国民がその是非を判断することになろう。

現在までの法令違憲判決
　現在まで，法律の規定を違憲であるとした最高裁判例は11件ある。
　①尊属殺重罰違憲事件。尊属殺人罪を定めた刑法200条を憲法14条１項違反としたもの（最大判昭48・4・4）。
　②薬局距離制限違憲上告事件。薬局の開設等の許可基準の一として距離制限を定めた薬事法６条２項・４項を憲法22条１項違反としたもの（最大判昭50・4・30）。
　③衆議院議員定数不均衡訴訟。衆議院議員選挙区および議員定数を定めた公職選挙法13条別表第１および同法付則７項ないし９項（昭和50年法律63号による改正前のもの）を憲法14条１項に違反するとしたもの（最大判昭51・4・14）。
　④衆議院議員定数不均衡訴訟。同じく公職選挙法13条別表第１および同法付則７項ないし９項（昭和50年法律63号による改正後のもの）が憲法14条１項に違反するとしたもの（最大判昭60・7・17）。
　⑤森林法違憲訴訟。共有物の分割請求を，価額に従い，過半数の持分を有する者以外の者に対して禁止した森林法186条が，憲法29条２項に違反するとしたもの（最大判昭62・4・22）。
　⑥郵便法違憲事件。郵便業務従事者の過失による賠償責任の免除を定めた郵便法68条，73条は，憲法17条に違反するとしたもの（最大判平14・9・11）。
　⑦在外邦人選挙権剥奪違憲確認訴訟。在外邦人の選挙権を制限する公職選挙法は，憲法14条，44条などに違反するとしたもの（最大判平17・9・14）。
　⑧国籍確認請求訴訟。日本国籍を有する父と外国籍女性の間で生まれた婚外子が認知のみならず，父母の婚姻がないと日本国籍を取得できないと定める国籍法３条１項の規定は，憲法14条１項に違反するとしたもの（最大判平20・6・4）。
　⑨婚外子相続分差別事件。非嫡出子の相続分を嫡出子の２分の１とする民

法900条4号但書は憲法14条1項に違反するとしたもの（最大決平25・9・4）。

⑩女子再婚禁止期間違憲事件。女性にのみ離婚後6カ月の再婚禁止期間を定める民法733条1項の規定は，100日を超える部分につき憲法14条1項に違反するとしたもの（最大判平27・12・16）。

⑪最高裁判所裁判官の国民審査に在外国民の審査権行使を認めない国民審査法は，憲法15条，79条等に違反するとしたもの（最大判令4・5・25）。

このうち①を除いて，裁判後直ちに国会は問題の規定を削除もしくは改正した（③は裁判当時すでに改正されていた）が，①の場合は，多数説も立法目的そのものを違憲だとしていないこともあって，長らく改正されなかった。1995年（平成7年），刑法の表記が平易に改正されたことにともない，ようやく削除された。ただし，裁判後最高検察庁は，高裁・地裁で審理中の尊属殺人罪事件を普通殺人罪事件に切りかえるよう通達を出した。⑪についても判決後政府は法整備に向けて検討を進める考えを明らかにした。

このように見ると，最高裁判所の違憲判決に対し，他の機関は，おおむね，それを尊重しているといってよいように思われる。

違憲審査権の範囲

裁判所法は，3条で「裁判所は，日本国憲法に特別の定のある場合を除いて一切の法律上の争訟を裁判」する権限のあることを認めている。

この規定を引用して，ある判決は「現在の憲法下における司法権（は）……一切の法律上の争訟において，憲法上特別の定めのない限り，すべての行為が法規に適合するや否やの判断を為す権限を附与されているものである。従って，当該行為が法律的な判断の可能なものであり，それによって個人的権利義務についての具体的紛争が解決されるものである限り，裁判所は，一切の行為について，それが法規に適合するや否やの判断を為す権限を有し，又義務を負うものである」（東京地判昭28・10・19，いわゆる苫米地事件第一審判決）と述べ，あらゆる国家行為が司法審査の対象になるとした。

これに対して，同じ事件の最高裁判決（最大判昭35・6・8）は「直接国家統治の基本に関する高度の政治性のある国家行為のごときは，たとえそれが法律上の争訟となり，これに対する有効無効の判断が法律上可能である場

合であっても、かかる国家行為は裁判所の審査権の外にあり、その判断は主権者たる国民に対して政治的に責任を負うところの政府、国会等の政治部門の判断にまかされ、最終的には国民の政治判断に委ねられているものと解すべきである」と述べ、法的判断が可能な場合でも、司法審査の対象外であるとしている。

最高裁の見解は、一般には統治行為の理論、あるいは政治問題の理論などと呼ばれ、事柄の性質上、司法審査の及ばない領域を認めるものである。

統治行為の理論は、もともとフランスの行政裁判所がその裁判の対象になりうるものとなりえないものとを区別するために用いた概念で、前者を行政行為、後者を統治行為という。判例で形成されたもので、個々具体的な行為がいずれにあたるかは、そのつど判断される。

政治問題の論理は、これもやはり、アメリカの連邦最高裁判所の判例により形成されたもので、政府の政治的部門の決定を最終的なものとし、裁判所もそれに従うべきだとする考え方である。連邦制度や共和制に関する問題、議会の選挙区の画定などが政治問題だとされてきたが、議員定数不均衡問題に関しては、1960年代に政治問題から外されるなど、その範囲は確定的ではない。

このように、いずれもそれぞれの国の歴史のなかで発展してきたもので、一般的に他の国に適用できるものでもない。

違憲審査の限界

「一切の法律上の争訟」といっても、裁判所も国家機関の一つであり、その権限も憲法によって与えられたものであるとすれば、その権限にはおのずから限界がある。統治行為や政治問題といった概念を用いなくとも、日本国憲法の各条章、および前提から線引きができるであろう。たとえば、憲法がある国家機関に、決定の裁量権を与えていることが明らかな場合、裁判所はその問題に立ち入ることを許されない。また、ある国家機関の内部の問題について、憲法がそれに運営自律権を認めている場合、同様に裁判所はその問題に介入できない。また、裁判所も国の機関であることから、裁判所の判断が国の存立にかかわる場合、裁判所にそのような判断ができないのはいうま

でもない。裁判所に対し，その権限の限界を越えた機能を期待し，それが期待はずれに終わったからといって失望したり，非難したり，というのはあるべき姿勢ではない。しかし，裁判所自身が，その本来与えられた権限を十分行使することをせず，他の国家機関への遠慮や気兼ねといった理由から自己抑制をすることはあってはならない。むしろ，裁判所が憲法問題に積極的な姿勢を示すこと（このことは，積極的に合憲，違憲の判断を下すべきだということを意味するのではなく，法令の憲法適合性が争点となった場合には，それへの明確な回答を示すべきだということを意味する）こそ，主権者である国民に何が問題の核心であるかを知らせ，最終的に問題の事柄に対する是非の判断を下す材料を提供することになるのではなかろうか。

8　裁判の公開

　密室裁判がしばしば絶対的統治者の権力維持に大きく貢献したことに鑑み，近代では裁判が公開で行われるのが一般的である。明治憲法も59条で，日本国憲法と同様に「裁判ノ対審判決ハ之ヲ公開ス」との原則を掲げたが，「但シ安寧秩序又ハ風俗ヲ害スルノ虞アルトキハ法律ニ依リ又ハ裁判所ノ決議ヲ以テ対審ノ公開ヲ停ムルコトヲ得」との但書を置いた。

　日本国憲法は82条2項で，「裁判所が，裁判官の全員一致で，公の秩序又は善良の風俗を害する虞があると決した場合」とさらに要件を厳格にし，「政治犯罪，出版に関する犯罪又はこの憲法第三章で保障する国民の権利が問題となつてゐる事件の対審は，常にこれを公開しなければならない」とした。対審とは，両当事者が裁判官の前でそれぞれの主張をすることをいい，民事訴訟の口頭弁論，刑事訴訟の公判手続がそれである。

学習課題　(1) 司法権の範囲について述べよう。
　　　　　　(2) 司法権の独立の意味について述べよう。
　　　　　　(3) 違憲審査権のあり方について述べよう。

第18章　財　政

1　会計から財政へ

　マッカーサー草案の財政の章冒頭には，「租税ヲ徴シ，金銭ヲ借入レ，資金ヲ使用シ並ニ硬貨及通貨ヲ発行シ及其ノ価格ヲ規整スル権限」（76条）というように，具体的に書かれていたが，日本国憲法では「国の財政を処理する権限」と書かれるのみで，財政の定義づけは行われていない。一般に財政とは，公的機関がその任務を行うために必要な原資を調達し，管理し，支出する一連の作用をいう。日本国憲法は国の財政に関する規定に1章を割き，冒頭の83条で，それを処理する権限は国会の議決に基づかなければならないとの原則（財政国会主義）を明記した。明治憲法では「会計」と題する章に日本国憲法より多い条文で詳細に規定する一方，83条と同様の原則規定をもたない。明治憲法においては財政を処理する権限は天皇の総攬する統治権に含まれ，それは内閣により行われ，議会はそれに協賛するのみという建前が採られていたからである。財政処理の権限を全面的に国会のコントロールに服せしめるという日本国憲法の財政国会主義の原則は，国会の両議院が全国民を代表する選挙された議員で組織（43条1項）されることから，財政民主主義の原則に帰結する。

　この財政民主主義を具体化するため，日本国憲法は，収入面で租税法律主義（84条），支出面で国会議決主義（85条），適正な財政管理に不可欠な予算関連の条文（86・87条），象徴天皇制に伴う皇室財産管理（88条），宗教活動および公の支配に属さない慈善・教育活動への公金支出制限（89条），財政

民主主義の事後的審査制度としての決算制度の諸規定を置いている（90条）。

2　財政民主主義

租税法律主義

　租税とは，公的機関がその任務を行うために構成員から強制的に徴収する財貨をいう。古くは租は米による貢納を意味していたが，今日では金銭により行われる。84条は，新税を課し，現行税を変更するには，「法律又は法律の定める条件によることを必要とする」と定める。ここにいう租税の範囲については，厳密に租税とされるもののほかその外延を相当程度広げる解釈と，できるだけ限定する解釈の二つがある。84条の規定を受けて財政法では「租税を除く外，国が国権に基いて収納する課徴金及び法律上又は事実上国の独占に属する事業における専売価格若しくは事業料金については，すべて法律又は国会の議決に基いて定めなければならない」（3条）と定め，前者の解釈を支持しているようである。ただ，憲法解釈はあくまで憲法の解釈であり，立法政策上の配慮とは一線を画する必要があるのではないかと考えられる。

国費支出および債務負担国会議決主義

　租税法律主義が国の収入に関するのに対し，国費支出および債務負担国会議決主義は国の支出面での財政民主主義の具体化である。現に金銭を支出するだけでなく，将来支出しなければならない義務を負う，つまり債務を負担する場合にも，国会の議決に基づかなければならない。

3　予　　算

　国の収入支出について財政民主主義の原則を具体化するため日本国憲法は，租税法律主義と国費支出および債務負担国会議決主義を規定するだけでなく，内閣に対し会計年度毎に国会に予算を提出し議決を得ることを求めている。

会計年度という一定期間の収入と支出を一目瞭然の形で示し，国会で審議議決されることにより，財政民主主義を実効化するためである。会計年度が暦の1年である必要はないが，国会の常会が毎年1回召集される（52条）ことや決算が毎年会計検査院の検査に付される（90条）ことからそう解され，その始まりを財政法では4月1日，終わりを3月31日とする（11条）。日本国憲法は国会に提出する予算の作成を内閣の事務としており（73条5項・86条），国会はそれを審議し議決する。

日本国憲法における「予算」の語がどのような意味をもつかについてであるが，86条に定める，内閣の作成する予算は，国会に提出するためのものであり，普通それは「予算案」と称されるべきもので，実際に報道機関ではそのような表現が一般的である。一方，国会の議決を経たものも予算と呼ばれるが，日本国憲法で用いられている語でこうした意味のものは，予算審議における衆議院の優越を定めた60条2項の場合のみで，通常でない事態で，なおかつ結果的にそうなるというにすぎず，国会の議決を経たものを日本国憲法がどのように呼ぶか，明らかでない。

この点明治憲法は，帝国議会に提出するものも議会の協賛を経たものも，いずれも予算と称する。解釈次第でいずれにも取れる場合があるが，前者の典型は予算の衆院先議を定めた65条，後者の典型は前年度予算施行を定めた71条である。

一方，明治憲法38条は「両議院ハ政府ノ提出スル法律案ヲ議決シ及各々法律案ヲ提出スルコトヲ得」（傍点筆者）とし，37条で「凡テ法律ハ帝国議会ノ協賛ヲ経ルヲ要ス」（傍点筆者）とし，明らかに法律の場合と予算の場合とでは取り扱いを異にしている。さらに明治憲法下では，ドイツの学説の影響で，予算は行政の作用に属するもので，法律つまり立法とは異質のものだとする考え方が支配的であった。国を運用するにあたりそれに要する費用に関して，その内容については運用する側の意思が優先されるべきだとする姿勢が垣間見える。したがって議会に提出前のものも，議会の協賛を経たものも基本的には同じで，いずれも予算と呼ばれる。

マッカーサー草案では予算はbudget，あるいはannual budgetと表記され，いずれも国会提出前のものを指した。この原案は，日本政府の強い申し入れ

で国会を二院制にすることとなり，先ほど示した予算に関する衆議院の優越を定める条文において明確ではないものの議決後のものを予算とする規定が加わり，さらに，現行60条が法律の成立を定めた59条と併置されることで，予算は，法律とは異なるという解釈につながった。予算を法律と別扱いするということは明治憲法下と同様でなじみ深く，しかし財政民主主義の観点からまったく同様のものと解することはできず，日本国憲法での予算は法律とは異なるが法律と同様国法の一形式で，もちろん行政権の作用に属するものではなく，法規範であるとされ，これが通説的見解となった。この見解は予算を法規範とするのだから，当然，「予算」の語を国会の議決を経たものと捉える。しかし，日本国憲法における「予算」の語で国会（少なくとも衆議院）議決後のものは60条2項のみで，あとはすべて国会提出前のものであることを考えると，そうした見解が十分な説得力をもつであろうか。

予算の法的性格

　この問題は，憲法学において，予算の法的性格をどう解するかとして議論される。

　明治憲法下では，予算を行政の問題と捉える見地から，訓令説と承認説が唱えられた。訓令説は予算を上級行政庁から下級行政庁への訓令と見る考え方であり，予算は法規を定むるものではなくその実質は行政行為であるとし，議会の関与の余地は少ない。承認説はこの点に関し訓令説を克服するために主張されたもので，予算を政府の財政計画に対する議会の承認とする。それにより政府責任は解除されるが，法規範ではないとする。

　次に予算を法規範であると捉えるが，法律そのものではないとする法規範説＝国法形式説が登場する。もともとこの説は，明治憲法下で，訓令説，承認説に対抗する形で提起され，予算は「予算」という独自の法形式で成立する国法形式の一つだとされた。前二説よりも議会の関与の度合いは強い（少なくとも財政処理＝行政作用という見方は排除される）が，法律ではないとされる。先に見たように，この説が通説である。日本国憲法は確かに法律と予算とをその成立手続のうえで区別している。その点でこの説が妥当するようではある。問題は，法律案が国会通過後に法律になるのに対して，予算が国

会通過後にも予算である点である。訓令説, 承認説の場合にはそれもありうるが, 法規範と捉える通説の場合, そこでいう予算はあくまで国会通過後のものであるはず。日本国憲法は通常の場合, 内閣の作成した予算が国会を通過後どう呼ばれるかについて実は触れていない。それは内閣の作成した予算が国会を通過すると法律になると解せば, あえて触れる必要がないからではないか。予算（国会通過後の）法律説がそれである。もちろん予算は普通の法律とはいくつかの点で異なる。会計年度限りの効力である点, 一般国民でなく国家機関の行為のみを拘束する点, 主として計数でもって示される点などである。しかし, 期間を限った法律（限時法）はあるし, 今日では国家機関のみを拘束する法律（組織法など）も多く, 歳入はともかく歳出は計数で示されるが法的拘束力をもつことは多くが承認するところでもある。財政民主主義の観点から国会の議決を経た予算を法律とすることは以上の点からも説得力をもつ。現に多くの国で議会通過後の予算は法律とされている。

このことは予算審議における国会の姿勢にも影響する。唯一の立法機関とされる国会がその立法作用そのものの対象とするのか, そうでないのかは大きく異なる。もちろん, 通常の法律と異なり, その作成は内閣にのみ認められることから提出される予算とまったく異なるものを国会審議後のものとすることはできない。しかしその内容について精査し, 十分に妥当なものであるか判断することは, 財政民主主義を実効的なものたらしめる国民の代表者で組織される国会のまさに責務ではないか。

予算の修正

国会に提出された予算の修正には, 原案の金額を減じる減額修正と, 原案の金額を増やす増額修正の二つがある。明治憲法下では, 予算の増額修正は政府の予算発案権を侵すもので認められないと解され, 減額修正も「憲法上ノ大権ニ基ツケル既定ノ歳出及法律ノ結果ニ由リ又ハ法律上政府ノ義務ニ属スル歳出ハ政府ノ同意ナクシテ帝国議会之ヲ廃除シ又ハ削減スルコトヲ得ス」（67条）とされこの制約の下で認められていた。日本国憲法下では予算国法形式説も予算法律説も, 減額増額のいずれの修正も行うことができるとする。この点,「国会の予算修正は内閣の予算提案権を損なわない範囲内に

おいて可能」とする政府見解が示されている。

予備費

　明治憲法では予算不成立の場合，前年度予算を施行することが認められていた（71条）。これを施行予算制度といった。この制度は日本政府内部でも早くから廃止する方向で議論されたが，それに代わるものとして予算不成立の場合，暫定予算で対応することとされた。ところがマッカーサー草案では，これは行政府が立法府の承認を得ずに予算を作ることの抜け道になるとの意見で削除された。そこでそうした場合のために予備費が規定され，予算不成立の場合のとりあえずの対処策と考えていたようである。政府も憲法の審議段階ではそのように解していたが，その後予算に含めるものとして解釈され，財政法でも「予見し難い予算の不足に充てるため，内閣は，予備費として相当と認める金額を，歳入歳出予算に計上することができる」（24条）と定めた。このように日本国憲法では，予算不成立の場合の対応が講じられていない。そこでそのような場合，暫定予算を作成し対応することが財政法で定められている（30条）。予算のなかに予備費をおいて不測の事態に対処することを憲法で定め，予算不成立の場合への対処を法律の規定に依存する，というのは，いささか事の軽重を逆にしている感が否めない。

　財政民主主義の原則から，予備費の支出については事後に国会の承諾を得なければならない。

4　皇室財産および皇室費用の国会議決

　憲法88条は前段で「すべて皇室財産は，国に属する」と定め，憲法施行の際の皇室財産，つまり天皇と皇族の財産を国有財産とし，後段で「すべて皇室の費用は，予算に計上して国会の議決を経なければならない」と定め，皇室費用についても財政民主主義を徹底している。皇室財産については憲法はさらに8条で「皇室に財産を譲り渡し，又は皇室が，財産を譲り受け，若しくは賜与することは，国会の議決に基かなければならない」としてこれらの

場合にも財政民主主義を徹底している。

　皇室費用とは天皇および皇族の生活費ならびに宮廷事務に要する費用である。前者を内廷費および皇族費，後者を宮廷費という。

5　公の財産の支出利用制限

　憲法89条は公金その他の公の財産を宗教団体や公の支配に属さない慈善，教育，博愛の事業に支出することを禁じている。憲法は20条で政教分離原則を定める一方，財政面でも宗教への関与を禁じた。問題になるのは，89条後段の公の支配に属さない慈善，博愛の事業や教育事業への公金支出の禁止と，社会福祉団体や私立学校に対し現に行われている助成とが整合するか否かである。これらの事業への公金の支出が行われており，それが違憲でないとするならば，それらの事業は公の支配に属していると考えざるをえない。公の「支配」とするからには対象に対して決定的な影響力を行使することができる程度をいうと考えられるが，実際の立法では「勧告」程度で公の支配に属するとされている。つまり，89条後段の規定は現実に対して規範力をもちえないのが実情である。

6　決算および会計検査院

　財政民主主義の観点から予算に対する国会の議決を規定するだけでなく，予算の事後的審査を行うのが決算であり，この両者が満たされて初めて財政民主主義が貫徹されたことになる。したがって決算は，予算と同じく重要であるはずなのに従来軽視されがちであった。憲法の規定も「毎年会計検査院がこれを検査し，内閣は，次の年度に，その検査報告とともに，これを国会に提出」することを求めているだけである。決算により予算が適正であったかどうかが明確になり，それを将来の予算に反映させることでより効率的な財政運用が行われるとすれば，決算を軽視することはできない。実際にも提

出された決算を国会が審査し議決を行っている。ただ，決算を否決した場合，政治的な責任は生じるが，法的な効果はない。国会が決算を審議するうえで重要になるのはそれを検査する会計検査院である。憲法はその組織権限を法律で定めるとしているが，憲法上の機関であり，内閣からの独立が当然認められる。国によっては議会の所属としたり，完全に独立した機関とされる場合もある。

7　財政状況の報告

　財政民主主義は国民の代表者で構成される国会が国の財政に関与するだけでなく，直接国民にもその状況を公開することを要求する。財政法はこれを受けて，予算，決算その他財政に関する一般の事項は適当な方法で国民に報告しなければならないとし（46条1項），また内閣は毎四半期ごとに財政状況を国会，国民に報告しなければならない（同2項）としている。

8　財政民主主義の課題

　財政民主主義は結局財政を国民の十分なコントロールの下に置こうという目的をもつ。それは，健全な財政運用がなされるべきであるというに尽きる。憲法と財政法の関係は，原則と詳細の関係であるべきはずが，これまで述べたようにその逆である場合が多い。財政健全化の問題でも同様である。財政法は4条で「国の歳出は，公債又は借入金以外の歳入を以て，その財源としなければならない」と定め，但書で認めるのはいわゆる建設国債のみで，赤字国債は発行できない。そのため公債発行特例法を毎年制定することで赤字国債を発行している。やむを得ない面もあるが，このような状況と財政民主主義のあるべき姿を考える必要があるのではないか。

学習課題　(1) 財政民主主義の内容について述べよう。
　　　　　(2) 予算の法的性質について述べよう。
　　　　　(3) 教育に対する公金支出の憲法上の問題点について述べよう。

第19章 地方自治

1 地方自治の本旨

　憲法92条は,「地方公共団体の組織及び運営に関する事項は,地方自治の本旨に基いて,法律でこれを定める」とし,地方自治の核心が地方自治の本旨にあることを宣言している。本旨とは,「本来のあり方」や「あるべき姿」ということを意味するが,憲法や地方自治法では,地方自治の本旨が具体的に何であるのかを明らかにしていない。それゆえ,この文言をどのように解釈するのかということが問題になる。通説では,地方自治の本旨は,自由主義を基調とする団体自治と民主主義を基調とする住民自治の要素をあわせもったものとして説明される。

　団体自治とは,国と地方公共団体の関係に重点を置く考え方であり,地方公共団体が固有の事務を自らの機関において処理することを意味する。国の権力を抑制するために,地方に権力を分散させるものといえるが,憲法94条の「その財産を管理し,事務を処理し,及び行政を執行する権能を有し,法律の範囲内で条例を制定することができる」という規定がこれにあたる。また,住民自治とは,地方公共団体と住民の関係を自治の観点から捉える考え方であり,地域の政治や行政を住民の意思に基づいて処理することを意味する。住民自らが政治の方針を決定するので,政治的自治ともいわれている。住民自治の側面は,憲法93条2項で地方公共団体の長および議会の議員の直接選挙について,95条で特別法に関する住民投票について定められている。

　団体自治と住民自治は,性格の違いはあるものの,両者が補い合って,地

方自治を実現するものとして説明される。自治を実現するためには，国から独立した地方公共団体の存在が必要であるとともに，住民の参加がなければ，地方自治の実質がないからである。しかし，歴史的経緯を見ると，団体自治は大陸ヨーロッパで，住民自治はイギリスで発展した概念であり，別々に形成されたものである。両者の充足が地方自治に不可欠という考え方は，わが国独自の説明であり，歴史的経緯から醸成されたものではない。それゆえ，地方自治の本旨とは何であるのかという問いに対する回答を，憲法から一義的に導き出すことはできない。現実の運用面でいえば，憲法全体の理念を踏まえ，国民の代表者からなる国会が法律で決めざるをえないということになろう。

2　地方自治の根拠

　地方自治を憲法で保障する意味は，自治権の根拠をめぐる議論として展開されており，その内容は多岐にわたる。第一に，自治権は，国家以前にあり，地方公共団体に固有の権利であるとする固有権説がある。この説は，人権と同じように，不可侵で永久の権利としての自治権が地方公共団体に委ねられていると考える。したがって，国といえども，地方公共団体の固有の事務については干渉できず，幅広い自治を保障しなければならないとする。次に，自治権は国家の統治権から由来するとする伝来説を挙げることができる。この説は，地方公共団体を国の下部機関として位置づけ，自治は国が承認する限りで存在し，その内容は国の立法政策によって決まるものとする。

　明治憲法下では，地方自治に関する規定が設けられなかったこともあり，固有権説と伝来説の対立が見られた。固有権説は，単一，不可分という性質をもつ主権との関連，歴史的基盤の欠如などの点で問題であり，伝来説は，立法政策によって地方自治のあり方をどのようにもできるとすると，憲法で地方自治の章を設けた意味がなくなってしまう点で批判を受けることとなり，両説とも通説としての地位を確立することができなかった。

　そこで，日本国憲法に地方自治の章を設けたという点を積極的に捉えた制

度的保障説が登場した。この説は，広義の意味では，自治権の前国家的性質を否定する伝来説に分類される。ただし，憲法で地方自治の制度を保障した以上，法律をもってしても侵しえない自治の核心部分があり，地方自治という歴史的，伝統的，理念的な公法上の制度を保障していると見る点が異なる。制度的保障説は，固有権説と伝来説の欠点を補い，地方自治を憲法で保障した意義を説明したので，通説としての地位を確立することになる。しかし，この説は，中央集権的国家の存在を前提としているため，分権改革が進むとともに，核心部分が曖昧な点が不十分であると批判された。

　制度的保障説が抱える問題に対し，固有権説に新たな意味づけをした新固有権説が登場した。新固有権説とは，地方自治の前国家性を認める固有権説を基本として，そこに人民主権や基本的人権の保障などの憲法原理を組み込み，地方自治の具体的内容を明らかにしようとするものである。国の中央集権的支配から地方公共団体を解放し，住民の人権実現のために自由な活動を地方公共団体に認める点が新しい視点である。この説は，遅々として進まない分権改革の現状からすると，一見，魅力的な考え方である。しかし，地方自治は，地方公共団体を国から独立させる考え方ではない。国は地方公共団体の連合ではないからである。それゆえ，国と地方公共団体がそれぞれに本来的な役割を分担しあうという発想に立ち，そこから自治権の根拠を問い直し，地方自治の本旨とは何かを明らかにする必要があろう。

3　地方公共団体の種類

　憲法は，地方自治の主体を地方公共団体とし，その組織および運営に関する事項を地方自治法に委ねている。地方自治法1条の3では，「地方公共団体は，普通地方公共団体及び特別地方公共団体とする」と定めている。ここでいう普通地方公共団体とは，都道府県および市町村を指す。また，特別地方公共団体は，普通地方公共団体の存在を前提とし，普通地方公共団体の行う事務のなかで特定の事務を遂行する便宜のために設置される組合，財産区や特別区のことをいう。

特別区である東京23区は，他の特別地方公共団体とは異なり，市町村とほぼ同じ権限をもつ。地方自治法281条2項では，「特別区は，法律又はこれに基づく政令により都が処理することとされているものを除き，地域における事務並びにその他の事務で法律又はこれに基づく政令により市が処理することとされるもの及び法律又はこれに基づく政令により特別区が処理することとされるものを処理する」としている。にもかかわらず，なぜ，特別区は普通地方公共団体に分類されないのだろうか。この問題を考える糸口として，渋谷区長選任贈収賄事件が挙げられる。1952年（昭和27年）の地方自治法の改正により，公選制であった区長の選出方法が区議会の推薦による東京都知事の任命制に変更したことの違憲性が争われた。最高裁判所は，「地方公共団体といい得るためには，単に法律で地方公共団体として取り扱われているということでは足りず，事実上住民が経済的文化的に密接な共同生活を営み，共同体意識を有しているという社会的基盤が存在し，沿革的にみても，また現実の行政の上においても，相当程度の自主立法権，自主行政権，自主財政権等地方自治の基本的機能を付与された地域団体であることを必要とする」（最大判昭38・3・27）とし，特別区は，憲法でいう地方公共団体にはあたらないと判示した。

　しかし，その後，区長公選制復活運動などもあり，1974年（昭和49年）には，区長公選制が復活した。また，2000年（平成12年）の地方自治法の改正により，特別区は基礎的な地方公共団体として位置づけられた。しかしながら，上下水道，消防，都市計画，保健所などの事務の扱いにおいて，市町村と同じ権限が与えられず，都区財政調整制度も残っている。以上のように，特別区の実態は普通地方公共団体であるが，分類としては特別地方公共団体となっており，この点は再検討が必要である。

4　都道府県と市町村の関係

　地方自治法において，国は，「国際社会における国家としての存立にかかわる事務，全国的に統一して定めることが望ましい国民の諸活動若しくは地

方自治に関する基本的な準則に関する事務又は全国的な規模で若しくは全国的な視点に立つて行わなければならない施策及び事業の実施その他の国が本来果たすべき役割」を重点的に担うこととし，住民に身近な行政はできる限り地方公共団体に委ねるとされている。憲法のいう地方公共団体が市町村であることに学説上の対立はないが，都道府県の位置づけについては，意見が分かれている。都道府県を憲法でいう地方公共団体とする見方は，法律で都道府県を廃止することは許されず，国に対する防波堤としての広域的公共団体である都道府県と市町村の二層構造を憲法の要請と解している。これに対して，国の下請け機関としての位置づけから都道府県を二次的な地方公共団体として見る説は，法律で都道府県を解消し，市町村の一層構造としたり，道州制のような新しい枠組みを構築することも許されているとする。

　都道府県と市町村の役割分担を見ると，地方自治法では，市町村を基礎的な地方公共団体とし，都道府県を市町村を包括する広域の地方公共団体として位置づけている。近年，この関係は，「補完性の原理（Principle of subsidiarity）」から見るべきだとする学説が提唱されている。補完性の原理とは，個人を包摂する小さな共同体が社会的責務を担当し，その共同体ができない機能をより大きな共同体が果たすべきであるという原理である。個人，家庭や地域社会で解決するべき事項は各自で責任をもち，そこで解決できないものを住民に身近な市町村，都道府県，国という順序で解決にあたっていくとするものである。民主党政権下で進められた地域主権改革が目指す国の形でも，「国と地方の役割分担に係る「補完性の原則」に基づき，住民に身近な行政はできる限り地方公共団体にゆだねることを基本とし，基礎自治体が広く事務事業を担い，基礎自治体が担えない事務事業は広域自治体が担い，国は，広域自治体が担えない事務事業を担うことにより，その本来果たすべき役割を重点的に担っていく。その中でも，住民により身近な基礎自治体を重視し，基礎自治体を地域における行政の中心的な役割を担う」（地域主権戦略大綱）としている。

5　地方自治体の組織

　地方公共団体における執行機関と議事機関の関係は，首長と議員が共に住民の直接選挙によって選出されるという点から，アメリカ合衆国の大統領制に類する首長制や二元代表制として位置づけられる。

　憲法93条は，議会を議事機関として設置することを定めているが，首長の位置づけは，公選とするだけで，明確な規定が存在しない。地方自治法147条は，首長は，「当該普通地方公共団体を統轄し，これを代表する」とし，148条は，「当該普通地方公共団体の事務を管理し及びこれを執行する」としている。首長の権限は，地方自治法149条で定められているが，(1) 普通地方公共団体の議会の議決を経べき事件につきその議案を提出すること，(2) 予算を調製し，及びこれを執行すること，(3) 地方税を賦課徴収し，分担金，使用料，加入金又は手数料を徴収し，及び過料を科すること，(4) 決算を普通地方公共団体の議会の認定に付すること，(5) 会計を監督すること，(6) 財産を取得し，管理し，及び処分すること，(7) 公の施設を設置し，管理し，及び廃止すること，(8) 証書及び公文書類を保管すること，(9) 当該普通地方公共団体の事務を執行することとされている。このように，地方自治法は，首長に強い権限を認めているといってよいだろう。

　これに対し，議会の権限は，地方自治法96条から100条で限定的に列挙されているが，(1) 条例を設け又は改廃すること，(2) 予算を定めること，(3) 決算を認定すること，(4) 副知事などの人事同意権，(5) 財政統制権，(6) 執行機関の行う事務の検査・監査権，(7) 地方公共団体の事務に関する調査権，(8) 関係執行機関への請願処理，報告請求権などである。

　首長と議会は，相互に独立して，地方自治法で授権された権限を行使し，地方自治を動かす「車の両輪」として活動するが，両者の関係を見ると，大統領制的特質だけでなく，議院内閣制的特質が混在している。たとえば，地方自治法176条は，議会の決定に対する首長の拒否権を認めている。この点は大統領制に近いが，首長は，条例の制定や改廃，予算に関する議決について異議があるときは，その送付を受けた日から10日以内に理由を示してこれ

を再議に付することができる。この場合，議会は，再議決することができるが，同じ議決をする場合には，出席議員の3分の2以上の者の同意が必要となる。次に，議会による首長の不信任決議権とその場合の首長による議会の解散の権限が挙げられる。議会において，首長の不信任の議決をしたときは，首長は，10日以内に議会を解散するか，失職するかを選択しなければならない。これは，国会と内閣の関係と同じである。しかし，こうした議院内閣制的特徴の加味は，首長制に根本的な変更を迫るものではないとされる。

近年，こうした二元代表制のあり方に問題提起がなされている。議会の反対によって，首長が選挙時に掲げた公約を実行できないのはおかしいとして，議会のリコール運動を進めた事例や首長が専決処分を繰り返した事例が挙げられる。こうした問題に対しては地方自治法の不備を指摘する声もあるが，そもそも二元代表制の機能不全として，「議会内閣制」を導入すべきという声もあり，制度の見直しが検討されている。

6　条例制定権

憲法94条は，地方公共団体は，法律の範囲内で条例を制定することができることを定めている。条例とは，地方公共団体が制定する自主法を意味するが，実質的な意味においては地方自治法15条が定める長の制定する規則や教育委員会，公安委員会，人事委員会が定める規則を含み，形式的には議会が制定する法規のことを意味する。

条例制定権の根拠としては，憲法92条が保障する自治権とする説，国会が唯一の立法機関であることを定めている41条の例外を認める94条とする説，92，94条の両方に求める説などがあるが，最高裁判所は，「条例制定権は憲法94条末段から直接与えられたもの」（最大判昭37・5・30）としており，94条に根拠を置く説を採用している。これは，条例制定権は自治権に由来するものでなく，その根拠は憲法にあると解するものである。また，地方自治法14条にも条例制定権に関する規定があるが，これは憲法の規定を再度確認したものとされている。したがって，地方自治の本旨の趣旨に反する条例制定

権に対する制限は許されない。

　ただし，条例制定権は無制約なものではない。地方公共団体は，国から独立した存在でない以上，司法，外交，通貨，登記など国が画一的に行うべき事務を条例の対象とすることはできない。したがって，国と地方の役割分担にみあう形で条例制定権の範囲を定めておく必要がある。

　条例の限界として，第一に法律留保事項の問題が挙げられる。具体的には，憲法で保障する人権を制限できるのかが問題になる。通説では，憲法94条は地方公共団体に条例制定権を付与したので，住民の権利や自由を制限できるとしている。次に，憲法29条2項では，「財産権の内容は，公共の福祉に適合するやうに，法律でこれを定める」としているが，条例で財産権を制限できるかが問題となる。通説では，憲法94条は，国会中心立法の原則を定めた41条の例外であること，条例は住民の代表機関である議会の議決によって成立する立法であり，実質的には法律に準じるものであることから，財産権の内容を制限できるとしている。最後に，法律の範囲内という条件であるが，国の法令で定める規制基準よりも厳しい基準を定める上乗せ条例や規制対象を広げる横出し条例を制定できるのかが問題となる。国の法令が明示または黙示に先占している事項については，法律の明示的な委任がない限り，条例は制定できないとする法律先占論があるが，この法律占有論は，公害規制の必要性が高まると，地方公共団体が地域の特性に応じた公害抑制方法をとることができないとして，強い批判がある。そこで，単に法令と条例の規定や対象とする事項だけでなく，両者の趣旨，目的，内容や効果を比較し，条例が法令に抵触するかどうかを判断すべきであるとする説が有力となってきた。この説に基づくと，法令と同一事項であるが，異なった目的の条例は認められる。また，法令と同一目的・事項であるが，法令よりも厳しい規制の基準を定める上乗せ条例は，法令がそうした条例の存在を認める趣旨である場合には認められる。また，法令と同一目的であるが，法令の対象以外の事項を規制する横出し条例は認められる。

　判例では，道路交通法に抵触する公安条例が問題となった徳島市公安条例事件が知られている。最高裁判所は，「特定事項についてこれを規律する国の法令と条例とが併存する場合でも，両者が同一の目的に出たものであって

も，国の法令が必ずしもその規定によって全国的に一律に同一内容の規制を施す趣旨ではなく，それぞれの普通地方公共団体において，その地方の実情に応じて，別段の規制を施すことを容認する趣旨であると解されるときは，国の法令と条例との間にはなんらの矛盾牴触はなく，条例が国の法令に違反する問題は生じえない」（最大判75・9・10）と判示している。

学習課題	(1) 都道府県を廃止し，道州制にすることは，憲法上，許されるだろうか。
	(2) 憲法改正をせずに，二元代表制を議院内閣制に変更することは許されるだろうか。
	(3) 地域によって，条例による処罰が異なることは許されるのだろうか。

第20章　憲法改正

日本国憲法は,「第9章　改正」として, 次の1条を置いている。

　第96条　①この憲法の改正は, 各議院の総議員の三分の二以上の賛成で, 国会が, これを発議し, 国民に提案してその承認を経なければならない。この承認には, 特別の国民投票又は国会の定める選挙の際行われる投票において, その過半数の賛成を必要とする。
　②憲法改正について前項の承認を経たときは, 天皇は, 国民の名で, この憲法と一体を成すものとして, 直ちにこれを公布する。

この規定に定める憲法改正の手続と憲法改正の限界について考えてみたい。

1　憲法改正の手続

憲法改正の意義
　憲法の改正とは, 憲法の規定を憲法に定める手続によって変更（修正・削除・追加）することをいう。その変更は, 憲法の全体に及ぶこともあれば, 限られた少数の条項の変更にとどまることもある。しかし, 憲法改正手続によればいかなる改正も可能かどうかについて, 理論上限界があるという説（限界説）と, 限界はないという説（無限界説）がある。憲法改正はあくまで憲法の定める改正手続に従って行われるものであり, クーデターや革命による憲法の定める手続によらない憲法の変更は, ここにいう憲法改正ではなく,

憲法の制定として区別される。

　日本国憲法も，大日本帝国憲法（明治憲法）73条の規定に従って改正されたことがその上諭に明記されている。その意味では日本国憲法は大日本帝国憲法の改正憲法といえるが，主権者が天皇から国民に変わったことから，憲法改正に限界があるという立場からは，憲法の改正とはいえず新たな憲法の制定であると捉えられている。そして，主権者の変更は，法的意味での革命であり，その革命がポツダム宣言を受諾し敗戦が決まった1945年（昭和20年）8月15日にあったとみなし，その革命の結果，主権者となった日本国民が日本国憲法を制定したとする「8月革命説」が通説となっている。

　しかし，この考え方は大日本帝国憲法から日本国憲法への変更を矛盾なく説明しようとして編み出された一つの理論であり，日本国憲法の制定過程の事実はこの理論だけで説明できるほど単純ではなく，占領下にあったことを考えれば，日本国民が自由な意思に基づいて憲法草案を審議し決定できる状況になかったことは明らかであろう。

憲法の定める改正手続

　憲法の定める改正手続は，各議院の総議員の3分の2以上の賛成による発議に始まる（96条1項）。すなわち，衆議院と参議院でそれぞれ改正草案の審議を行い，衆議院の総議員（475名）の3分の2以上（317名以上）が賛成し，かつ参議院の総議員（242名）の3分の2以上（162名以上）の賛成があって国会発議となり，国民投票にかけられることになる。

　裏を返せば，衆議院議員の159名以上，または参議院議員の81名以上が反対すれば憲法改正の発議はなされず，国民の意思をきくことなく，憲法改正のプロセスはそこで頓挫し，終了する。国会発議，すなわち憲法改正案を国民に示し国民投票にかけることになり，国民投票の結果，過半数の賛成が得られれば憲法改正が成立し，天皇が国民の名で改正される憲法と一体を成すものとして，直ちにこれを公布することになる（96条2項）。

　以上が，憲法が定める改正手続であり，そのなかで国民投票が予定されているが，この国民投票を実施するための法律が長らく制定されないまま放置されてきた。2007年（平成19年）になってようやく「日本国憲法の改正手続

に関する法律」（憲法改正国民投票法）が制定され，3年間の周知期間を経て，2010年（平成22年）5月18日に施行され，実際に憲法改正が可能な状態が整備された。

憲法改正案の提出

　憲法改正案の提出権は，法律案と同様，国会議員と内閣にあると解される。国会議員については，憲法改正国民投票法の制定にともない，国会の憲法改正原案（憲法改正案）の発議について国会法に規定が設けられた。それによると，改正原案の提出には，衆議院においては議員100人以上，参議院においては議員50人以上の賛成を要する（国会法68条の2）。

　一方，内閣については発案権があるか否かについて争いがあるが，議院内閣制の下で内閣を構成する国務大臣はほとんど全員が国会議員であり，与党の国会議員を通じて改正原案を提出することが可能であることから，内閣の発案権を否定しても実際には内閣は改正原案を提出できる。そのため内閣の発案権の有無については，議論の実益に乏しい。

　次に，国会において最後の可決があった場合，その可決をもって，憲法96条1項に定める憲法改正の発議をし，国民に提案したものとされ（同法68条の5），この発議後速やかに国民投票の期日が国会の議決で定められる（同法68条の6）。ここにいう最後の可決とは，衆議院または参議院が先に可決した後，他の院でなされた可決のことである。

　なお，憲法改正原案等を審査するため，憲法審査会が各議院に設置されることになっている（同法102条の6）。

憲法改正の国民投票

　憲法96条に定める国民の承認を得るための国民投票に関する手続と憲法改正の発議に係る手続を整備するために，2007年に憲法改正国民投票法が制定された。この国民投票においては，「日本国民で年齢満18年以上の者」（憲法改正国民投票法3条）が投票権を有する。

　投票は，憲法改正案に賛成するときは投票用紙に印刷された賛成の文字を囲んで〇を自書し，反対のときは反対の文字を囲んで〇を自書し，投票箱に

入れる（同法57条1項）。そして，憲法改正案に賛成する票数が，投票総数（賛成票数と反対票数の合計）（同法98条2項）の2分の1を超えた場合，国民の承認があったものとされ，内閣総理大臣は直ちに当該憲法改正の公布のための手続を執らなければならない（同法126条）。

なお，国民投票に関し異議のある投票人は，国民投票無効の訴訟を提起することができる（同法127条）。

2 憲法改正の限界

憲法の定める手続に従えば，いかなる内容の改正も可能であるのか，という問題が憲法改正の限界として論じられる。憲法改正は，憲法制定と区別される概念であることから，一般に憲法の同一性を失わせるような憲法の変更は，憲法改正の限界を超えて許されないとする説が通説である。この問題について，もう少し詳しく見てみよう。

憲法改正の限界

憲法の定める手続によれば，どのような内容の改正も可能であるとするのが改正無限界説である。憲法は主権者である国民が制定したものであるから，国民の意思次第ではいかなる内容の改正も可能であるとするものである。この考え方では，個々の憲法条項のなかに上下の価値秩序を認めない。少数説であるが，大日本帝国憲法の改正手続によって，主権の所在の変更をはじめとした基本原理を変更して日本国憲法が成立した事情を事実に即してみた場合，無限界説を支持する事例となろう。

しかし，日本国憲法の下では，憲法の改正には限界があるとする考え方が通説であり，その限界として，主権原理，人権の基本原則，平和主義の原理，および憲法改正手続などが挙げられる。このような考え方は，どのように導かれるのであろうか。まず，主権原理について見てみよう。

憲法を作る権力を「憲法制定権力」（制憲権）と呼び，憲法制定権力をもつものが主権者である。したがって，「憲法改正権力」（改憲権）によって主

権者を変更することは憲法を作ったもの（制憲権）を変更することであり，論理的に不可能であるとともに，いわば憲法の自殺行為となるため，許されないと考える。このことと関連して，憲法改正手続規定についても，国民の制憲権を否定するような改正手続への変更，たとえば改正手続から国民投票を削除するなどの変更は許されないといわれる。

次に，憲法のなかに「根本規範」という憲法のなかの憲法ともいうべき，その憲法の基本的な規定の存在を認め，それらの規定を変更することは憲法の一体性を失わせることになるため，改正することはできないとする考え方がある。何を根本規範と捉えるかについては見解の違いが見られるが，一般に主権原理（国民主権），人権の基本原則（基本的人権の尊重），および平和主義の原理といった，いわゆる日本国憲法の基本原理が根本規範にあたると考えられている。つまり，これらの基本原理が憲法改正の限界であり，改正手続をもってしても変更することができないとするのが限界説の考え方である。

ただし，限界説に立っても，憲法の人権規定は一切改正できないとか，憲法9条は改正できないというのではなく，人権の基本原則や平和主義の原則を変えることはできないということである。

憲法の変遷

憲法改正が行われないのに，憲法規定の本来の意味が国家権力の運用によって次第に変化し，そのような運用の積み重ねの結果，憲法規定の本来の意味が変更されてしまうことを「憲法の変遷」と呼ぶ。

憲法は時代の所産であり，時代の変化とともにその運用が変化する。とくに極度の硬性憲法であるため憲法の改正が困難であったり，政治的理由により憲法の改正ができないため，憲法条項の変更なしに運用によって時代の変化に対処することが必要となる場合がある。たとえば，憲法9条の制定当時の趣旨は，自衛のための戦争をも放棄し，すべての武力の不保持を定めたものであるとされたものが，その後の国際情勢の変化により，自衛隊法をはじめとする防衛法の整備により，高度の装備を備えた自衛隊を有するに至ったことは，憲法の変遷であると捉える説もある。

憲法の変遷を認めることは，憲法改正手続を経ないで，立法や判例の積み

重ねによって憲法改正と同様の結果をもたらすことを承認するもので，安易にこれを承認することはできない。そこで，憲法の変遷を考えるにあたって，憲法に改正手続が置かれていることの意味について考えてみる必要がある。

憲法改正手続規定の存在理由

　憲法改正手続規定は何のためにあるのか。もちろん，改正手続規定は憲法を改正するためにあり，このような規定が置かれるのは，時代とともに憲法を改正する必要が生じることを憲法自身が予定しているからである。そして，改正の際には憲法自身の定める手続に従わなければならないということでもある。つまり，憲法自身が認める手続によらない憲法の変更は認められず，その意味で改正規定は，憲法を不当な変更から守り立憲主義を維持するための憲法保障制度の一つであると考えられる。

　また，憲法改正手続は，通常の法律改正手続よりも厳重な要件が付されている（硬性憲法）。このことは，国の最高法規であり基本法である憲法の改正を通常の法改正よりも難しくすることで，憲法を頂点とする国法秩序の安定性を図るとともに，憲法に特別な権威を付与することになる。

　ところで，憲法がその権威と機能を維持していくためには，時宜に応じた改正が必要であり，憲法を改正しないことが逆に憲法の規範性を低下させ，憲法の空洞化や正規の改正手続によらない憲法の変更――革命やクーデター――を誘発する危険を高めないとも限らない。したがって，憲法を改正しないことが憲法を守ることである，とは一概に言い切れない面もある。立憲主義の理念を忘れることなく，時代の変化に適した憲法の改正を考える必要があろう。憲法は国家の存立と安定の基礎を固め，そのうえに立って国家権力をコントロールしながら国民の権利・自由を保障していく規範なのである。

学習課題
(1) 憲法改正の手続について，憲法，国会法，憲法改正国民投票法の規定を踏まえて，簡潔に説明できるようにまとめよう。
(2) 憲法改正の限界について，無限界説と限界説の学説をまとめて比較しよう。
(3) 憲法の変遷について，肯定説と否定説の学説をまとめて比較しよう。

第 21 章　最高法規

1　最高法規の概念

　憲法98条1項は,「この憲法は,国の最高法規であつて,その条規に反する法律,命令,詔勅及び国務に関するその他の行為の全部又は一部は,その効力を有しない」と規定している。憲法は,しばしば国の法秩序の頂点にあるとイメージされるが,その意味は,本条項が規定するように,憲法に違反する法令は効力をもたないことにあるといえる(これは「憲法の形式的最高法規性」と呼ばれる)。

　ある法令が憲法に違反するか否かを最終的に決定するのは裁判所の役割であり,その権限を違憲(合憲)審査権と呼ぶが,これについては,第17章を参照してほしい。本章で取り扱うのは,なぜ憲法が最高法規とされているのかという,根拠づけの問題である(これは「憲法の実質的最高法規性」と呼ばれる)。この問題については,多くの見解が示されているが,以下では,そのいくつかを紹介しよう。

　たとえば,アメリカ憲法草案の批准を訴えた論文集「フェデラリスト」(1788年)のなかで,著者のひとりA. ハミルトンは,違憲審査制が司法部の立法部に対する優位を図るものであり権力分立の原理に違反するという批判に対して,「憲法の明白な趣旨に反する一切の立法行為を無効であると宣言するのが裁判所の義務である」として,次のような考え方を示している。

　　　　委託された権限に基づくいかなる行為も,その権限が行使される基礎

となっている委任状の文言に反する限り無効である，という立場ほど明確な原理に立つものはない。それゆえ，いかなる立法行為も，憲法に違反する限り有効たりえないのである。もしこれを否定するとなると，代理人が本人より偉大であり召使が主人の上に立ち，人民の代表が人民自体に優越し，与えられた権限によって行動すべきものが，その権限が認めていないことをなしうるのみならず，その権限が禁止していることまでなしうることになってしまう（第78編からの引用）。

　また，オーストリア憲法を起草した法学者 H. ケルゼンは，上位の法が下位の法に立法の権限を授けるという関係に着目して，「憲法－法律－命令」という段階的な法秩序の構造を説明した。つまり，憲法は，法律を制定する権限を（議会に）授けている（参照，日本国憲法41条）ので法律に優位し，法律は，命令を制定する権限を（政府に）授けているので（参照，日本国憲法73条6号），命令に優位するというわけである。ここで残る問題は，そもそも憲法が立法を授権できる根拠は何か，ということである。ここでケルゼンは，憲法を頂点とする法体系の外ないし上に「根本規範」というものがあり，それが憲法に妥当性を与えるのだという考え方を示している。

　さらに，憲法の最高法規性は，その内容によっても説明されることがある。つまり，憲法は，国の法秩序にとって最も重要な事柄を規定しているので，他の法令に優位するという説明である。日本国憲法は，最高法規の章（第10章）の冒頭に「この憲法が日本国民に保障する基本的人権は，人類の多年にわたる自由獲得の努力の成果であつて，これらの権利は，過去幾多の試錬に堪へ，現在及び将来の国民に対し，侵すことのできない永久の権利として信託されたものである」と規定する97条を置いている。この規定は，本来，基本的人権について規定した第3章に置かれるべきであったという見解もあるが，多くの学説によれば，ここで示されている，「基本的人権は，侵すことのできない永久の権利である」という点にこそ，それを規定した憲法の最高法規性の根拠が求められることになる。

　もっとも，憲法が最高法規であると規定されていても，歴史上，実際に見られるように，これに反するような立法が実際に行われていれば（たとえば，

1933年にドイツのナチス政権下で成立した「授権法」によれば、法律は憲法で予定されている手続以外に政府によっても議決されうる（1条）、政府によって議決された法律は憲法に違反することができる（2条）とされていた）、それはただの絵に描いた餅になってしまうであろう。そこで憲法には、先に見た違憲審査権のほか、公務員に憲法の尊重および擁護を義務づける規定が置かれているが、本章では第3節でこれについて説明する。

2　憲法と条約の関係

　上記のように憲法98条1項は、憲法の条規に違反する「法律、命令、詔勅及び国務に関するその他の行為」は無効であると規定し、ここに条約を含めていない。また、同条2項は、「日本国が締結した条約及び確立された国際法規は、これを誠実に遵守することを必要とする」と規定している。こうしたことから、条約は、憲法に違反するような内容をもつ場合でも有効なのではないかというように、条約の憲法に対する優位を説く主張がなされることがある（同様の問題は、違憲審査の対象については、憲法81条において列挙されていない条約が、これに含まれるか、すなわち裁判所は、条約が憲法に適合するか否かを審査することができるかという問題としても現れる。これについては第17章参照）。

　もっとも、条約の優位を主張する説は、もっぱら高度な政治的意義をもつ条約を念頭に置いたもののようであり、それを例外なく主張するものではないように見える。条約が国内法の制定を通じて実施されるという（わが国では通常の）ケースを考えると、この国内法は当然に違憲審査権の対象となるとも考えられ、また、そもそも憲法に明白に違反すると考えられる条約を締結することが実際にありうるのかという疑問もあり、この議論にはあまり大きな実益がないということもできよう。

　最高裁は、旧日米安全保障条約に基づくアメリカ合衆国軍隊の駐留に関する憲法判断について、「その判断には、右駐留が本件日米安全保障条約に基くものである関係上、結局右条約の内容が憲法の前記条章に反するかどうか

の判断が前提とならざるを得ない」として，基本的に，条約も違憲審査の対象となりうるとする立場をとっている（最判昭34・12・16）。もっとも，条約が高度の政治性をもつ場合には，きわめて明白に違憲でない限り憲法判断を控えている。

　欧州共同体法に見られるように，条約が法律による実施を経ずに，直接国内においても効力をもつ場合に，条約と憲法のどちらが優位するかという問題は，共同体加盟国において多くの議論を呼んだ問題である。たとえばドイツ連邦憲法裁判所は，その任務に基本権の保護があることを根拠に，共同体法の基本権保障の水準が国内の基本権保障のレベルを下回る場合にはその審査を行い，同等かそれ以上である場合には審査を行わないとしている。もっともこれは，欧州共同体の加盟国が国家主権を超国家的組織に委譲しているという前提の下での判決であり，条約の優位はこのような場合に，しかも条件付きで認められているものであることには注意が必要であろう。

3　憲法尊重擁護義務

公務員の憲法尊重擁護義務

　憲法99条は，「天皇又は摂政及び国務大臣，国会議員，裁判官その他の公務員は，この憲法を尊重し擁護する義務を負ふ」と規定している。憲法の尊重擁護義務は，18世紀からその例を見ることができる伝統的なものであるが，それは具体的な行動を天皇や公務員等に要求する法的な義務ではなく，とくに公務員の服務に際しての心構えといった，基本的に道徳的なものであると考えられている（たとえば，憲法15条の「すべて公務員は，全体の奉仕者であつて，一部の奉仕者ではない」という規定はその例といえよう）。国家公務員法97条は「職員は，政令の定めるところにより，服務の宣誓をしなければならない」と規定し，それに基づく政令によれば，「私は，国民全体の奉仕者として公共の利益のために勤務すべき責務を深く自覚し，日本国憲法を遵守し，並びに法令及び上司の職務上の命令に従い，不偏不党かつ公正に職務の遂行に当たることをかたく誓います」という宣誓書に署名しなければならないと

されているが,これは以上のような趣旨を表したものということができよう。

　もっとも,憲法を積極的に破壊しようとするような公務員の行動に対しては,憲法99条は法的な意味をもつとされている点には注意が必要である。すなわち,国家公務員法38条は公務員の欠格事由を規定しているが,そのなかには「日本国憲法施行の日以後において,日本国憲法又はその下に成立した政府を暴力で破壊することを主張する政党その他の団体を結成し,又はこれに加入した者」が含まれている(5号)。ここにいう「日本国憲法を暴力で破壊する」ということばの意味は必ずしも明確ではなく,本規定に基づいていかなる団体の結成・加入を公務員の欠格事由となしうるかについては,公務員の思想・良心の自由(憲法19条)や結社・表現の自由(21条)との関係で難しい問題をはらんでいる(この問題については,次項も参照)。

国民の憲法尊重擁護義務

　憲法99条において憲法尊重擁護義務を負うとされている者のなかには,国民は含まれていない。これは同条が,主に国家権力を行使する側を念頭に置いて規定されたものであり,それは国家権力から国民を護るという立憲主義の趣旨からしても,必ずしも不可解なことではない。

　もっとも,このことは憲法上,国民の義務という観念が存在しないことを意味するわけではない。憲法は,12条において「この憲法が国民に保障する自由及び権利は,国民の不断の努力によつて,これを保持しなければならない」と述べ,また,「普通教育を受けさせる義務」(26条),勤労の義務(27条),納税の義務(30条)などを規定している。これらの義務は,国家権力の制限とは異なる文脈で語られるものであり,こうした意味で,国民が憲法上義務を負うということは,十分に考えることができるであろう(国民の義務については第14章参照)。

　しかし,これらの伝統的な国民の義務を超えて,公務員と同様に,憲法の基本原理や価値を尊重・擁護する義務を国民に課すことができるのかは問題である。たとえばドイツの憲法である基本法は,「憲法的秩序に反する結社」を禁止し(12条),その目的または党員の行動が,自由で民主的な基本秩序を侵害もしくは除去することを目指す政党を違憲であるとしている(21

条)。これらの規定は「たたかう民主主義」とも呼ばれるが,国民にある種の憲法尊重擁護義務を課したものと捉えることもできよう。もっとも,わが国では,こうした仕組みは,憲法の基本原理の安定にはつながるものの,国民の自由を過剰に制約する側面があるとして否定的な評価を加えられるのが一般的である。

学習課題
(1) 憲法は「最高法規」であるとされるが,その意味および根拠について説明しよう。
(2) 憲法と条約のどちらが優位するか,という問題についての学説および判例を要約しよう。
(3) 公務員の憲法尊重擁護義務の具体的内容を明らかにし,「国民の憲法尊重擁護義務」というものを,わが国で導入することの是非について論じよう。

資料1

日本国憲法

日本国憲法公布記念式典の勅語

本日，日本国憲法を公布せしめた。

この憲法は，帝国憲法を全面的に改正したものであつて，国家再建の基礎を人類普遍の原理に求め，自由に表明された国民の総意によつて確定されたのである。即ち，日本国民は，みづから進んで戦争を放棄し，全世界に，正義と秩序とを基調とする永遠の平和が実現することを念願し，常に基本的人権を尊重し，民主主義に基いて国政を運営することを，ここに，明らかに定めたのである。

朕は，国民と共に，全力をあげ，相携へて，この憲法を正しく運用し，節度と責任とを重んじ，自由と平和とを愛する文化国家を建設するやうに努めたいと思ふ。

朕は，日本国民の総意に基いて，新日本建設の礎が，定まるに至つたことを，深くよろこび，枢密顧問の諮詢及び帝国憲法第七十三条による帝国議会の議決を経た帝国憲法の改正を裁可し，ここにこれを公布せしめる。

御 名 御 璽

昭和21年11月3日

　　内閣総理大臣兼
　　　外　務　大　臣　　　吉田　　茂
　　　国　務　大　臣　男爵　幣原喜重郎
　　　司　法　大　臣　　　木村篤太郎
　　　内　務　大　臣　　　大村　清一
　　　文　部　大　臣　　　田中耕太郎
　　　農　林　大　臣　　　和田　博雄
　　　国　務　大　臣　　　斎藤　隆夫
　　　逓　信　大　臣　　　一松　定吉
　　　商　工　大　臣　　　星島　二郎
　　　厚　生　大　臣　　　河合　良成
　　　国　務　大　臣　　　植原悦二郎
　　　運　輸　大　臣　　　平塚常次郎
　　　大　蔵　大　臣　　　石橋　湛山
　　　国　務　大　臣　　　金森徳次郎
　　　国　務　大　臣　　　膳　桂之助

日本国憲法

日本国民は，正当に選挙された国会における代表者を通じて行動し，われらとわれらの子孫のために，諸国民との協和による成果と，わが国全土にわたつて自由のもたらす恵沢を確保し，政府の行為によつて再び戦争の惨禍が起ることのないやうにすることを決意し，ここに主権が国民に存することを宣言し，この憲法を確定する。そもそも国政は，国民の厳粛な信託によるものであつて，その権威は国民に由来し，その権力は国民の代表者がこれを行使し，その福利は国民がこれを享受する。これは人類普遍の原理であり，この憲法は，かかる原理に基くものである。われらは，これに反する一切の憲法，法令及び詔勅を排除する。

日本国民は，恒久の平和を念願し，人間相互の関係を支配する崇高な理想を深く自覚するのであつて，平和を愛する諸国民の公正と信義に信頼して，われらの安全と生存を保持しようと決意した。われらは，平和を維持し，専制と隷従，圧迫と偏狭を地上から永遠に除去しようと努めてゐる国際社会において，名誉ある地位を占めたいと思ふ。われらは，全世界の国民が，ひとしく恐怖と欠乏から免かれ，平和のうちに生存する権利を有することを確認する。

われらは，いづれの国家も，自国のことのみに専念して他国を無視してはならないのであつて，政治道徳の法則は，普遍的なものであり，この法則に従ふことは，自国の主権を維持し，他国と対等関係に立たうとする各国の責務であると信ずる。

日本国民は，国家の名誉にかけ，全力をあげてこの崇高な理想と目的を達成することを誓ふ。

第1章　天　皇

第1条　〔天皇の地位・国民主権〕　天皇は，日本国の象徴であり日本国民統合の象徴であつて，この地位は，主権の存する日本国民の総意に基く。

第2条　〔皇位の継承〕　皇位は，世襲のものであつて，国会の議決した皇室典範の定めるところにより，これを継承する。

第3条　〔天皇の国事行為に対する内閣の助言と承認〕　天皇の国事に関するすべての行為には，内閣の助言と承認を必要とし，内閣が，その責任を負ふ。

第4条　〔天皇の権能の限界，天皇の国事行為の委任〕　①　天皇は，この憲法の定める国事に関する行為のみを行ひ，国政に関する権能を有しない。

②　天皇は，法律の定めるところにより，その国事に関する行為を委任することができる。

第5条　〔摂政〕　皇室典範の定めるところにより摂政を置くときは，摂政は，天皇の名でその国事に関する行為を行ふ。この場合には，前条第一項の規定を準用する。

第6条　〔天皇の任命権〕　①　天皇は，国会の指名に基いて，内閣総理大臣を任命する。

②　天皇は，内閣の指名に基いて，最高裁判所の長たる裁判官を任命する。

第7条　〔天皇の国事行為〕　天皇は，内閣の助言と承認により，国民のために，左の国事に関する行為を行ふ。

　1　憲法改正，法律，政令及び条約を公布すること。

　2　国会を召集すること。

　3　衆議院を解散すること。

　4　国会議員の総選挙の施行を公示すること。

　5　国務大臣及び法律の定めるその他の官吏の任免並びに全権委任状及び大使及び公使の信任状を認証すること。

　6　大赦，特赦，減刑，刑の執行の免除及び復権を認証すること。

　7　栄典を授与すること。

    8　批准書及び法律の定めるその他の外交文書を認証すること。
    9　外国の大使及び公使を接受すること。
    10　儀式を行ふこと。
第8条〔皇室の財産授受〕　皇室に財産を譲り渡し，又は皇室が，財産を譲り受け，若しくは賜与することは，国会の議決に基かなければならない。

第2章　戦争の放棄

第9条〔戦争の放棄，戦力及び交戦権の否認〕①　日本国民は，正義と秩序を基調とする国際平和を誠実に希求し，国権の発動たる戦争と，武力による威嚇又は武力の行使は，国際紛争を解決する手段としては，永久にこれを放棄する。
②　前項の目的を達するため，陸海空軍その他の戦力は，これを保持しない。国の交戦権は，これを認めない。

第3章　国民の権利及び義務

第10条〔国民の要件〕　日本国民たる要件は，法律でこれを定める。
第11条〔基本的人権の享有〕　国民は，すべての基本的人権の享有を妨げられない。この憲法が国民に保障する基本的人権は，侵すことのできない永久の権利として，現在及び将来の国民に与へられる。
第12条〔自由・権利の保持の責任とその濫用の禁止〕　この憲法が国民に保障する自由及び権利は，国民の不断の努力によつて，これを保持しなければならない。又，国民は，これを濫用してはならないのであつて，常に公共の福祉のためにこれを利用する責任を負ふ。
第13条〔個人の尊重・幸福追求権・公共の福祉〕　すべて国民は，個人として尊重される。生命，自由及び幸福追求に対する国民の権利については，公共の福祉に反しない限り，立法その他の国政の上で，最大の尊重を必要とする。
第14条〔法の下の平等，貴族の禁止，栄典〕①　すべて国民は，法の下に平等であつて，人種，信条，性別，社会的身分又は門地により，政治的，経済的又は社会的関係において，差別されない。
②　華族その他の貴族の制度は，これを認めない。
③　栄誉，勲章その他の栄典の授与は，いかなる特権も伴はない。栄典の授与は，現にこれを有し，又は将来これを受ける者の一代に限り，その効力を有する。
第15条〔公務員の選定及び罷免権，公務員の本質，普通選挙の保障，秘密投票の保障〕①　公務員を選定し，及びこれを罷免することは，国民固有の権利である。
②　すべて公務員は，全体の奉仕者であつて，一部の奉仕者ではない。
③　公務員の選挙については，成年者による普通選挙を保障する。
④　すべて選挙における投票の秘密は，これを侵してはならない。選挙人は，その選択に関し公的にも私的にも責任を問はれない。

第16条〔請願権〕 何人も，損害の救済，公務員の罷免，法律，命令又は規則の制定，廃止又は改正その他の事項に関し，平穏に請願する権利を有し，何人も，かかる請願をしたためにいかなる差別待遇も受けない。

第17条〔国及び公共団体の賠償責任〕 何人も，公務員の不法行為により，損害を受けたときは，法律の定めるところにより，国又は公共団体に，その賠償を求めることができる。

第18条〔奴隷的拘束及び苦役からの自由〕 何人も，いかなる奴隷的拘束も受けない。又，犯罪に因る処罰の場合を除いては，その意に反する苦役に服させられない。

第19条〔思想及び良心の自由〕 思想及び良心の自由は，これを侵してはならない。

第20条〔信教の自由〕 ① 信教の自由は，何人に対してもこれを保障する。いかなる宗教団体も，国から特権を受け，又は政治上の権力を行使してはならない。

② 何人も，宗教上の行為，祝典，儀式又は行事に参加することを強制されない。

③ 国及びその機関は，宗教教育その他いかなる宗教的活動もしてはならない。

第21条〔集会・結社・表現の自由，通信の秘密〕 ① 集会，結社及び言論，出版その他一切の表現の自由は，これを保障する。

② 検閲は，これをしてはならない。通信の秘密は，これを侵してはならない。

第22条〔居住・移転及び職業選択の自由，外国移住・国籍離脱の自由〕 ① 何人も，公共の福祉に反しない限り，居住，移転及び職業選択の自由を有する。

② 何人も，外国に移住し，又は国籍を離脱する自由を侵されない。

第23条〔学問の自由〕 学問の自由は，これを保障する。

第24条〔家族生活における個人の尊厳と両性の平等〕 ① 婚姻は，両性の合意のみに基いて成立し，夫婦が同等の権利を有することを基本として，相互の協力により，維持されなければならない。

② 配偶者の選択，財産権，相続，住居の選定，離婚並びに婚姻及び家族に関するその他の事項に関しては，法律は，個人の尊厳と両性の本質的平等に立脚して，制定されなければならない。

第25条〔生存権，国の社会的使命〕 ① すべて国民は，健康で文化的な最低限度の生活を営む権利を有する。

② 国は，すべての生活部面について，社会福祉，社会保障及び公衆衛生の向上及び増進に努めなければならない。

第26条〔教育を受ける権利，教育の義務〕 ① すべて国民は，法律の定めるところにより，その能力に応じて，ひとしく教育を受ける権利を有する。

② すべて国民は，法律の定めるとこ

ろにより，その保護する子女に普通教育を受けさせる義務を負ふ。義務教育は，これを無償とする。

第27条　〔勤労の権利及び義務，勤労条件の基準，児童酷使の禁止〕①　すべて国民は，勤労の権利を有し，義務を負ふ。

②　賃金，就業時間，休息その他の勤労条件に関する基準は，法律でこれを定める。

③　児童は，これを酷使してはならない。

第28条　〔勤労者の団結権〕　勤労者の団結する権利及び団体交渉その他の団体行動をする権利は，これを保障する。

第29条　〔財産権〕①　財産権は，これを侵してはならない。

②　財産権の内容は，公共の福祉に適合するやうに，法律でこれを定める。

③　私有財産は，正当な補償の下に，これを公共のために用ひることができる。

第30条　〔納税の義務〕　国民は，法律の定めるところにより，納税の義務を負ふ。

第31条　〔法定の手続の保障〕　何人も，法律の定める手続によらなければ，その生命若しくは自由を奪はれ，又はその他の刑罰を科せられない。

第32条　〔裁判を受ける権利〕　何人も，裁判所において裁判を受ける権利を奪はれない。

第33条　〔逮捕の要件〕　何人も，現行犯として逮捕される場合を除いては，権限を有する司法官憲が発し，且つ理由となつてゐる犯罪を明示する令状によらなければ，逮捕されない。

第34条　〔抑留・拘禁の要件，不法拘禁に対する保障〕　何人も，理由を直ちに告げられ，且つ，直ちに弁護人に依頼する権利を与へられなければ，抑留又は拘禁されない。又，何人も，正当な理由がなければ，拘禁されず，要求があれば，その理由は，直ちに本人及びその弁護人の出席する公開の法廷で示されなければならない。

第35条　〔住居の不可侵〕①　何人も，その住居，書類及び所持品について，侵入，捜索及び押収を受けることのない権利は，第三十三条の場合を除いては，正当な理由に基いて発せられ，且つ捜索する場所及び押収する物を明示する令状がなければ，侵されない。

②　捜索又は押収は，権限を有する司法官憲が発する各別の令状により，これを行ふ。

第36条　〔拷問及び残虐刑の禁止〕　公務員による拷問及び残虐な刑罰は，絶対にこれを禁ずる。

第37条　〔刑事被告人の権利〕①　すべて刑事事件においては，被告人は，公平な裁判所の迅速な公開裁判を受ける権利を有する。

②　刑事被告人は，すべての証人に対して審問する機会を充分に与へられ，又，公費で自己のために強制的手続により証人を求める権利を有する。

③　刑事被告人は，いかなる場合にも，資格を有する弁護人を依頼することができる。被告人が自らこれを依頼

することができないときは，国でこれを附する。

第38条〔自己に不利益な供述，自白の証拠能力〕① 何人も，自己に不利益な供述を強要されない。

② 強制，拷問若しくは脅迫による自白又は不当に長く抑留若しくは拘禁された後の自白は，これを証拠とすることができない。

③ 何人も，自己に不利益な唯一の証拠が本人の自白である場合には，有罪とされ，又は刑罰を科せられない。

第39条〔遡及処罰の禁止・一事不再理〕 何人も，実行の時に適法であつた行為又は既に無罪とされた行為については，刑事上の責任を問はれない。又，同一の犯罪について，重ねて刑事上の責任を問はれない。

第40条〔刑事補償〕 何人も，抑留又は拘禁された後，無罪の裁判を受けたときは，法律の定めるところにより，国にその補償を求めることができる。

第4章 国　会

第41条〔国会の地位・立法権〕 国会は，国権の最高機関であつて，国の唯一の立法機関である。

第42条〔両院制〕 国会は，衆議院及び参議院の両議院でこれを構成する。

第43条〔両議院の組織・代表〕① 両議院は，全国民を代表する選挙された議員でこれを組織する。

② 両議院の議員の定数は，法律でこれを定める。

第44条〔議員及び選挙人の資格〕 両議院の議員及びその選挙人の資格は，法律でこれを定める。但し，人種，信条，性別，社会的身分，門地，教育，財産又は収入によつて差別してはならない。

第45条〔衆議院議員の任期〕 衆議院議員の任期は，四年とする。但し，衆議院解散の場合には，その期間満了前に終了する。

第46条〔参議院議員の任期〕 参議院議員の任期は，六年とし，三年ごとに議員の半数を改選する。

第47条〔選挙に関する事項〕 選挙区，投票の方法その他両議院の議員の選挙に関する事項は，法律でこれを定める。

第48条〔両議院議員兼職の禁止〕 何人も，同時に両議院の議員たることはできない。

第49条〔議員の歳費〕 両議院の議員は，法律の定めるところにより，国庫から相当額の歳費を受ける。

第50条〔議員の不逮捕特権〕 両議院の議員は，法律の定める場合を除いては，国会の会期中逮捕されず，会期前に逮捕された議員は，その議院の要求があれば，会期中これを釈放しなければならない。

第51条〔議員の発言・表決の無責任〕 両議院の議員は，議院で行つた演説，討論又は表決について，院外で責任を問はれない。

第52条〔常会〕 国会の常会は，毎年一回これを召集する。

第53条〔臨時会〕 内閣は，国会の臨時会の召集を決定することができる。

いづれかの議院の総議員の四分の一以上の要求があれば，内閣は，その召集を決定しなければならない。

第54条〔衆議院の解散・特別会，参議院の緊急集会〕① 衆議院が解散されたときは，解散の日から四十日以内に，衆議院議員の総選挙を行ひ，その選挙の日から三十日以内に，国会を召集しなければならない。

② 衆議院が解散されたときは，参議院は，同時に閉会となる。但し，内閣は，国に緊急の必要があるときは，参議院の緊急集会を求めることができる。

③ 前項但書の緊急集会において採られた措置は，臨時のものであつて，次の国会開会の後十日以内に，衆議院の同意がない場合には，その効力を失ふ。

第55条〔資格争訟の裁判〕両議院は，各ゝその議員の資格に関する争訟を裁判する。但し，議員の議席を失はせるには，出席議員の三分の二以上の多数による議決を必要とする。

第56条〔定足数，表決〕① 両議院は，各ゝその総議員の三分の一以上の出席がなければ，議事を開き議決することができない。

② 両議員の議事は，この憲法に特別の定のある場合を除いては，出席議員の過半数でこれを決し，可否同数のときは，議長の決するところによる。

第57条〔会議の公開，会議録，表決の記載〕① 両議院の会議は，公開とする。但し，出席議員の三分の二以上の多数で議決したときは，秘密会を開くことができる。

② 両議院は，各ゝその会議の記録を保存し，秘密会の記録の中で特に秘密を要すると認められるもの以外は，これを公表し，且つ一般に頒布しなければならない。

③ 出席議員の五分の一以上の要求があれば，各議員の表決は，これを会議録に記載しなければならない。

第58条〔役員の選任，議院規則・懲罰〕① 両議院は，各ゝその議長その他の役員を選任する。

② 両議院は，各ゝその会議その他の手続及び内部の規律に関する規則を定め，又，院内の秩序をみだした議員を懲罰することができる。但し，議員を除名するには，出席議員の三分の二以上の多数による議決を必要とする。

第59条〔法律案の議決，衆議院の優越〕① 法律案は，この憲法に特別の定のある場合を除いては，両議院で可決したとき法律となる。

② 衆議院で可決し，参議院でこれと異なつた議決をした法律案は，衆議院で出席議員の三分の二以上の多数で再び可決したときは，法律となる。

③ 前項の規定は，法律の定めるところにより，衆議院が，両議院の協議会を開くことを求めることを妨げない。

④ 参議院が，衆議院の可決した法律案を受け取つた後，国会休会中の期間を除いて六十日以内に，議決しないときは，衆議院は，参議院がその

法律案を否決したものとみなすことができる。

第60条 〔衆議院の予算先議，予算議決に関する衆議院の優越〕① 予算は，さきに衆議院に提出しなければならない。

② 予算について，参議院で衆議院と異なつた議決をした場合に，法律の定めるところにより，両議院の協議会を開いても意見が一致しないとき，又は参議院が，衆議院の可決した予算を受け取つた後，国会休会中の期間を除いて三十日以内に，議決しないときは，衆議院の議決を国会の議決とする。

第61条 〔条約の承認に関する衆議院の優越〕 条約の締結に必要な国会の承認については，前条第二項の規定を準用する。

第62条 〔議院の国政調査権〕 両議院は，各々国政に関する調査を行ひ，これに関して，証人の出頭及び証言並びに記録の提出を要求することができる。

第63条 〔閣僚の議院出席の権利と義務〕 内閣総理大臣その他の国務大臣は，両議院の一に議席を有すると有しないとにかかはらず，何時でも議案について発言するため議院に出席することができる。又，答弁又は説明のため出席を求められたときは，出席しなければならない。

第64条 〔弾劾裁判所〕① 国会は，罷免の訴追を受けた裁判官を裁判するため，両議院の議員で組織する弾劾裁判所を設ける。

② 弾劾に関する事項は，法律でこれを定める。

第5章 内 閣

第65条 〔行政権〕 行政権は，内閣に属する。

第66条 〔内閣の組織，国会に対する連帯責任〕① 内閣は，法律の定めるところにより，その首長たる内閣総理大臣及びその他の国務大臣でこれを組織する。

② 内閣総理大臣その他の国務大臣は，文民でなければならない。

③ 内閣は，行政権の行使について，国会に対し連帯して責任を負ふ。

第67条 〔内閣総理大臣の指名，衆議院の優越〕① 内閣総理大臣は，国会議員の中から国会の議決で，これを指名する。この指名は，他のすべての案件に先だつて，これを行ふ。

② 衆議院と参議院とが異なつた指名の議決をした場合に，法律の定めるところにより，両議院の協議会を開いても意見が一致しないとき，又は衆議院が指名の議決をした後，国会休会中の期間を除いて十日以内に，参議院が，指名の議決をしないときは，衆議院の議決を国会の議決とする。

第68条 〔国務大臣の任命及び罷免〕① 内閣総理大臣は，国務大臣を任命する。但し，その過半数は，国会議員の中から選ばれなければならない。

② 内閣総理大臣は，任意に国務大臣を罷免することができる。

第69条〔内閣不信任決議の効果〕 内閣は，衆議院で不信任の決議案を可決し，又は信任の決議案を否決したときは，十日以内に衆議院が解散されない限り，総辞職をしなければならない。

第70条〔内閣総理大臣の欠缺・新国会の召集と内閣の総辞職〕 内閣総理大臣が欠けたとき，又は衆議院議員総選挙の後に初めて国会の召集があつたときは，内閣は，総辞職をしなければならない。

第71条〔総辞職後の内閣〕 前二条の場合には，内閣は，あらたに内閣総理大臣が任命されるまで引き続きその職務を行ふ。

第72条〔内閣総理大臣の職務〕 内閣総理大臣は，内閣を代表して議案を国会に提出し，一般国務及び外交関係について国会に報告し，並びに行政各部を指揮監督する。

第73条〔内閣の職務〕 内閣は，他の一般行政事務の外，左の事務を行ふ。
 1 法律を誠実に執行し，国務を総理すること。
 2 外交関係を処理すること。
 3 条約を締結すること。但し，事前に，時宜によつては事後に，国会の承認を経ることを必要とする。
 4 法律の定める基準に従ひ，官吏に関する事務を掌理すること。
 5 予算を作成して国会に提出すること。
 6 この憲法及び法律の規定を実施するために，政令を制定すること。但し，政令には，特にその法律の委任がある場合を除いては，罰則を設けることができない。
 7 大赦，特赦，減刑，刑の執行の免除及び復権を決定すること。

第74条〔法律・政令の署名〕 法律及び政令には，すべて主任の国務大臣が署名し，内閣総理大臣が連署することを必要とする。

第75条〔国務大臣の特典〕 国務大臣は，その在任中，内閣総理大臣の同意がなければ，訴追されない。但し，これがため，訴追の権利は，害されない。

第6章 司 法

第76条〔司法権・裁判所，特別裁判所の禁止，裁判官の独立〕 ① すべて司法権は，最高裁判所及び法律の定めるところにより設置する下級裁判所に属する。
② 特別裁判所は，これを設置することができない。行政機関は，終審として裁判を行ふことができない。
③ すべて裁判官は，その良心に従ひ独立してその職権を行ひ，この憲法及び法律にのみ拘束される。

第77条〔最高裁判所の規則制定権〕 ① 最高裁判所は，訴訟に関する手続，弁護士，裁判所の内部規律及び司法事務処理に関する事項について，規則を定める権限を有する。
② 検察官は，最高裁判所の定める規則に従はなければならない。
③ 最高裁判所は，下級裁判所に関する規則を定める権限を，下級裁判所に委任することができる。

第78条〔裁判官の身分の保障〕 裁判官は、裁判により、心身の故障のために職務を執ることができないと決定された場合を除いては、公の弾劾によらなければ罷免されない。裁判官の懲戒処分は、行政機関がこれを行ふことはできない。

第79条〔最高裁判所の裁判官、国民審査、定年、報酬〕① 最高裁判所は、その長たる裁判官及び法律の定める員数のその他の裁判官でこれを構成し、その長たる裁判官以外の裁判官は、内閣でこれを任命する。

② 最高裁判所の裁判官の任命は、その任命後初めて行はれる衆議院議員総選挙の際国民の審査に付し、その後十年を経過した後初めて行はれる衆議院議員総選挙の際更に審査に付し、その後も同様とする。

③ 前項の場合において、投票者の多数が裁判官の罷免を可とするときは、その裁判官は、罷免される。

④ 審査に関する事項は、法律でこれを定める。

⑤ 最高裁判所の裁判官は、法律の定める年齢に達した時に退官する。

⑥ 最高裁判所の裁判官は、すべて定期に相当額の報酬を受ける。この報酬は、在任中、これを減額することができない。

第80条〔下級裁判所の裁判官・任期・定年、報酬〕① 下級裁判所の裁判官は、最高裁判所の指名した者の名簿によつて、内閣でこれを任命する。その裁判官は、任期を十年とし、再任されることができる。但し、法律の定める年齢に達した時には退官する。

② 下級裁判所の裁判官は、すべて定期に相当額の報酬を受ける。この報酬は、在任中、これを減額することができない。

第81条〔法令審査権と最高裁判所〕 最高裁判所は、一切の法律、命令、規則又は処分が憲法に適合するかしないかを決定する権限を有する終審裁判所である。

第82条〔裁判の公開〕① 裁判の対審及び判決は、公開法廷でこれを行ふ。

② 裁判所が、裁判官の全員一致で、公の秩序又は善良の風俗を害する虞があると決した場合には、対審は、公開しないでこれを行ふことができる。但し、政治犯罪、出版に関する犯罪又はこの憲法第三章で保障する国民の権利が問題となつてゐる事件の対審は、常にこれを公開しなければならない。

第7章 財 政

第83条〔財政処理の基本原則〕 国の財政を処理する権限は、国会の議決に基いて、これを行使しなければならない。

第84条〔課税〕 あらたに租税を課し、又は現行の租税を変更するには、法律又は法律の定める条件によることを必要とする。

第85条〔国費の支出及び国の債務負担〕 国費を支出し、又は国が債務を負担するには、国会の議決に基く

ことを必要とする。
第86条〔予算〕　内閣は，毎会計年度の予算を作成し，国会に提出して，その審議を受け議決を経なければならない。
第87条〔予備費〕①　予見し難い予算の不足に充てるため，国会の議決に基いて予備費を設け，内閣の責任でこれを支出することができる。
②　すべて予備費の支出については，内閣は，事後に国会の承諾を得なければならない。
第88条〔皇室財産・皇室の費用〕　すべて皇室財産は，国に属する。すべて皇室の費用は，予算に計上して国会の議決を経なければならない。
第89条〔公の財産の支出又は利用の制限〕　公金その他の公の財産は，宗教上の組織若しくは団体の使用，便益若しくは維持のため，又は公の支配に属しない慈善，教育若しくは博愛の事業に対し，これを支出し，又はその利用に供してはならない。
第90条〔決算検査，会計検査院〕①　国の収入支出の決算は，すべて毎年会計検査院がこれを検査し，内閣は，次の年度に，その検査報告とともに，これを国会に提出しなければならない。
②　会計検査院の組織及び権限は，法律でこれを定める。
第91条〔財政状況の報告〕　内閣は，国会及び国民に対し，定期に，少くとも毎年一回，国の財政状況について報告しなければならない。

第8章　地方自治

第92条〔地方自治の基本原則〕　地方公共団体の組織及び運営に関する事項は，地方自治の本旨に基いて，法律でこれを定める。
第93条〔地方公共団体の機関，その直接選挙〕①　地方公共団体には，法律の定めるところにより，その議事機関として議会を設置する。
②　地方公共団体の長，その議会の議員及び法律の定めるその他の吏員は，その地方公共団体の住民が，直接これを選挙する。
第94条〔地方公共団体の権能〕　地方公共団体は，その財産を管理し，事務を処理し，及び行政を執行する権能を有し，法律の範囲内で条例を制定することができる。
第95条〔特別法の住民投票〕　一の地方公共団体のみに適用される特別法は，法律の定めるところにより，その地方公共団体の住民の投票においてその過半数の同意を得なければ，国会は，これを制定することができない。

第9章　改　正

第96条〔改正の手続，その公布〕①　この憲法の改正は，各議院の総議員の三分の二以上の賛成で，国会が，これを発議し，国民に提案してその承認を経なければならない。この承認には，特別の国民投票又は国会の定める選挙の際行はれる投票において，その過半数の賛成を必要とする。
②　憲法改正について前項の承認を経

たときは，天皇は，国民の名で，この憲法と一体を成すものとして，直ちにこれを公布する。

第10章　最高法規

第97条　〔基本的人権の本質〕　この憲法が日本国民に保障する基本的人権は，人類の多年にわたる自由獲得の努力の成果であつて，これらの権利は，過去幾多の試錬に堪へ，現在及び将来の国民に対し，侵すことのできない永久の権利として信託されたものである。

第98条　〔最高法規，条約及び国際法規の遵守〕　①　この憲法は，国の最高法規であつて，その条規に反する法律，命令，詔勅及び国務に関するその他の行為の全部又は一部は，その効力を有しない。

②　日本国が締結した条約及び確立された国際法規は，これを誠実に遵守することを必要とする。

第99条　〔憲法尊重擁護の義務〕　天皇又は摂政及び国務大臣，国会議員，裁判官その他の公務員は，この憲法を尊重し擁護する義務を負ふ。

第11章　補　則

第100条　〔憲法施行期日，準備手続〕　①　この憲法は，公布の日から起算して六箇月を経過した日（昭和22・5・3）から，これを施行する。

②　この憲法を施行するために必要な法律の制定，参議院議員の選挙及び国会召集の手続並びにこの憲法を施行するために必要な準備手続は，前項の期日よりも前に，これを行ふことができる。

第101条　〔経過規定―参議院未成立の間の国会〕　この憲法施行の際，参議院がまだ成立してゐないときは，その成立するまでの間，衆議院は，国会としての権限を行ふ。

第102条　〔同前―第一期の参議院議員の任期〕　この憲法による第一期の参議院議員のうち，その半数の者の任期は，これを三年とする。その議員は，法律の定めるところにより，これを定める。

第103条　〔同前―公務員の地位〕　この憲法施行の際現に在職する国務大臣，衆議院議員及び裁判官並びにその他の公務員で，その地位に相応する地位がこの憲法で認められてゐる者は，法律で特別の定をした場合を除いては，この憲法施行のため，当然にはその地位を失ふことはない。但し，この憲法によつて，後任者が選挙又は任命されたときは，当然その地位を失ふ。

資料2

大日本帝国憲法

告文

皇朕レ謹ミ畏ミ
皇祖
皇宗ノ神霊ニ誥ケ白サク皇朕レ天壌無窮ノ宏謨ニ循ヒ惟神ノ宝祚ヲ承継シ旧図ヲ保持シテ敢テ失墜スルコト無シ顧ミルニ世局ノ進運ニ膺リ人文ノ発達ニ随ヒ宜ク
皇祖
皇宗ノ遺訓ヲ明徴ニシ典憲ヲ成立シ条章ヲ昭示シ内ハ以テ子孫ノ率由スル所ト為シ外ハ以テ臣民翼賛ノ道ヲ広メ永遠ニ遵行セシメ益〻国家ノ丕基ヲ鞏固ニシ八洲民生ノ慶福ヲ増進スヘシ茲ニ皇室典範及憲法ヲ制定ス惟フニ此レ皆
皇祖
皇宗ノ後裔ニ貽シタマヘル統治ノ洪範ヲ紹述スルニ外ナラス而シテ朕カ躬ニ逮テ時ト倶ニ挙行スルコトヲ得ルハ洵ニ
皇祖
皇宗及我カ
皇考ノ威霊ニ倚藉スルニ由ラサルハ無シ皇朕レ仰テ
皇祖
皇宗及
皇考ノ神祐ヲ禱リ併セテ朕カ現在及将来ニ臣民ニ率先シ此ノ憲章ヲ履行シテ愆ラサラムコトヲ誓フ庶幾クハ
神霊此レヲ鑒ミタマヘ

憲法発布勅語

朕国家ノ隆昌ト臣民ノ慶福トヲ以テ中心ノ欣栄トシ朕カ祖宗ニ承クルノ大権ニ依リ現在及将来ノ臣民ニ対シ此ノ不磨ノ大典ヲ宣布ス

惟フニ我カ祖我カ宗ハ我カ臣民祖先ノ協力輔翼ニ倚リ我カ帝国ヲ肇造シ以テ無窮ニ垂レタリ此レ我カ神聖ナル祖宗ノ威徳ト並ニ臣民ノ忠実勇武ニシテ国ヲ愛シ公ニ殉ヒ以テ此ノ光輝アル国史ノ成跡ヲ貽シタルナリ朕我カ臣民ハ即チ祖宗ノ忠良ナル臣民ノ子孫ナルヲ回想シ其ノ朕カ意ヲ奉体シ朕カ事ヲ奨順シ相与ニ和衷協同シ益〻我カ帝国ノ光栄ヲ中外ニ宣揚シ祖宗ノ遺業ヲ永久ニ鞏固ナラシムルノ希望ヲ同クシ此ノ負担ヲ分ツニ堪フルコトヲ疑ハサルナリ

朕祖宗ノ遺烈ヲ承ケ万世一系ノ帝位ヲ践ミ朕カ親愛スル所ノ臣民ハ即チ朕カ祖宗ノ恵撫慈養シタマヒシ所ノ臣民ナルヲ念ヒ其ノ康福ヲ増進シ其ノ懿徳良能ヲ発達セシメムコトヲ願ヒ又其ノ翼賛ニ依リ与倶ニ国家ノ進運ヲ扶持セムコトヲ望ミ乃チ明治14年10月12日ノ詔命ヲ履践シ茲ニ大憲ヲ制定シ朕カ率由スル所ヲ示シ朕カ後嗣及臣民及臣民ノ子孫タル者ヲシテ永遠ニ循行スル所ヲ知ラシム

国家統治ノ大権ハ朕カ之ヲ祖宗ニ承ケテ之ヲ子孫ニ伝フル所ナリ朕及朕カ子

孫ハ将来此ノ憲法ノ条章ニ循ヒ之ヲ行フコトヲ愆ラサルヘシ

朕ハ我カ臣民ノ権利及財産ノ安全ヲ貴重シ及之ヲ保護シ此ノ憲法及法律ノ範囲内ニ於テ其ノ享有ヲ完全ナラシムヘキコトヲ宣言ス

帝国議会ハ明治23年ヲ以テ之ヲ召集シ議会開会ノ時（明治22・11・29）ヲ以テ此ノ憲法ヲシテ有効ナラシムルノ期トスヘシ

将来若此ノ憲法ノ或ル条章ヲ改定スルノ必要ナル時宜ヲ見ルニ至ラハ朕及朕カ継統ノ子孫ハ発議ノ権ヲ執リ之ヲ議会ニ付シ議会ハ此ノ憲法ニ定メタル要件ニ依リ之ヲ議決スルノ外朕カ子孫及臣民ハ敢テ之カ紛更ヲ試ミルコトヲ得サルヘシ

朕カ在廷ノ大臣ハ朕カ為ニ此ノ憲法ヲ施行スルノ責ニ任スヘク朕カ現在及将来ノ臣民ハ此ノ憲法ニ対シ永遠ニ従順ノ義務ヲ負フヘシ

　御　名　御　璽
　　明治22年2月11日
　　　内閣総理大臣　伯爵　黒田清隆
　　　枢密院議長　　伯爵　伊藤博文
　　　外務大臣　　　伯爵　大隈重信
　　　海軍大臣　　　伯爵　西郷従道
　　　農商務大臣　　伯爵　井上　馨
　　　司法大臣　　　伯爵　山田顕義
　　　大蔵大臣
　　　兼内務大臣　　伯爵　松方正義
　　　陸軍大臣　　　伯爵　大山　巌
　　　文部大臣　　　子爵　森　有礼
　　　逓信大臣　　　子爵　榎本武揚

大日本帝国憲法
第1章　天皇

第1条　大日本帝国ハ万世一系ノ天皇之ヲ統治ス

第2条　皇位ハ皇室典範ノ定ムル所ニ依リ皇男子孫之ヲ継承ス

第3条　天皇ハ神聖ニシテ侵スヘカラス

第4条　天皇ハ国ノ元首ニシテ統治権ヲ総攬シ此ノ憲法ノ条規ニ依リ之ヲ行フ

第5条　天皇ハ帝国議会ノ協賛ヲ以テ立法権ヲ行フ

第6条　天皇ハ法律ヲ裁可シ其ノ公布及執行ヲ命ス

第7条　天皇ハ帝国議会ヲ召集シ其ノ開会閉会停会及衆議院ノ解散ヲ命ス

第8条　①天皇ハ公共ノ安全ヲ保持シ又ハ其ノ災厄ヲ避クル為緊急ノ必要ニ由リ帝国議会閉会ノ場合ニ於テ法律ニ代ルヘキ勅令ヲ発ス

②此ノ勅令ハ次ノ会期ニ於テ帝国議会ニ提出スヘシ若議会ニ於テ承諾セサルトキハ政府ハ将来ニ向テ其ノ効力ヲ失フコトヲ公布スヘシ

第9条　天皇ハ法律ヲ執行スル為ニ又ハ公共ノ安寧秩序ヲ保持シ及臣民ノ幸福ヲ増進スル為ニ必要ナル命令ヲ発シ又ハ発セシム但シ命令ヲ以テ法律ヲ変更スルコトヲ得ス

第10条　天皇ハ行政各部ノ官制及文武官ノ俸給ヲ定メ及文武官ヲ任免ス但シ此ノ憲法又ハ他ノ法律ニ特例ヲ掲ケタルモノハ各々其ノ条項ニ依ル

第11条　天皇ハ陸海軍ヲ統帥ス

第12条　天皇ハ陸海軍ノ編制及常備兵

額ヲ定ム

第13条　天皇ハ戦ヲ宣シ和ヲ講シ及諸般ノ条約ヲ締結ス

第14条　①天皇ハ戒厳ヲ宣告ス
②戒厳ノ要件及効力ハ法律ヲ以テ之ヲ定ム

第15条　天皇ハ爵位勲章及其ノ他ノ栄典ヲ授与ス

第16条　天皇ハ大赦特赦減刑及復権ヲ命ス

第17条　①摂政ヲ置クハ皇室典範ノ定ムル所ニ依ル
②摂政ハ天皇ノ名ニ於テ大権ヲ行フ

第2章　臣民権利義務

第18条　日本臣民タルノ要件ハ法律ノ定ムル所ニ依ル

第19条　日本臣民ハ法律命令ノ定ムル所ノ資格ニ応シ均ク文武官ニ任セラレ及其ノ他ノ公務ニ就クコトヲ得

第20条　日本臣民ハ法律ノ定ムル所ニ従ヒ兵役ノ義務ヲ有ス

第21条　日本臣民ハ法律ノ定ムル所ニ従ヒ納税ノ義務ヲ有ス

第22条　日本臣民ハ法律ノ範囲内ニ於テ居住及移転ノ自由ヲ有ス

第23条　日本臣民ハ法律ニ依ルニ非スシテ逮捕監禁審問処罰ヲ受クルコトナシ

第24条　日本臣民ハ法律ニ定メタル裁判官ノ裁判ヲ受クルノ権ヲ奪ハル、コトナシ

第25条　日本臣民ハ法律ニ定メタル場合ヲ除ク外其ノ許諾ナクシテ住所ニ侵入セラレ及捜索セラル、コトナシ

第26条　日本臣民ハ法律ニ定メタル場合ヲ除ク外信書ノ秘密ヲ侵サル、コトナシ

第27条　①日本臣民ハ其ノ所有権ヲ侵サル、コトナシ
②公益ノ為必要ナル処分ハ法律ノ定ムル所ニ依ル

第28条　日本臣民ハ安寧秩序ヲ妨ケス及臣民タルノ義務ニ背カサル限ニ於テ信教ノ自由ヲ有ス

第29条　日本臣民ハ法律ノ範囲内ニ於テ言論著作印行集会及結社ノ自由ヲ有ス

第30条　日本臣民ハ相当ノ敬礼ヲ守リ別ニ定ムル所ノ規程ニ従ヒ請願ヲ為スコトヲ得

第31条　本章ニ掲ケタル条規ハ戦時又ハ国家事変ノ場合ニ於テ天皇大権ノ施行ヲ妨クルコトナシ

第32条　本章ニ掲ケタル条規ハ陸海軍ノ法令又ハ紀律ニ牴触セサルモノニ限リ軍人ニ準行ス

第3章　帝国議会

第33条　帝国議会ハ貴族院衆議院ノ両院ヲ以テ成立ス

第34条　貴族院ハ貴族院令ノ定ムル所ニ依リ皇族華族及勅任セラレタル議員ヲ以テ組織ス

第35条　衆議院ハ選挙法ノ定ムル所ニ依リ公選セラレタル議員ヲ以テ組織ス

第36条　何人モ同時ニ両議院ノ議員タルコトヲ得

第37条　凡テ法律ハ帝国議会ノ協賛ヲ経ルヲ要ス

第38条　両議院ハ政府ノ提出スル法律

案ヲ議決シ及各〻法律案ヲ提出スルコトヲ得

第39条　両議院ノ一ニ於テ否決シタル法律案ハ同会期中ニ於テ再ヒ提出スルコトヲ得ス

第40条　両議院ハ法律又ハ其ノ他ノ事件ニ付各〻其ノ意見ヲ政府ニ建議スルコトヲ得但シ其ノ採納ヲ得サルモノハ同会期中ニ於テ再ヒ建議スルコトヲ得ス

第41条　帝国議会ハ毎年之ヲ召集ス

第42条　帝国議会ハ三箇月ヲ以テ会期トス必要アル場合ニ於テハ勅命ヲ以テ之ヲ延長スルコトアルヘシ

第43条　①臨時緊急ノ必要アル場合ニ於テ常会ノ外臨時会ヲ召集スヘシ

②臨時会ノ会期ヲ定ムルハ勅命ニ依ル

第44条　①帝国議会ノ開会閉会会期ノ延長及停会ハ両院同時ニ之ヲ行フヘシ

②衆議院解散ヲ命セラレタルトキハ貴族院ハ同時ニ停会セラルヘシ

第45条　衆議院解散ヲ命セラレタルトキハ勅命ヲ以テ新ニ議員ヲ選挙セシメ解散ノ日ヨリ五箇月以内ニ之ヲ召集スヘシ

第46条　両議院ハ各〻其ノ総議員三分ノ一以上出席スルニ非サレハ議事ヲ開キ議決ヲ為スコトヲ得

第47条　両議院ノ議事ハ過半数ヲ以テ決ス可否同数ナルトキハ議長ノ決スル所ニ依ル

第48条　両議院ノ会議ハ公開ス但シ政府ノ要求又ハ其ノ院ノ決議ニ依リ秘密会ト為スコトヲ得

第49条　両議院ハ各〻天皇ニ上奏スルコトヲ得

第50条　両議院ハ臣民ヨリ呈出スル請願書ヲ受クルコトヲ得

第51条　両議院ハ此ノ憲法及議院法ニ掲クルモノ、外内部ノ整理ニ必要ナル諸規則ヲ定ムルコトヲ得

第52条　両議院ノ議員ハ議院ニ於テ発言シタル意見及表決ニ付院外ニ於テ責ヲ負フコトナシ但シ議員自ラ其ノ言論ヲ演説刊行筆記又ハ其ノ他ノ方法ヲ以テ公布シタルトキハ一般ノ法律ニ依リ処分セラルヘシ

第53条　両議院ノ議員ハ現行犯罪又ハ内乱外患ニ関ル罪ヲ除ク外会期中其ノ院ノ許諾ナクシテ逮捕セラル、コトナシ

第54条　国務大臣及政府委員ハ何時タリトモ各議院ニ出席シ及発言スルコトヲ得

第4章　国務大臣及枢密顧問

第55条　①国務各大臣ハ天皇ヲ輔弼シ其ノ責ニ任ス

②凡テ法律勅令其ノ他国務ニ関ル詔勅ハ国務大臣ノ副署ヲ要ス

第56条　枢密顧問ハ枢密院官制ノ定ムル所ニ依リ天皇ノ諮詢ニ応ヘ重要ノ国務ヲ審議ス

第5章　司法

第57条　①司法権ハ天皇ノ名ニ於テ法律ニ依リ裁判所之ヲ行フ

②裁判所ノ構成ハ法律ヲ以テ之ヲ定ム

第58条　①裁判官ハ法律ニ定メタル資格ヲ具フル者ヲ以テ之ニ任ス

②裁判官ハ刑法ノ宣告又ハ懲戒ノ処分

ニ由ルノ外其ノ職ヲ免セラルヽコトナシ
③懲戒ノ条規ハ法律ヲ以テ之ヲ定ム
第59条　裁判ノ対審判決ハ之ヲ公開ス但シ安寧秩序又ハ風俗ヲ害スルノ虞アルトキハ法律ニ依リ又ハ裁判所ノ決議ヲ以テ対審ノ公開ヲ停ムルコトヲ得
第60条　特別裁判所ノ管轄ニ属スヘキモノハ別ニ法律ヲ以テ之ヲ定ム
第61条　行政官庁ノ違法処分ニ由リ権利ヲ傷害セラレタリトスルノ訴訟ニシテ別ニ法律ヲ以テ定メタル行政裁判所ノ裁判ニ属スヘキモノハ司法裁判所ニ於テ受理スルノ限ニ在ラス

第6章　会　計

第62条　①新ニ租税ヲ課シ及税率ヲ変更スルハ法律ヲ以テ之ヲ定ムヘシ
②但シ報償ニ属スル行政上ノ手数料及其ノ他ノ収納金ハ前項ノ限ニ在ラス
③国債ヲ起シ及予算ニ定メタルモノヲ除ク外国庫ノ負担トナルヘキ契約ヲ為スハ帝国議会ノ協賛ヲ経ヘシ
第63条　現行ノ租税ハ更ニ法律ヲ以テ之ヲ改メサル限ハ旧ニ依リ之ヲ徴収ス
第64条　①国家ノ歳出歳入ハ毎年予算ヲ以テ帝国議会ノ協賛ヲ経ヘシ
②予算ノ款項ニ超過シ又ハ予算ノ外ニ生シタル支出アルトキハ後日帝国議会ノ承諾ヲ求ムルヲ要ス
第65条　予算ハ前ニ衆議院ニ提出スヘシ
第66条　皇室経費ハ現在ノ定額ニ依リ毎年国庫ヨリ之ヲ支出シ将来増額ヲ要スル場合ヲ除ク外帝国議会ノ協賛ヲ要セス
第67条　憲法上ノ大権ニ基ツケル既定ノ歳出及法律ノ結果ニ由リ又ハ法律上政府ノ義務ニ属スル歳出ハ政府ノ同意ナクシテ帝国議会之ヲ廃除シ又ハ削減スルコトヲ得ス
第68条　特別ノ須要ニ因リ政府ハ予メ年限ヲ定メ継続費トシテ帝国議会ノ協賛ヲ求ムルコトヲ得
第69条　避クヘカラサル予算ノ不足ヲ補フ為ニ又ハ予算ノ外ニ生シタル必要ノ費用ニ充ツル為ニ予備費ヲ設クヘシ
第70条　①公共ノ安全ヲ保持スル為緊急ノ需用アル場合ニ於テ内外ノ情形ニ因リ政府ハ帝国議会ヲ召集スルコト能ハサルトキハ勅令ニ依リ財政上必要ノ処分ヲ為スコトヲ得
②前項ノ場合ニ於テハ次ノ会期ニ於テ帝国議会ニ提出シ其ノ承諾ヲ求ムルヲ要ス
第71条　帝国議会ニ於テ予算ヲ議定セス又ハ予算成立ニ至ラサルトキハ政府ハ前年度ノ予算ヲ施行スヘシ
第72条　①国家ノ歳出歳入ノ決算ハ会計検査院之ヲ検査確定シ政府ハ其ノ検査報告ト倶ニ之ヲ帝国議会ニ提出スヘシ
②会計検査院ノ組織及職権ハ法律ヲ以テ之ヲ定ム

第7章　補　則

第73条　①将来此ノ憲法ノ条項ヲ改正スルノ必要アルトキハ勅令ヲ以テ議案ヲ帝国議会ノ議ニ付スヘシ

②此ノ場合ニ於テ両議院ハ各〻其ノ総員三分ノ二以上出席スルニ非サレハ議事ヲ開クコトヲ得ス出席議員三分ノ二以上ノ多数ヲ得ルニ非サレハ改正ノ議決ヲ為スコトヲ得ス

第74条　①皇室典範ノ改正ハ帝国議会ノ議ヲ経ルヲ要セス

②皇室典範ヲ以テ此ノ憲法ノ条規ヲ変更スルコトヲ得ス

第75条　憲法及皇室典範ハ摂政ヲ置クノ間之ヲ変更スルコトヲ得ス

第76条　①法律規則命令又ハ何等ノ名称ヲ用ヰタルニ拘ラス此ノ憲法ニ矛盾セサル現行ノ法令ハ総テ遵由ノ効力ヲ有ス

②歳出上政府ノ義務ニ係ル現在ノ契約又ハ命令ハ総テ第六十七条ノ例ニ依ル

参考文献一覧

浅野一郎・河野久編著『新・国会事典——用語による国会法解説』（第2版）有斐閣，2008年
芦部信喜『憲法学Ⅰ（憲法総論）』有斐閣，1992年
芦部信喜著・高橋和之補訂『憲法』（第5版）岩波書店，2011年
阿部照哉『憲法』（改訂版）〈青林教科書シリーズ〉青林書院，1991年
伊藤正己『憲法』（第3版）〈法律学講座双書〉弘文堂，1995年
稲田正次『明治憲法成立史　上巻』有斐閣，1960年
稲田正次『明治憲法成立史　下巻』有斐閣，1962年
内野正幸『憲法解釈の論点』（第4版）日本評論社，2005年
浦部法穂『憲法学教室』（全訂第2版）日本評論社，2006年
大石眞『憲法講義Ⅰ』（第2版）有斐閣，2009年
大石眞『憲法講義Ⅱ』有斐閣，2007年
大石眞・石川健治編『憲法の争点』〈新・法律学の争点シリーズ3〉有斐閣，2008年
奥平康弘・川添利幸・丸山健編『テキストブック憲法』（第2版）〈有斐閣ブックス〉有斐閣，1989年
尾吹善人『日本憲法——学説と判例』木鐸社，1990年
加藤秀治郎編『日本の安全保障と憲法』南窓社，1998年
兼子一・竹下守夫『裁判法』（第4版）〈法律学全集34〉有斐閣，1999年
清宮四郎『憲法Ⅰ——統治の機構』（第3版）有斐閣，1979年
小嶋和司『日本財政制度の比較法史的研究』信山社出版，1996年
小林昭三監修・憲法政治学研究会編『人権の条件』嵯峨野書院，2007年
小林昭三監修・憲法政治学研究会編『日本国憲法講義——憲法政治学からの接近』成文堂，2009年
小林昭三『日本国憲法の条件』成文堂，1986年
小林昭三『明治憲法史論・序説——明治憲法への模索と決着』成文堂，1982年
小林昭三・土居靖美編『日本国憲法論』嵯峨野書院，2000年
小林武『地方自治の憲法学』晃洋書房，2001年
小林武・渡名喜庸安『憲法と地方自治』法律文化社，2007年
阪本昌成『憲法理論Ⅰ』（補訂第3版）成文堂，2000年
阪本昌成『憲法理論Ⅱ』成文堂，1993年
阪本昌成『憲法理論Ⅲ』成文堂，1995年
佐藤功『日本国憲法概説』（全訂第5版）学陽書房，1996年
佐藤幸治『現代法律学講座5——憲法』（第3版）青林書院，1995年
佐藤達夫『日本国憲法成立史　第1巻』有斐閣，1962年
佐藤達夫『日本国憲法成立史　第2巻』有斐閣，1964年
佐藤達夫著・佐藤功補訂『日本国憲法成立史　第3巻』有斐閣，1994年
佐藤達夫著・佐藤功補訂『日本国憲法成立史　第4巻』有斐閣，1994年

渋谷秀樹『憲法』有斐閣，2007年
渋谷秀樹・赤坂正浩『憲法１――人権』（第４版）有斐閣，2010年
渋谷秀樹・赤坂正浩『憲法２――統治』（第４版）有斐閣，2010年
清水伸『明治憲法制定史　上――独墺における伊藤博文の憲法調査』〈明治百年史叢書165〉原書房，1971年
清水伸『明治憲法制定史　中――伊藤博文による明治憲法原案の起草』〈明治百年史叢書166〉原書房，1974年
清水伸『明治憲法制定史　下――枢密院における明治憲法制定会議』〈明治百年史叢書167〉原書房，1973年
下條芳明『象徴君主制憲法の20世紀的展開――日本とスウェーデンとの比較研究』〈現代臨床政治学シリーズ３〉東信堂，2005年
杉原泰雄『地方自治の憲法論――「充実した地方自治」を求めて』勁草書房，2002年
園部逸夫『皇室法概論――皇室制度の法理と運用』第一法規出版，2002年
高乗正臣『人権保障の基本原則』成文堂，2007年
高橋和之『国民内閣制の理念と運用』有斐閣，1994年
高橋和之『立憲主義と日本国憲法』（第２版）有斐閣，2010年
高橋和之「主権」芦部信喜ほか編『岩波講座・基本法学６――権力』岩波書店，1983年
高橋和之・大石眞編『憲法の争点』（第３版）〈法律学の争点シリーズ２〉有斐閣，1999年
高見勝利・岡田信弘・常本照樹編『日本国憲法解釈の再検討』有斐閣，2004年
高柳賢三・大友一郎・田中英夫編『日本国憲法制定の過程Ⅱ――解説』有斐閣，1972年
田上穣治『日本国憲法原論』（新版）青林書院，1985年
辻村みよ子『憲法』（第４版）日本評論社，2012年
筒井若水『自衛権――新世紀への視点』〈有斐閣選書〉有斐閣，1983年
手島孝・中川剛『現代憲法大系10――憲法と行政権』法律文化社，1992年
長尾一紘『日本国憲法』（全訂第４版）世界思想社，2011年
西修編・横手逸男・松浦一夫・山中倫太郎・大越康夫・浜谷英博共著『エレメンタリ憲法』（新訂版）成文堂，2008年
西修『日本国憲法はこうして生まれた』中央公論新社，2000年
野中俊彦・中村睦男・高橋和之・高見勝利『憲法Ⅰ』（第５版）有斐閣，2012年
野中俊彦・中村睦男・高橋和之・高見勝利『憲法Ⅱ』（第５版）有斐閣，2012年
長谷部恭男『憲法』（第５版）〈新法学ライブラリ２〉新世社，2011年
畠基晃『憲法９条研究と議論の最前線』青林書院，2006年
樋口陽一・佐藤幸治・中村睦男・浦部法穂『憲法Ⅰ』〈注解法律学全集１〉青林書院，1994年
樋口陽一・佐藤幸治・中村睦男・浦部法穂『憲法Ⅱ』〈注解法律学全集２〉青林書院，1997年
樋口陽一・佐藤幸治・中村睦男・浦部法穂『憲法Ⅲ』〈注解法律学全集３〉青林書院，1998年
樋口陽一・佐藤幸治・中村睦男・浦部法穂『憲法Ⅳ』〈注解法律学全集４〉青林書院，2004年
松井茂記『裁判を受ける権利』日本評論社，1993年
松井茂記『日本国憲法』（第３版）有斐閣，2007年
宮澤俊義著・芦部信喜補訂『全訂日本国憲法』日本評論社，1978年

判例集・判例解説
粕谷友介編著『憲法主要判例 post 2000』上智大学出版，2006年
初宿正典編著『基本判例憲法25講』（第3版）成文堂，2011年
杉原泰雄・野中俊彦編著『憲法Ⅰ―統治機構・人権1』〈新判例マニュアル〉三省堂，2000年
杉原泰雄・野中俊彦編著『憲法Ⅱ―人権2』〈新判例マニュアル〉三省堂，2000年
高橋和之・長谷部恭男・石川健治編『憲法判例百選Ⅰ』（第5版）有斐閣，2007年
高橋和之・長谷部恭男・石川健治編『憲法判例百選Ⅱ』（第5版）有斐閣，2007年
戸松秀典・初宿正典編著『憲法判例』（第6版）有斐閣，2010年
野中俊彦・江橋崇編著『憲法判例集　第10版』有斐閣，2008年
裁判所（http://www.courts.go.jp/）の判例検索システム

索　引

[ア行]

アクセス権　93
旭川学テ判決　128
朝日訴訟　125
アメリカ独立宣言　63
違憲審査制度　179
「石に泳ぐ魚」事件　97, 135
一事不再議の原則　151
一般的義務規定　139
一般的効力説　183
宴のあと事件　134
訴えの利益　32, 60
「エホバの証人」信者輸血拒否事件　137
SWNCC第228号　24
LRAの基準　120
フリードリッヒ・エンゲルス　123
恩赦　42, 170, 171

[カ行]

海外渡航の自由　102
海外派兵　56, 57
会期　150, 151
会期不継続の原則　151
会計検査院　190, 194, 195
解釈改憲　57, 58
下級裁判所　175, 176, 179, 182
学問の自由　70, 87, 98, 99
家族形成の自由　99
環境権　133, 137, 138
議院内閣制　4, 13, 155, 164, 167, 171, 202, 203
議院の自律権　156
規則制定権　146, 157, 177
「北方ジャーナル」事件　95
基本的人権の尊重　29, 31, 61, 210
「逆転」事件　135
居住・移転の自由　100, 102
教育を受けさせる義務　139, 140, 216
教育を受ける権利　65, 66, 71, 127, 140
共産党宣言　123
行政委員会　163, 165, 166, 167
行政権　37, 145, 162, 163, 166, 168, 191
行政裁判所　7, 175, 176, 186
強制投票制　116
京都府学連事件　135
教養と財産　115
緊急集会　151, 152, 171
近代的意味の憲法　2, 3, 5, 6, 7
欽定憲法　4, 13, 14, 69
勤労の義務　128, 139, 141, 216
勤労の権利　66, 128, 141
具体的権利　93, 116, 125, 126
君主主権　33
警察比例の原則　100
警察予備隊　50, 53, 54, 58
警察予備隊違憲訴訟　58, 182
形式的意味の憲法　1
形式的平等　80
刑事補償請求権　109, 113
欠格事由　216
「月刊ペン」事件　97
決算　171, 190, 194, 195, 202
H. ケルゼン　213
厳格な合理性の基準　101
剣道実技拒否事件　89
憲法院　180
憲法改正権　8, 31, 209
憲法改正の限界　206, 209, 210
憲法審査会　208
憲法制定権力　8, 35, 209
憲法尊重擁護義務　215, 216, 217
憲法の変遷　57, 210, 211
憲法保障制度　211
権利章典　1, 62, 63, 64
権利請願　62
権力からの自由　6
権力による自由　6
権力分立　7, 32, 149, 158, 163, 168
言論・出版の自由　64, 65, 66
ウォレン・コート　181
皇位の継承　24, 41
公開の裁判　105
皇室会議　41
皇室典範　17, 18, 39, 40, 41, 44, 45
皇室財産　44, 45, 188, 193
皇室財政民主主義　44, 45
皇室の財産授受　45
皇室費用　193, 194
硬性憲法　4, 6, 210
公的行為　40, 43
幸福追求権　71, 99, 133, 136
公民権停止　119
小売市場事件　101

合理性の基準　81
国際人権規約　67
国事行為　41, 42, 43, 44, 171, 173
国政調査権　156, 158, 159
国籍確認請求訴訟　184
国籍離脱の自由　102
国民主権　7, 8, 25, 26, 29, 30, 32, 33, 34, 35, 37, 38, 64, 71, 74, 93, 116, 117, 127, 144, 210
国民代表　145, 149
国民投票（憲法改正国民投票権）　71, 115, 118, 206, 207, 208, 209, 210,
国務請求権　92, 109, 111
国連憲章　48, 67
個人情報保護法　136
個人の尊厳　5, 31, 85, 99
個人の尊重　61, 76
国家からの自由　1, 70, 87
国家による自由　71
国家の三要素　1
国家賠償請求権　70, 109, 112, 113
国家への自由　71
国家法人説　35
国権の最高機関　144, 145, 158
国憲編纂の勅令　16
個別的効力説　183
戸別訪問の禁止　120
固有権説　198, 199
固有の意味の憲法　1, 2
根本規範　210, 213

[サ行]

在外邦人選挙権剥奪違憲確認訴訟　184
罪刑法定主義　64, 104
財産権　65, 70, 76, 100, 102, 103, 204
財政国会主義　188
裁判官の独立　176
裁判官の身分保障　176, 177, 180
裁判規範性　31, 32
裁判を受ける権利　64, 70, 105, 109, 110, 111
参政権　27, 67, 68, 70, 71, 74, 75, 92, 115, 116, 117, 118, 119, 120, 122, 124
暫定予算　193
自衛戦争　51, 52, 53
自衛隊　32, 54, 55, 56, 57, 59, 60, 210
施政予算制度　193
自己決定権　99, 133, 136, 137
事情判決の法理　83
事前運動の禁止　120
自然権　3, 64, 65, 70, 71, 74, 75, 109, 116
自然権思想　3 ,62, 63, 64, 65
思想・良心の自由　65, 70, 76, 77, 87, 88
実質的意味の憲法　1, 2, 180
実質的平等　80
私的自治の原則　78, 79, 122
社会契約　3, 63
社会権　65, 66, 67, 68, 70, 71, 74, 80, 92, 109, 116, 122, 123, 124, 127, 128
社会国家（福祉国家）　65, 66, 71, 91, 124, 141
社会主義的人権宣言　66
自由委任　145
集会・結社の自由　65, 96
衆議院議員定数不均衡訴訟　184
衆議院の解散　42, 173
衆議院の優越　149, 154, 155, 190, 191
自由権　6, 64, 65, 66, 67, 68, 70, 75, 77, 78, 79, 87, 92, 94, 100, 103, 112, 116, 122, 124, 127
終戦の詔書　9, 19
集団的自衛権　55 ,56, 57
自由放任主義国家　71
住民自治　197, 198
受益権　70, 71, 75, 76, 109, 122, 124
主権　1, 30, 32, 33, 34, 35, 209
授権規範　5, 6
出生地主義　72, 73
小選挙区制　147, 148
象徴　32, 39, 40, 43, 44
象徴天皇制　25, 37, 38, 42, 188
条例制定権　146, 203, 204
職業選択の自由　70, 100, 101, 102
女子差別撤廃条約　68
知る権利　92, 93, 94, 97
信教の自由　64, 65, 70, 76, 77, 87, 88, 89, 90, 91
身体の自由　65, 157
侵略戦争　48, 52
森林法違憲訴訟　184
砂川事件　59
請願権　71, 109, 110
税関検査事件　95, 96
政教分離の原則　88, 90
制限規範　5, 6
制限選挙制　82, 115
性表現行為の規制　97
政治的美称説　145
生殖の自由　99
生存権　65, 66, 68, 71, 76, 123, 124, 125
制度的保障　90, 99, 103
制度的保障説　199
政令　42, 50, 146, 170, 182, 200, 215

世界人権宣言　67
摂政　39, 44, 139, 215
絶対的平等　80
選挙人団　8, 36, 83, 115
仙台全司法事件　131
全逓東京中郵事件　131
全農林警職法事件　131
相対的平等　81
遡及処罰の禁止　106
租税法律主義　142, 146, 188, 189
尊属殺重罰（規定）違憲判決　80, 184

[タ行]

大学の自治　98, 99
第三世代の人権　68
A. V. ダイシー　7
太政官制　16
大選挙区制　147
代表民主制　30, 146
滝川事件　98
たたかう民主主義　217
弾劾裁判所　153, 156, 176, 177, 178
団結権　66, 128, 129, 130, 131
団体交渉権　128, 129, 130
団体行動権　130
団体自治　197, 198
地方自治の本旨　197, 198, 199, 203
チャタレイ事件　98
抽象的違憲審査　180
抽象的権利　93, 112, 124
中選挙区制　83, 147
通信の秘密　98
津地鎮祭訴訟　91
伝来説　198, 199
党議拘束　145
統帥権　19, 167

統治行為　59, 60, 174, 186
都教組事件　131
特別裁判所　7, 110, 176
奴隷的拘束・苦役からの自由　103
ドント式　148

[ナ行]

内閣職権　16
内閣総辞職　165, 172
内閣の助言と承認　42, 43, 44, 173
長沼ナイキ基地事件　59, 60
軟性憲法　4
二院制　144, 148, 149, 154, 191
二元代表制　202, 203
二重の危険の禁止　107
二重の基準　78, 94, 100, 101, 181
日米安保条約　53, 54, 56, 58, 59
日本国憲法の改正手続に関する法律　118
人間の尊厳　5, 65, 67
納税の義務　139, 142, 143, 216

[ハ行]

バージニア権利章典　63
博多駅テレビフィルム提出命令事件　93
8月革命説　207
A. ハミルトン　212
被疑者の権利　104, 105
被告人の権利　105, 107
非訟事件　111
秘密会　152
表現の自由　70, 76, 78, 87, 92, 93, 94, 95, 96, 97, 216
比例代表制　147, 148

フェデラリスト　212
不敬罪規定　39
付随的違憲審査　58, 183
不戦条約　50, 51
不逮捕特権　160
普通選挙制　19, 71, 83, 115
J. ブライス　4
プライバシー権　134, 135, 136, 137
フランス人権宣言　3, 64
プログラム規定　112, 124, 125, 126
文民条項　164
米欧回覧使節団　10
平和的生存権　30, 31, 32
法定手続の保障　70, 103
報道の自由　93, 94
法内容の平等　80
法の支配　7, 32
法適用の平等　80
法律の留保　69, 103
J. ボダン　33, 34
ポツダム宣言　10, 25, 26, 33, 48, 207
堀木訴訟　126

[マ行]

マグナ・カルタ（大憲章）　1, 61
マクリーン事件　73, 74, 75
マッカーサー・ノート　24, 48, 52
マッカーサー草案　25, 26
カール・マルクス　123
三菱樹脂事件　78
民定憲法　4, 29
明確性の理論　95, 96
明白かつ現在の危険　96
名誉毀損　97, 160
命令的委任の禁止　145

免責特権　160, 161
目的効果基準　91, 92
目的二分論　100, 101
森川キャサリーン事件　74

　　　　［ヤ行］

夜警国家（自由国家）　65, 87, 124
薬局距離制限事件，薬局距離制限（違憲上告）事件　101, 184
八幡製鉄政治献金事件　76
郵便法違憲事件　184
ヨーロッパ人権条約　68
予算　153, 154, 162, 163, 170, 189, 190, 191, 192, 193, 194, 195, 202
予算の修正　192
予算の法的性格　191
予備費　171, 193

　　　　［ラ行］

利益衡量論　78
立憲政体ノ詔書　9
立候補の自由　116
リプロダクション　99, 136
両院協議会　154, 155
K. レーベンシュタイン　4
レペタ事件　94
レモン・テスト　91
連座制　119
連邦憲法裁判所　180, 215

■執筆分担（掲載順）

野畑健太郎（のはた・けんたろう）
第1章，第9章
白鷗大学名誉教授

小林幸夫（こばやし・ゆきお）＝編著者
第2章，第5章
玉川大学教育学部教授

下條芳明（しもじょう・よしあき）
第3章，第4章，第6章
朝日大学法学部教授

樋口雄人（ひぐち・たけと）
第7章，第8章，第11章
都留文科大学教養学部教授

林　紀行（はやし・のりゆき）
第10章，第14章，第19章
日本大学法学部教授

吉田直正（よしだ・なおまさ）＝編著者
第12章，第17章，第18章
近畿大学通信教育部講師

渡邊　亙（わたなべ・わたる）
第13章，第16章，第21章
名城大学法学部教授

東　　裕（ひがし・ゆたか）
第15章，第20章
日本大学法学部教授

日本国憲法入門

2013年2月25日　初版　第1刷発行
2023年2月5日　初版　第10刷発行

編著者 ──────── 小林幸夫・吉田直正
発行者 ──────── 小原芳明
発行所 ──────── 玉川大学出版部
　　　　　　〒194-8610　東京都町田市玉川学園6-1-1
　　　　　　TEL 042-739-8935　FAX 042-739-8940
　　　　　　http://www.tamagawa.jp/up
　　　　　　振替　00180-7-26665
装幀 ──────── しまうまデザイン
印刷・製本 ──── モリモト印刷株式会社

乱丁・落丁本はお取り替えいたします。
© Yukio KOBAYASHI, Naomasa YOSHIDA　2013　Printed in Japan
ISBN978-4-472-40429-0 C3032 / NDC323

玉川大学出版部の本

生涯学習支援のデザイン

髙井正・中村香 編著

「人生100年時代」において多様化する学習ニーズに応え、支援するための知識やスキルを学ぶ。豊富な実践事例により具体的な支援がわかる。「生涯学習支援論」に対応したテキストで、社会教育士、社会教育主事の資格取得志望者必携。
A5判並製・224頁　定価 2,640円

社会教育経営のフロンティア

田中雅文・中村香 編著

地域づくり・社会づくりを支える人材や行政などの在り方を考察し、これからの社会教育経営の地平を展望する。「社会教育経営論」に対応したテキストで、社会教育士、社会教育主事の資格取得志望者必携。先進的な事例を多数掲載。
A5判並製・212頁　定価 2,640円

学校教育制度概論【第三版】

坂野慎二・湯藤定宗 編著

学校教育制度の基本を解説。戦前・戦後の教育制度の歴史的変遷、発展過程を示し、さらに現在の行政や政治と教育が向き合う対外的な諸問題、学級経営や成績評価など校内で抱える問題など最新情報を加えた第三版。教師志望者必読書。
A5判並製・292頁　定価 3,080円

教育課程編成論　新訂版

奈須正裕・坂野慎二 編

2017（平成29）年版学習指導要領に準じ、カリキュラム編成の実際と具体的な教育活動の展開方法、その理念の背景を解説する。社会における学校教育の役割にも言及する。
A5判並製・240頁　定価 2,420円

表示価格は税込です。